国家哲学社会科学成果文库

NATIONAL ACHIEVEMENTS LIBRARY
OF PHILOSOPHY AND SOCIAL SCIENCES

清史稿儒林傳校讀記

（二）

陳祖武　著

商務印書館
创于1897　The Commercial Press

清史稿卷四百八十一

儒林二

盧文弨 顧廣圻

盧文弨〔一〕字召弓〔二〕餘姚人。父存心，乾隆初，舉博學鴻詞科〔三〕。文弨，乾隆十七年一甲進士，授翰林院編修，上書房行走，歷官左春坊左中允、翰林院侍讀學士。三十年，充廣東鄉試正考官。三十一年，提督湖南學政，以條陳學政事宜〔四〕部議降三級用。三十三年，乞養歸。

文弨孝謹篤學，潛心漢學，與戴震、段玉裁友善。好校書，所校逸周書、孟子音義、荀子、呂氏春秋、賈誼新書、韓詩外傳、春秋繁露、方言、白虎通、獨斷、經典釋文諸善本，鏤板惠學者。又苦鏤板難多，則合經史子集三十八種，而名之曰群書拾補。所自著有抱經堂集三十四卷、儀禮注疏詳校十七卷、鍾山劄記四卷、龍城劄記三卷、廣雅釋天以下注二卷，皆使學者諟正積非，蕩疑渙釋。其言曰：「唐人之爲義疏也，本單行，不與經注合。單行經注，唐以後尚多善本。自宋後附疏於經注，而所附之經注非必孔、賈諸人所據之本也，則兩相齟齬矣。南宋後又附經典釋文於注疏間，而陸氏所據之經注又非孔、賈諸人所據也，則齟齬更多矣。淺人必比而同之，則彼此互改，多失其真。幸[五]有改之不盡，以滋其齟齬，啓人考核[六]者。故注疏、釋文合刻，似便而非古法也。」其特識多類此。

文招歷主江浙各書院講席，以經術導士，江浙士子多信從之，學術爲之一變。六十年卒，年七十九。文招校書，參合各本，擇善而從，頗引他書改本書，而不專主一說，故嚴元照詆其儀禮詳校，顧廣圻識其釋文考證，後黃丕烈影宋刻書，各本同異，另編於後，兩家各有宗旨，亦互相補苴云。

顧廣圻〔七〕，字千里，元和人。諸生。吳中自惠氏父子後，江聲繼之，後進翕然多好古窮經之士。廣圻讀惠氏書，盡通其義。論經學云：「漢人治經，最重師法。古文、今文，其說各異。若混而一之，則轇轕不勝矣。」論小學云：「說文一書，不過為六書發凡，原非字義盡於此。」廣圻天質過人，經、史、訓詁、天算、輿地，靡不貫通。至於目錄之學，尤為專門，時人方之王仲寶、阮孝緒。兼工校讎，同時孫星衍、張敦仁、黃丕烈、胡克家，延校宋本說文、禮記、儀禮、國語、國策、文選諸書，皆為之札記，考定文字，有益後學。乾、嘉間以校讎名家，文弨及廣圻為最著云。又時為漢學者，多譏宋儒，廣圻獨取先儒語錄摘其切近者，為遯翁苦口一卷，以教學者。著有思適齋文集十八卷。道光十九年卒，年七十。

校記：

〔一〕清史稿之盧文弨傳，源出清國史，載儒林傳下卷卷十。

〔二〕清國史原作「字弨弓」，無據。臧庸盧先生行狀及翁方綱、段玉裁分撰之盧公墓誌銘，皆作「字紹弓」。

〔三〕史稿記傳主父存心，乾隆初舉博學鴻詞科，不確。上引行狀本作「應試博學鴻詞科」，翁、段二家墓誌銘則分作「應試」、「召試」。三文皆不稱「舉」，可見未獲成功。故而其後江藩撰漢學師承記，遂作「應博學鴻詞科不第」，方是實錄。

〔四〕「以條陳學政事宜」下，據清國史尚脫「不當」二字。史稿不錄此二字，當屬失誤。據清高宗實錄卷八百一，乾隆三十二年十二月丙子條記，高宗是日有諭：「湖南學政盧文弨條奏一摺，全屬不諳事體。」下令「盧文弨著即撤回，交該部嚴加議處」。翌日，即任命禮科給事中陳科捷提督湖南學政。

〔五〕此處所引盧文弨語，出自段玉裁經韻樓集之盧公墓誌銘。「幸字」段文無，乃清國史所增，又為史稿沿襲。述史貴信而有徵，如此改竄，殊不可取。

〔六〕「啓人考核」四字，亦係清史稿及清國史所臆增。

〔七〕清史稿之顧廣圻傳，源出清國史，惟並非附見於盧文弨傳，乃載儒林傳下卷卷十五，附見於江聲傳。

清史列傳卷六十八

儒林傳下一

盧文弨

顧廣圻

盧文弨，字召弓，浙江餘姚人。父存心，乾隆初舉博學鴻詞科。文弨，乾隆十七年一甲三名進士，授翰林院編修，上書房行走，歷官左春坊左中允、翰林院侍讀學士。三十年，充廣東鄉試正考官。三十一年，充湖南學政，以條陳學政事宜不當，部議降三級用。三十三年，乞養歸。

文弨孝謹篤厚，潛心漢學，與戴震、段玉裁友善。好校書，所校逸周書、孟子音義、荀子、呂氏春秋、賈誼新書、韓詩外傳、春秋繁露、方言、白虎通、獨斷、經典釋文諸善本鏤板惠學者。又苦鏤板難多，則合經、史、子、集三十八種而名之曰群書拾補。所自著有抱經堂集三十四卷、儀禮注疏詳校十七卷、鍾山劄記四卷、龍城劄記三卷、廣雅釋天以下注二卷，皆能使學者諟正積非，蓄疑渙釋。其言曰：唐人之為義疏也，本單行，不與經注合。單行經注，唐以後尚多善本。自宋後附疏於經注，而所附之經注，非必孔、賈諸人所據之本也，則兩相齟齬矣。南宋後又附經典釋文於注疏間，而陸氏所據之經注，又非孔、賈諸人所據也，則齟齬更多矣。淺人必比而同之，則彼此互改，多失其真，幸有改之不盡，以滋其齟齬，啓人考核者。故注、釋文合刻，似便而非古法也。其特識多類此。文弨嘗歷主江浙各書院講席，以經術導士。六十年卒，年七十九。

顧廣圻，字千里，江蘇元和人，諸生。吳中自惠氏父子後，江聲繼之，後進翕然多好古窮經之士。聲弟子數十人，而徐頲、鈕樹玉及廣圻俱以通小學為聲契賞。廣圻讀惠氏書，盡通其義。論經學云：漢人治經，最重師法。古文、今文其說各異，若混而一之，則轇轕不勝矣。論小學云：說文一書，不過爲六書發凡，原非字義盡於此。廣圻天資過人，經史、訓詁、天算、輿地，靡不貫通。至於目錄之學，尤爲專門，時人方之王仲寶、阮孝緒。兼工校讎，同時孫星衍、張敦仁、黃丕烈、胡克家，延校宋本説文、禮記、儀禮、國語、國策、文選諸書，皆爲之札記，考定文字，有益後學。又時爲漢學者多譏宋儒，廣圻獨取先儒語錄，摘其切近者，爲遯翁苦口一卷，以教學者。著有思適齋文集十八卷。道光十九年卒，年七十。

校記：

〔一〕顧廣圻原附同卷江聲。

〔二〕「詔」字誤，當作「紹」或「召」。

〔三〕「注」字下，依段玉裁廬公墓誌銘，尚脱一「疏」字。

清史稿卷四百八十一

儒林二

錢大昕

族子塘　坫

錢大昕[一]，字曉徵，嘉定人。乾隆十六年召試舉人，授內閣中書。十九年進士，選翰林院庶吉士，散館授編修。大考二等一名[二]，擢右春坊右贊善。累充山東鄉試、湖南鄉試正考官，浙江鄉試副考官。大考一等三名[三]，擢翰林院侍講學士。三十二年乞假歸。三十四年，補原官，入直上書房，遷詹事府少詹事，充河南鄉試正考官，尋提督廣東學政。四十年，丁父艱。服闋，又丁母艱，病不復出。嘉慶九年卒，年七十七。

大昕幼慧，善讀書。時元和惠棟、吳江沈彤以經術稱，其學求之十三經注疏，又求之唐以前子史、小學。大昕推而廣之，錯綜貫串，發古人所未發。任中書時，與吳烺、褚寅

亮同習梅氏算術及入翰林禮部尚書何國宗世業天文
年已老聞其善算先往見之回今同館諸公談此道者鮮
矣大昕於中西兩法剖析無遺用以觀史自太初三統四
分中至大衍下迄授時朔望薄蝕凌犯進退抉摘無遺漢
三統術為七十餘家之權輿訛文奧義無能正之者大昕
衍之據班志以闡劉歆之說裁志文之訛二千年已絕之
學昭然若發蒙大昕又謂古法歲陰與太歲不同淮南天
文訓攝提以下十二名皆謂歲陰所在史記太初元年年
名焉逢攝提格者歲陰非太歲也東漢後不用歲陰紀年
又不知太歲超辰之法乃以太初元年為丁丑歲則與史
漢之文皆悖矣又謂尚書緯四遊升降之說即西法日躔
最高卑之說宋楊忠輔統天術以距差乘躔差減氣汎積
為定積梅文鼎謂郭守敬加減歲餘法出於此但統天求
汎積必先減氣差十九日有奇與郭又異文鼎不能言大

昕推之曰〔一〕：凡步氣朔，必以甲子日起算。今統天上元冬至乃戊子日，不值甲子，依授時法，當加氣應二十四日有奇，乃得從甲子起。今減去氣差，是以上元冬至後甲子日起算也。既如此，當減氣應三十五日有奇，今減十九日有奇者，去躔差之數不算也。求天正經朔又減閏差者，經朔當從合朔起算。今推得統天上元冬至後第一朔，乃乙丑戊初二刻弱，故必減閏差，而後以朔實除之，即授時之朔應也。

大昕始以辭章名，沈德潛吳中七子詩選，大昕居一。既乃研究經史，於經義之聚訟難決者，皆能剖析源流。文字、音韻、訓詁、天算、地理、氏族、金石，以及古人爵里、事實、年齒，瞭如指掌。古人賢姦是非疑似難明者，典章制度昔人不能明斷者，皆有確見。惟不喜二氏書，嘗曰：「立德、立功、立言，吾儒之不朽也。先儒言釋氏近於墨，予以為釋氏亦終於楊氏為己而已。彼棄父母而學道，是視己重於父母也。大昕在館時，嘗[九]與修音韻述微、續文獻通考、續通志、一統志、天球圖諸書。所著有唐石經考異一卷、經典文字考異三[十]卷、聲類四卷、廿二史考異一百卷、唐書史臣表一卷、唐五代學士年表二卷、宋學士年表一卷、元史氏族表三卷、元史藝文志四卷、三史拾遺五卷、諸史拾遺五卷、通鑑注辨證三卷、四史朔閏考四卷、吳興舊德錄四卷、先德錄四卷、洪文惠洪文敏王伯厚王弇州四家年譜各一卷、疑年錄三卷、潛研堂文集五十卷、詩集二十卷、潛研堂金石文跋尾二十五卷、養新錄二十三卷、恆言錄六卷、竹汀日記鈔三卷。族子塘、坫能傳其學。

塘[十一]字學淵，乾隆四十五年進士，改教職，選江寧府學教授。塘少大昕七歲，相與共學，又與大昕弟大昭及弟坫相切磋，為實事求是之學。於聲音文字律呂推步尤有神解。著律呂古義六卷，據所得漢慮俿銅尺，正荀勗以劉歆銅斛尺為周尺之非，謂周本八寸尺，不可以制律，律必用十寸尺，即昔人所云夏尺。周因夏、商，夏、商因唐、虞，古律當無異度。又史記三書釋疑三卷，於律曆、天官家言，皆究其原本，而以他書疏通證明之。律書「上九，商八，羽七，角六，宮五」，徵九數語，注家皆不能曉，小司馬疑其數錯。塙據淮南子、太玄經證之，始信其確。又著泮宮雅樂釋律四卷，說文聲繫二十卷，淮南天文訓補注三卷。其所作古文，曰述古編，凡四卷。卒年五十六[十二]。

坫[十三]字獻之，副榜貢生。遊京師，朱筠引為上客，以直隸州州判官於陝，與洪亮吉、孫星衍討論訓詁輿地之學，論者謂坫沉博不及大昕，而精當過之。嘉慶二年，教匪擾陝西，坫時署華州，率眾乘城，力過其衝。城無矛矢，仿古為合竹彊弓，厚背紙為翎，二人共發之，達百五十步。又以意為發石之法，石重十斤，達三百步。前後斃賊無算，城獲全。以積勞得末疾，引歸。著史記補注百三十卷，詳於音訓及郡縣沿革、山川所在。陝甘總督松筠重其品學，親至臥榻問疾，索未刊著述。坫取付之，曰：「三十年精力，盡於此書矣。」十一年卒，年六十六。又有詩音表一卷，車制考一卷，論語後錄五卷，爾雅釋義十卷，釋地以下四篇注四卷，十經文字通正書十四卷，說文斠詮十四卷，新斠注地理志十六卷，漢書十表注十卷，聖賢冢墓志十二卷。

校記：

〔二〕清史稿之錢大昕傳，源出清國史，載儒林傳下卷卷十一。

〔三〕「大考二等一名」，清國史明記為乾隆二十三年。清史稿刪而不錄，失當。

〔三〕大考一等三名，清國史明記爲乾隆二十八年，清史稿刪而不錄，失當。

〔四〕史稿此處引文出傳主潛研堂文集卷十四答問十一。依傳主文，「攝提」二字下，尚脫一「格」字，當作「攝提格」。

〔五〕依上引答問，「歲」字誤，當作「太」。

〔六〕焉逢二字下，史稿原用頓號，與其後之「攝提格」三字斷開，誤。據史記曆書逕改。

〔七〕依前引答問，傳主以中西算法相比較，乃獨自成句。故據傳主原著，加一句號。

〔八〕「曰」字，史稿原作「同」，形近而誤。據清國史改。

〔九〕「嘗」字，史稿原作「常」，據清國史改。

〔十〕經典文字考異三卷，史稿原作「一卷」，誤。據清國史改。

〔十一〕清史稿之錢塘傳，源出清國史，附見於大昕傳。

〔十二〕據錢大昕潛研堂別傳，錢塘生於雍正十三年，卒於乾隆五十五年。

〔十三〕清史稿之錢坫傳，源出清國史，附見於大昕傳。

清史列傳卷六十八

儒林傳下一

錢大昕 族子塘 坫

錢大昕，字曉徵，江蘇嘉定人。乾隆十六年召試舉人，授內閣中書。十九年進士，改翰林院庶吉士。二十二年，散館，授編修。二十三年，大考二等一名，擢右春坊右贊善。二十四年，充山東鄉試正考官。二十五年，充會試同考官。二十七年，充湖南鄉試正考官。二十八年，大考一等三名，擢翰林院侍講學士。三十年，充浙江鄉試副考官。三十二年，乞假歸。三十四年，補原官，入直上書房，遷詹事府少詹事。三十九年，充河南鄉試正考官，尋提督廣東學政。四十年，丁父艱，服闋，又丁母艱，病不復出，主講鍾山、婁東、紫陽書院。嘉慶九年卒，年七十七。

大昕幼慧，善讀書。時元和惠棟、吳江沈彤以經術稱，其學求之十三經注疏及唐以前子、史、小學諸書。大昕推而廣之，錯綜貫串，發古人所未發。任中書時，與吳烺、褚寅亮同習梅氏算術及歐羅巴測量弧三角諸法。入翰林，禮部尚書何國宗世業天文，年已老，聞其善算，先往見之，曰：「今同館諸公談此法者鮮矣。」大昕於中西兩法，剖析無遺，用以觀史，自太初、三統、四分，中至大衍，下迄授時，朔望薄蝕、淩犯、進退、扶摘無遺。漢三統為七十餘家之權輿，訛文〔二〕奥義，無能正之者。大昕衍之，據班志以闡劉歆之說，裁志文之訛，二千年已絕之學，昭然若發蒙。大昕又謂古法歲陰與太歲不同。淮南天文訓攝提以下十二名，皆謂歲陰所在。史記太初元年，年名焉逢攝提格者，歲陰，非太歲也。東漢後不用歲陰紀年，又不知太歲超辰之法，乃以太初〔三〕元年為丁丑歲，則與史、漢之文皆悖矣。又謂尚書緯四遊升降之說，即西法日躔最高卑之說。又宗楊忠輔統天術，以距差乘躔差，減氣汎積為定積。梅文鼎謂，郭守敬加減歲餘法出於此。但統天求汎積，必先減氣差十九日有奇，與郭又異，文鼎不能言。大昕推之，曰：凡步氣朔，必以甲子日起算。今統天上元冬至乃戊子日，不值甲子，依授時法，當加氣應二十四日有奇，乃得從甲子起。今減去氣差，是以上元冬至後甲子日起算也。既如此，當減氣應三十五日有奇，今減十九日有奇者，去躔差之數不算也。求天正經朔又減閏差者，經朔當從合朔起算。今推得統天上元冬至後第一朔，乃乙丑戌初二刻弱，故必減閏差而後以朔實除之，即授時之朔應也。

大昕始以辭章名，沈德潛吳中七子詩選，大昕居一。既乃研精經史，蔚為著述，於經義之聚訟難決者，皆剖析源流。文字、音韻、訓詁、天算、地理、氏族、金石，以及古人爵里、事實、年齒，瞭如指掌。古人賢姦是非疑似難明者，皆有確

見。惟不喜二氏書，嘗曰：立德、立功、立言，吾儒之不朽也。先
儒言釋氏近於墨，予以爲釋氏亦終於楊氏，爲己而已。彼
棄父母而學道，是視己重於父母也。大昕在館時，嘗與修
音韻述微、續文獻通考、續通志、一統志、天球圖諸書。所著
有唐石經考異一卷、經典文字考異三卷、聲類四卷、二十
二史考異一百卷、唐書史臣表一卷、唐五代學士年表二
卷、宋學士年表一卷、元史氏族表三卷、元史藝文志四卷、
三史拾遺五卷、諸史拾遺五卷、通鑑注辨證三卷、四史朔
閏考四卷、南北史雋一卷、三統術衍三卷、術鈐三卷、風俗
通義逸文二卷、吳興舊德錄四卷、先德錄四卷、洪文惠年
譜一卷、洪文敏年譜一卷、王伯厚年譜一卷、王弇州年譜
一卷、疑年錄三卷、潛研堂文集五十卷、詩集二十卷、詞垣
集四卷、潛研堂金石文跋尾二十五卷、金石文字目錄九
卷、天一閣碑目二卷、養新錄二十三卷、恒言錄六卷、竹汀

日記鈔三卷。族子塘、坫，能傳其學。

塘，字學淵，乾隆四十五年進士，改教職，選江寧府學教授。塘少大昕七歲，相與共學，又與大昕弟大昭及弟坫相切磋，爲實事求是之學。於聲音、文字、律呂、推步，尤有神解。著律呂古義六卷，據所得漢慮傂銅尺，正荀勖以劉歆銅斛尺爲周尺之非，謂周本八寸尺，不可以制律。制律必用十寸尺，即昔人所云夏尺。周因夏、商，夏、商因唐、虞，古律當無異度。又史記三書釋疑三卷，於律曆〔四〕、天官家言，皆究其原本，而以它書疏通證明之。律書上九、商八、羽七、角六、宮五、徵九數語，注家皆不能曉，小司馬疑其數錯。塘據淮南子、太玄經證之，始信其確。又著律〔五〕宮雅樂釋律四卷，說文聲繫二十卷，淮南天文訓補注三卷。其所作古文，曰述古編，凡四卷。卒〔六〕年五十六。

坫，字獻之，副貢生。遊京師，朱筠引爲上客，以直隸州州判官於陝，興洪亮吉、孫星衍討論訓詁、輿地之學。論者謂坫沉博不及大昕，而精審過之。嘉慶二年，教匪擾陝西，坫時署華州，率衆乘城，力遏其衝。城無矢，倣古為竹強弓，厚背紙為翎，二人共發之，達百五十步。又以意為發石之法，石重十斤，達三百步。前後斃賊無算，城獲全。三年春，河南有謀啓賊者，賊渠張天倫取道華州者三，卒不能東。以積勞得末疾，引歸。著史記補注百三十卷，詳於音訓及郡縣沿革、山川所在。陝甘總督松筠重其品學，親至卧榻問疾，索未刊著述。坫取付之，曰：三十年精力盡於此書矣。十一年卒，年六十六。又有詩音表一卷、車制考一卷、論語後錄五卷、爾雅釋義十卷、釋地以下四篇注四卷、十經文字通正書十四卷、說文斠詮十四卷、新斠注地理志十六卷、漢書十表注十卷、聖賢冢墓志十二卷。

校記。

〔一〕「奧」字，原作「粵」，誤。據清國史改。

〔二〕「元」字，原作「九」，誤。據清國史改。

〔三〕「鈴」字清國史同，疑誤。據錢大昕三統術衍，當作「鈐」。書即題「鈐」，而非術鈐卷數，非三卷，當爲一卷。

〔四〕「曆」字，原作「算」，誤。據清國史改。

〔五〕「洋」字，原作「伴」，伴字不詞，故改。

〔六〕「卒」字原脫，據清國史補。

〔七〕「語」字原脫，據清國史補。

清史稿卷四百八十一

儒林二

王鳴盛 金曰追 吳凌雲

王鳴盛〔二〕字鳳喈，嘉定人。幼從長洲沈德潛受詩，後又從惠棟問經義，遂通漢學。乾隆十九年，以一甲進士授翰林院編修。大考翰詹第一，擢侍讀學士，充福建鄉試正考官，尋擢內閣學士兼禮部侍郎，坐濫支驛馬，左遷光祿寺卿。丁內艱，遂不復出。〔三〕

鳴盛性儉素，無聲色玩好之娛，晏坐一室，咿唔如寒士。嘗言：漢人說經必守師法，自唐貞觀撰諸經義疏而家法亡；宋元豐以新經學取士而漢學殆絕。今好古之儒皆知崇法注疏，然注疏惟詩、三禮及公羊傳猶是漢人家法，他經注則出魏、晉人，未為醇備。著尚書後案三十卷，專述鄭康成之學；若鄭注亡逸，采馬、王注補之；孔傳雖出東晉其訓詁猶有傳授，間一取焉。又謂東晉所獻之太誓僞，而唐人所斥之太誓非僞。故附書今文太誓一篇，存古之功，自謂不減惠氏周易述也。又著周禮軍賦說四卷，發明鄭氏之旨。又十七史商榷一百卷，於一史中紀、志、表、傳互相稽考，因而得其異同。又取稗史叢說，以證其舛誤，於輿地、職官、典章、名物，每致詳焉。別撰蛾術編一百卷，其目十，說錄、說字、說地、說制、說人、說物、說集、說刻、說通、說系。蓋仿王應麟、顧炎武之意，而援引尤博。詩以才輔學，以韻達情。古文用歐、曾之法，闡許、鄭之義。有詩文集四十卷。嘉慶二年卒，年七十六。

弟子同縣金曰追，字對揚，諸生。深於九經正義，每有疑譌，隨條輒錄。先成儀禮注疏正譌十七卷。阮元奉詔校勘儀禮石經，多采其說。

時同縣通經學者，有吳凌雲，字得青。嘉慶五年歲貢讀書深造，經師遺說，靡不通貫。嘗假館錢大昕孱守齋，盡讀所藏書，學益邃。所著十三經考異，援據精核，多前人所未發。又經說三卷，小學說、廣韻說各一卷。海鹽陳其幹爲合刊之，題曰吳氏遺著。

校記：

〔一〕清史稿之王鳴盛傳，源出清國史，載儒林傳下卷卷十一。

〔二〕傳主何年丁內艱，遂不復出，清史稿及清國史皆失記。據錢大昕西沚先生墓誌銘，爲乾隆二十八年，當補。

〔三〕「譌」字原作「僞」，誤，據清國史改。

清史列傳卷六十八

儒林傳下一

王鳴盛

金曰追 吳浚雲

王鳴盛，字鳳喈，江蘇嘉定人。幼從長洲沈德潛受詩，後又從惠棟問經義，遂通漢學。乾隆十九年，一甲二名進士，授翰林院編修。二十三年，大考翰詹第一，擢侍講學士，充日講起居注官。二十四年，充福建鄉試正考官，尋擢內閣學士，兼禮部侍郎銜。坐濫支驛馬，左遷光祿寺卿。丁內艱，遂不復出。

鳴盛性儉素，無聲色玩好之娛，晏坐一室，咿唔如寒士。嘗言漢人說經，必守家法。自唐貞觀撰諸經義疏而家法亡，宋元豐以新經學取士而漢學殆絕。今好古之儒，皆知崇注疏矣，然注疏惟詩、三禮及公羊傳猶是漢人家法，他經注則出魏、晉人，未為醇備。著尚書後案三十卷，專述鄭康成之學若鄭注七逸采焉王注補之孔傳雖出東晉其訓詁猶有傳授間一取焉又謂東晉所獻之太誓偽而唐人所斥之太誓實非偽故附書今文太誓一篇存古之功自謂不減惠氏周易述也又著周禮軍賦說四卷發明鄭氏之旨又十七史商榷一百卷於一史中紀志表傳互相稽考因而得其異同又取稗史叢說以證其舛誤於輿地職官典章名物每致詳焉別撰蛾術編一百卷其為目十說錄說字說地說制說人說物說集說刻說通說系蓋倣王應麟顧炎武之意而援引尤博詩以才輔學以韻達情古文用歐曾之法闡許鄭之義有詩文集四十卷嘉慶二年卒年七十六弟子金曰追

金曰追字對揚亦嘉定人諸生受業王鳴盛深於九經正義每有疑譌隨條輒錄先成儀禮注疏正譌十七卷阮元奉詔校勘儀禮石經多采其說時同縣通經學者又

有吴凌雲

吴凌雲，字得青，嘉定人。嘉慶五年歲貢。讀書深造，經師遺説靡不通貫。嘗假館錢大昕孱守齋，盡讀所藏書，學益邃。所著十三經考異，援據精覈，多前人所未發。又經説三卷，小學廣韻説各一卷，海鹽陳其幹爲合刊之，題曰吴氏遺著。

清史稿卷四百八十一

儒林二

戴震 金榜

戴震〔一〕字東原，休寧人。讀書好深湛之思，少時塾師授以說文，三年盡得其節目。年十六七，研精注疏，實事求是，不主一家。與郡人鄭牧、汪肇龍、方矩、程瑤田、金榜從婺源江永遊，震出所學質之永，永為之駭歎。永精禮經及推步、鐘律、音聲、文字之學，惟震能得其全。性特介，年二十八補諸生〔二〕，家屢空，而學日進。與吳縣惠棟、吳江沈彤為忘年友〔三〕。以避讎入都〔四〕，北方學者如獻縣紀昀、大興朱筠，南方學者如嘉定錢大昕、王鳴盛，餘姚盧文弨，青浦王昶，皆折節與交。尚書秦蕙田纂五禮通考，震任其事焉。乾隆二十七年，舉鄉試。三十八年，詔開四庫館，徵海內淹貫之士司編校之職，總裁薦震充纂修。四十年，特命與會試中式者同赴殿試，賜同進士出身，改翰林院庶吉士。震以文學受知，出入著作之庭，館中有奇文疑義，輒就咨訪。震亦思勤修其職，晨夕披檢，無間寒暑。經進圖籍，論次精審。所校大戴禮記、水經注，尤精核。又於永樂大典內得九章、五曹算經七種，皆王錫闡、梅文鼎所未見。震正譌補脫以進，得旨刊行。四十二年，卒於官，年五十有五。

震之學，由聲音文字以求訓詁，由訓詁以尋義理。謂：「義理[五]不可空憑胸臆，必求之於古經。求之古經，而遺文垂絕，今古懸隔，必求之古[六]訓。古訓明則古經明，古經明則賢人聖人之義理明，而我心之同然者，乃因之而明。義理非他，存乎典章制度者也。彼歧古訓、義理而二之，是古訓非以明義理，而義理不寓乎典章制度，勢必流入於異學曲說而不自知也。」震為學精誠解辯，每立一義，初若創獲，乃參考之，果不可易。大約有三：曰小學，曰測算，曰典章制度。

其小學書有六書論三卷、聲韻考四卷、聲類表九卷、方言疏證十卷。〔七〕漢以後轉注之學失傳，好古如顧炎武亦不深省，震謂指事、象形、諧聲、會意四者為書之體，假借、轉注二者為書之用。一字具數用者為假借，數字共一用者為轉注。初、哉、首、基之皆為始，卬〔八〕、吾、台、予之皆為我，其義轉相注也。又自漢以來，古音寖微，學者於六書之故靡所從入。顧氏古音表入聲與廣韻相反，震謂有入無入之韻當兩兩相配，以入聲為之樞紐，真至仙十四韻與脂、微、齊、皆、灰五韻同入聲，東至江四韻及陽至登八韻與支、之、佳、咍、蕭、宵、肴、豪、尤、侯、幽十一韻同入聲，侵至凡九韻之入聲則從廣韻，無與之配。魚、虞、模、歌、戈、麻六韻，廣韻無入聲，今同以鐸為入聲，不與唐相配。而古音遞轉及六書諧聲之故，胥可由此得之。皆古人所未發。

其測算書，原象一卷、迎日推策記一卷、句股割圜記三卷，曆問一卷，古曆考二卷，續天文略三卷，〔九〕策算一卷。自漢以來疇人不知有黃極，西人入中國，始云赤道極之外又有黃道極，是爲七政恒星右旋之樞，詫爲六經所未有。震謂西人所云赤極，即周髀之正北極也；黃極，即周髀之北極璿璣也。虞書在璿璣玉衡，以齊七政，蓋設璿璣以擬黃道極也。黃極在柱史星東南，上弼少弼之間，終古不隨歲差而改。赤極居中，黃極環繞其外，周髀固已言之，不始於西人也。

震所著典章制度之書，未成。有詩經二南補注二卷，毛鄭詩考〔十〕四卷，尚書義考一卷，〔十一〕儀禮〔十二〕考正一卷，考工記圖二卷，〔十三〕春秋即位改元考〔十四〕一卷，大學補注一卷，中庸補注一卷，孟子字義疏證三卷，爾雅文字考十卷，經說四卷，水地記一卷，水經注四十卷，〔十五〕九章補圖一卷，屈原賦注七卷，通釋三卷，〔十六〕原善三卷，緒言三卷，直隸河渠書一百有二卷，〔十七〕氣穴記一卷、藏府算經論四卷、葬法贅言四卷、文集十卷。

震卒後，其小學則高郵王念孫、金壇段玉裁傳之；測算之學，則曲阜孔廣森傳之；典章制度之學，則興化任大椿傳之：皆其弟子也。後十餘年，高宗以震所校水經注問南書房諸臣曰：「戴震尚在否？」對曰：「已死。」上惋惜久之。王念孫、段玉裁、孔廣森、任大椿自有傳。

金榜[十八]，字輔之，歙縣人。乾隆二十九年，召試舉人[十九]，授內閣中書，軍機處行走。三十七年，一甲一名進士，授翰林院修撰。散館後[三十]，養痾讀書，不復出，卒於家[三十一]。師事江永，友戴震，著禮箋十卷，刺取其大者數十事，爲三卷，寄朱珪。珪序之，以爲詞精義核，榜治禮最尊康成，然博稽而精思，慎求而能斷。嘗援鄭志答趙商云「不信亦非，悉信亦非」，曰：「斯言也，敢以爲治經之大法。故鄭義所未衷者，必糾正之，於鄭氏家法不敢誣也。」

校記

〔一〕清史稿之戴震傳，源自清國史載儒林傳下卷卷十四。

〔二〕年二十八補諸生，不確。據洪榜戴先生行狀、王昶戴東原先生墓誌銘及段玉裁戴東原先生年譜，均作乾隆十六年補諸生，時年二十九。

〔三〕與吳縣惠棟、吳江沈彤為忘年友，得失參半，未盡實錄。傳主與惠棟為忘年交，應不誤，而與沈彤為忘年友則大謬。據震撰題惠定宇先生授經圖記：乾隆二十二年，震自京師南還，始覿先生於揚之都轉鹽運使司署內，先生執震之手言曰：昔亡友吳江沈冠雲嘗語余，休寧有戴某者，相與識之也久，冠雲蓋實見子所著書。震方訝少時未定之見，不知何緣以入沈君目，而憾沈君之已不及觀，益欣幸獲覿先生。沈彤卒於乾隆十七年，既先於惠戴訂交震，又從未與之謀面，忘年友云云，實似是而非，無從談起。據傳主所撰《沈學子文集序》，當時訂交揚州之沈姓前輩，乃雲間沈大成，而非吳江沈彤。史稿及清國史沿襲江藩《漢學師承記》之誤，混二沈為一人，以致張冠李戴，謬種流傳。

（四）清史稿記戴震避讐入都於與惠棟訂交之後，若依此行文順序，則先有與惠、沈訂交，隨後傳主方避讐北上。其實不然，戴震避讐入都事在乾隆十九年。關於此一時間，錢大昕自訂《竹汀居士年譜》、凌廷堪《戴東原先生事略狀》、王昶《戴東原先生墓誌銘》等記之甚確，文繁不錄。而與惠棟訂交，則係由京中南還之乾隆二十二年。此一時間，不僅見於段玉裁《戴東原先生年譜》，而且震撰《題惠定宇先生授經圖》尤鑿鑿可據。足見史稿所述已然將史實前後倒置。

〔五〕史稿此處引文語出戴震題惠定宇先生授經圖，義理二字，震文原作理義。

〔六〕古字，震文原作故。

〔七〕方言疏證十卷，不確。據前引墓誌銘、年譜，皆當作十三卷。清史稿藝文志即作十三卷。

〔八〕史稿此處引文語出戴震答江慎修先生論小學，印字，史稿原作邛，據震文改。

〔九〕續天文略三卷，前引年譜作二卷，清史稿藝文志作一卷。

〔十〕毛鄭詩考，據前引墓誌銘及史稿藝文志，考字下尚脫一正字，當作毛鄭詩考正。

〔十一〕尚書義考一卷，據墓誌及史稿藝文志，當作二卷。

〔十二〕儀禮考正，禮字，史稿原作經，不詞，據前引王昶撰墓誌銘改。

〔十三〕考工記圖，據前引年譜及史稿藝文志，圖字下尚脫一注字，當作考工記圖注。

〔十四〕春秋即位改元考一卷，源自前引洪榜撰行狀，而年譜則記作春秋改元即位考三篇。

〔十五〕水經注四十卷，前引史稿藝文志作水經注校三十卷，當從藝文志。

〔十六〕通釋三卷，前引年譜藝文志皆作二卷，當從。

〔十七〕據前引年譜，直隸河渠書一百十一卷未成。

〔十八〕清史稿之全榜傳源出清國史載儒林傳下卷卷十七。

〔十九〕乾隆二十九年召試舉人，確。乾隆二十九年並無南巡召試舉人事。據清高宗實錄卷七三二記，高宗南巡江浙，召試一方文士，全榜獲賜舉人，授爲內閣中書學習行走，乃在乾隆三十年三月。

〔二十一〕「散館後，養痾讀書，不復出」，不確。據清高宗實錄卷一〇三六記，乾隆四十年四月壬辰科庶吉士散館之後，四十二年七月，金榜受命充山西鄉試副考官。又據吳定翰林院修撰金先生榜墓誌銘記，嘗一出為山西副考官，以父喪歸，遂不出。

〔二十二〕「卒於家」，何年卒？享年若干？史稿皆失記。據上引墓誌，金榜卒於嘉慶六年六月十一日，年六十有七。

清史列傳卷六十八

儒林傳下一

戴震　金榜[二]

戴震，字東原，安徽休寧人。讀書好深湛之思，少時塾師授以說文，三年盡得其節目。年十六七，研精注疏，實事求是，不主一家。與郡人鄭牧、汪肇龍、汪梧鳳、方矩、程瑶田、金榜從婺源江永遊。震出所學質之永，永爲之駭歎。永精禮經及推步、鐘律、音聲、文字之學，惟震能得其全。性特介，年二十八[三]，補諸生。家屢空，而學日進。與吴縣惠棟、吴江沈彤[三]爲忘年友。以避讐入都，北方學者如獻縣紀昀、大興朱筠，南方學者如嘉定錢大昕、王鳴盛，餘姚盧文弨，青浦王昶，皆折節以交。尚書秦蕙田纂五禮通考，求精於推步者，大昕舉震。蕙田延之纂觀象授時一門。乾隆二十七年，舉鄉試。三十八年，詔開四庫館，徵海内淹貫之士司編校之職，總裁薦震充纂修。四十年，特命與會試中式者同赴殿試，賜同進士出身，改翰林院庶吉士。震以文學受知，出入著作之庭，館中有奇文疑義，輒就咨訪，震亦思勤修其職，晨夕披檢，無間寒暑。經進圖籍，論次精審，所校大戴禮記、水經注尤精覈。又於永樂大典內得九章、五曹算經七種，皆王錫闡、梅文鼎所未見。震正譌補脱以進，得旨刊行。御製詩冠其卷首。四十二年，卒於官，年五十有五。

震之學，由聲音文字以求訓詁，由訓詁以尋義理，謂：「義理不可空憑胸臆，必求之於古經。求之古經而遺文垂絕，今古懸隔，必求之古訓。古訓明則古經明，古經明則賢人聖人之義理明，而我心之所同然者，乃因之而明。義理非他，存乎典章制度者也。彼歧訓詁、義理而二之，是訓詁非以明義理，而義理不寓乎典章制度，勢必流入於異學曲說而不自知也。」震為學精誠解辨，每立一義，初若創獲，及參考之，果不可易。大約有三，曰小學，曰測算，曰典章制度。

其小學書，有六書論三卷，聲韻考四卷，聲類表九卷，方言疏證十卷。漢以後轉注之學失傳，好古如顧炎武，亦不深省。震謂指事、象形、諧聲、會意四者為書之體，假借、轉注二者為書之用。一字具數用者為假借，數字共一用者為轉注。初、哉、首、基之皆為始，卬、吾、台、予之皆為我，其義轉相注也。又自漢以來，古音寖微，學者於六書之故，靡所從入。顧氏古音表入聲與廣韻相反。震謂有入無入之韻，當兩兩相配，以入聲為之樞紐。真至仙十四韻，與脂、微、齊、皆、灰五韻同入聲；東至江四韻及陽至登八韻，與支之佳、咍、蕭、宵、肴、豪、尤、侯、幽十一韻同入聲；侵至凡九韻之入聲，則從廣韻，無與之配；魚、虞、模、歌、戈、麻六韻，廣韻無入聲，今同以鐸為入聲，不與唐相配，而古音遞轉及六書諧聲之故，脊可由此得之，皆古人所未發。

其測算書有原象四篇、迎日推策記一篇、句股割圜記三篇、曆問一卷、古曆考二卷、續天文略三卷[五]，策算一卷。

自漢以來，疇人不知有黃極，西人入中國，始云赤道極之外又有黃道極，是為七政恆星右旋之樞，詫為六經所未有。震謂西人所云赤極即周髀之正北極也，黃極即周髀之北極璿璣也。虞書在璿璣玉衡以齊七政，蓋設璿璣以擬黃道極也。黃極在柱史星東南，上彌少彌之間，終古不隨歲差而改。赤極居中，黃極環繞其外。周髀固已言之，不始於西人也。又月建所指，亦謂黃極，夫北極璿璣，冬至夜半恆指子，春分夜半恆指卯，夏至夜半恆指午，秋分夜半恆指酉。以周髀四游所極推之，則月建十有二辰為黃極夜半所指，顯然。漢人以為斗杓移辰者，非也。又漢以來九數佚於秦火，儒者測天多不能盡句股之蘊。西人傳弧三角術推步始為精密。其三邊求角及兩邊夾一角求對角之邊，加減捷法，梅氏用平儀之理為圖，闡之可謂剖析淵微。然用餘弦折半為中數，則過象限與不過象限有相加相減之殊，未為甚捷也。震謂用餘弦者，或加或減，易生歧惑。乃立新術，用總較兩弧之矢相較，折半為中數，則一例用減，更簡而捷矣。蓋餘弦者，矢之餘也。八線法弧小則餘弦大，弧大則餘弦小，弧若大過象限九十度，則餘弦反由小而漸大。惟矢不然，弧小則矢小，弧大則矢大，弧若大過象限九十度，則矢更隨之而大，是矢與弧大小相應，不似餘弦之參差，故以易之。此立法之根，古人所未及也。

震所著典章制度之書未成，有詩經二南補注二卷，毛鄭詩考〔六〕四卷，尚書義考一卷〔七〕，儀禮考正一卷，考工記圖二卷〔八〕，春秋即位改元考一卷，水經注四十卷，九章補圖一卷，屈原賦注七卷，通釋二卷，原善三卷，緒言三卷，直隸河渠書六十四卷、氣穴記一卷、藏府算經論四卷、葬法贊言四卷、文集十二卷。

震卒後，其小學則高郵王念孫、金壇段玉裁傳之，測算之學則曲阜孔廣森傳之，典章制度之學則興化任大椿傳之，皆其弟子也。後十餘年，高宗以震所校水經注問南書房諸臣，曰：「震尚在否？」對曰：「已死。」上惋惜久之。

金榜，字蘂中，安徽歙縣人。乾隆二十九年召試舉人，授內閣中書軍機處行走。三十七年一甲一名進士，授翰林院修撰。散館後，養疴讀書，不復出，卒於家。榜少工文詞，以才華為天下望。後師事江永，友戴震，遂深經術，著禮箋十卷。復刺取其大者數十事為三卷，大而天文、地域、田賦、學校、郊廟、明堂，以及車旗、服器之細，貫串群言，折衷一是。朱珪讀之，歎其詞精而義覈。榜治三禮最尊鄭康成，然博稽而精思，慎求而能斷。嘗援鄭志答趙商云：「不信亦非，悉信亦非斯言也，敢以為治經之大法。「故鄭義所未表者，必糾正之」，於鄭氏家法不敢誣也。

校記

〔一〕金榜傳，清史列傳本獨立一傳，姑依史稿，附於戴震傳後。

〔二〕當為「年二十九」，詳見前史稿校記，下同。

〔三〕「沈彤」誤，疑為「雲間沈大成」。

〔四〕當為「十三卷」。

〔五〕別本或作「二卷」，或作「一卷」。

〔六〕「考」後尚脫一「正」字。

〔七〕或作「二卷」。

〔八〕「圖」後尚脫一「注」字。

〔九〕「二十九年」誤，當作「三十年」。

清史稿卷四百八十一

儒林二

段玉裁 鈕樹玉 徐承慶

段玉裁，字若膺，金壇人。生而穎異，讀書有兼人之資。乾隆二十五年舉人，至京師，見休寧戴震，好其學，遂師事之。以教習得貴州玉屏縣知縣，旋調四川，署富順及南溪縣事，又辦理化林坪站務。時大兵征金川，輓輸絡繹，玉裁處分畢，輒篝鐙著述不輟。著六書音均表五卷。古韻自顧炎武析爲十部，後江永復析爲十三部。玉裁謂支佳一部也，脂微齊皆灰一部也，之咍一部也，漢人猶未嘗淆借通用。晉宋而後，乃少有出入，迄乎唐之功令，支注脂之同用，佳注皆同用，灰注咍同用，於是古之截然爲三者罕有知之。又謂真臻先與諄文殷魂痕爲二，尤幽與侯爲二，得十七部。其書始名詩經韻譜、群經韻譜，嘉定錢大昕見之，以為鑿破混沌，後易其體例，增以新加，十七部蓋如舊也。震偉其所學之精，云：自唐以來講韻學者所未發。尋任巫山縣。年四十六，以父老引疾歸，鍵戶不問世事者三十餘年。

玉裁於周、秦、兩漢書無所不讀，諸家小學皆別擇其是非。於是積數十年精力專說說文，著說文解字注三十卷。謂爾雅以下義書也，聲類以下音書也，說文形書也。凡篆一字，先訓其義，次釋其形，次釋其音，合三者以完一篆，故曰形書。又謂許以形為主，因形以說音說義，其所說義與他書絕不同者，他書多假借，則字多非本義。許惟就字說其本義，知何者為本義，乃知何者為假借，則本義乃假借之權衡也。說文、爾雅相為表裏，治說文而後爾雅及傳注明。又謂自倉頡造字時至唐、虞、三代、秦、漢，以及許叔重造說文，曰某聲，曰讀若某者，皆條理合一不紊，故既用徐鉉切音，又某字志之曰古音第幾部，後附六書音均表，俾形聲相爲表裏。始爲長編，名說文解字讀，凡五百四十卷。既乃隱括之，成此注。玉裁又以說文者，說字之書，故有讀如，無讀爲，說經傳之書，必兼是二者。漢人作注，於字發疑正讀，其例有三：一讀如、讀若者，擬其音也，比方之詞。讀爲曰者，易其字也，變化之詞。當爲者，定爲字之誤、聲之誤，而改其字也，救正之詞。三者分而漢注可讀，而經可讀。述漢讀考，先成周禮六卷。又撰禮經漢讀考一卷，其他十六卷未成。儀徵阮元謂：玉裁書有功於天下後世者三：言古音一也，言說文二也，漢讀考三也。其他說經之書，以漢志毛詩經、毛詩古訓傳本各自爲書，因鑿次傳文，還其舊著，重訂毛詩古訓傳三十卷。以諸經惟尚書離厄最甚，古文幾亡，賈逵分別古今，劉陶是正文字，其書皆不存，乃廣蒐補闕，正晉唐之妄改，存周漢之駁文，著古文尚書撰異三十二卷。又錄左氏經文，取鄭注禮、周禮，存古文今文，故書之例，附見公羊、穀梁經文之異，著春秋左氏古經十二卷，而以左氏傳五十凡附後。外有毛詩小學三十卷，汲古閣說文訂六卷，經韻樓集十二卷。嘉慶二十年卒，年八十一。

初，玉裁與念孫〔八〕俱師震，故戴氏有段、王兩家之學。玉裁少震四歲〔九〕，謙專〔十〕執弟子禮，雖耄，或稱震，必垂手拱立，朔望必莊誦震手札一通。卒後，王念孫謂其弟子長洲陳奐曰：「若膺死，天下遂無讀書人矣。」玉裁弟子長洲徐頲、嘉興沈濤及女夫仁和龔麗正俱知名，而奐尤得其傳。奐自有傳。

鈕樹玉〔十一〕，字匪石，吳縣人。篤志好古，不爲科舉之業〔十二〕。精研文字、聲音、訓詁，謂說文懸諸日月而不刊者也，後人以新附淆之，誣許君矣。因博稽載籍，著說文新附考六卷、續考一卷，又著說文解字校錄三十卷。樹玉後見玉裁書，著段氏說文注訂八卷，所駁正之處，皆有依據。

徐承慶[十三]字夢祥，元和人。乾隆五十一年舉人，官至山西汾州府知府。著段注匡謬十五卷，其攻瑕索瘢，尤勝鈕氏之書，皆力求其是非，故爲吹求者。

校記：

〔一〕清史稿之段玉裁傳，源出清國史，載儒林傳下卷卷十四。

〔二〕何年傳至京師，且遇戴震？清史稿未記，確切時間失當。據段玉裁輯戴東原先生年譜，時爲乾隆二十八年。

〔三〕段玉裁之師事戴震，震謙然婉拒，玉裁虔誠懇請，歷時六載，始成就一段學林佳話。據前引戴東原先生年譜乾隆三十一年丙戌，四十四歲條記："始，玉裁癸未（乾隆二十八年——引者）請業於先生。既先生南歸，玉裁以札問安遂自稱弟子。先生是年至京，面辭之，復於札內辭之。直至己丑（乾隆三十四年——引者）相謁，先生乃勉從之。

〔四〕段玉裁何時以教習得貴州玉屏縣知縣？清史稿失記，不當。據上引戴東原先生年譜，乾隆三十二年，玉裁景山萬善殿教習期滿，三十五年夏，銓得貴州玉屏縣。

〔五〕段玉裁何時完成六書音均表？史稿失記，不當。據六書音均表卷首錄玉裁乾隆四十年十月寄戴東原先生書，竣稿時間為是年九月。

〔六〕毛詩古訓傳，據漢書藝文志及段玉裁引述，皆作毛詩故訓傳，古字係史稿改，此處之故、古二字雖相通，然若就尊重文獻言，史稿所改則甚不可取。

〔七〕段玉裁所著，即自題毛詩故訓傳。

〔八〕傳文首次出現王念孫，王姓不當刪。

〔九〕玉裁少震四歲，誤。據前引戴東原先生年譜，戴震生於雍正元年，而據劉盼遂段玉裁先生年譜，玉裁生於雍正十三年，兩人相差乃十二歲。

〔十一〕「謙專」，不詞，「專」字誤。依清國史，當作「焉」，即「謙焉執弟子禮」。史稿改「焉」作「專」，無理無據。

〔十二〕清史稿之鈕樹玉傳，源出清國史，載儒林傳下卷卷十四，附見於段玉裁傳。

〔十三〕依清國史，此句之前，尚有「居東洞庭，隱於賈」七字，不當刪。

〔十三〕清史稿之徐承慶傳，源出繆荃孫段玉裁傳之附傳。

清史列傳卷六十八

儒林傳下一

段玉裁 鈕樹玉

段玉裁，字若膺，江蘇金壇人。生而穎異，讀書有兼人之資。年十三，補諸生，學使尹會一授以小學書，遂究心焉。乾隆二十五年舉人。至京師，見休寧戴震，好其學，遂師事之。以教習得貴州玉屏縣知縣，旋調四川，署富順及南溪縣事，又辦理化林坪站務。時大兵征金川，軍輸絡繹，玉裁處分畢，輒篝燈著述不輟。著六書音均表五卷。古韻自顧炎武析為十部，後江永復析為十三部。玉裁謂支、佳一部也，脂、微、齊、皆、灰一部也，之、咍一部也。漢人猶未嘗淆借通用。晉宋而後，乃少有出入，迄乎唐之功令，支注脂之同用，佳注皆同用，灰注咍同用，於是古之截然為三者，罕有知之。又謂真、臻、先與諄、文、殷、魂、痕為二，尤、幽與侯為二，得十

七部。其書始名詩經韻譜、群經韻譜，嘉定錢大昕見之，以
爲鑿破混沌。後易其體例，增以新加十七部，蓋如舊也。書
成，自蜀寄震，震偉其所學之精，云自唐以來講韻學者所
未發。尋任巫山縣。年四十六，以父老引疾歸。卜居蘇州之
楓橋，鍵户不問世事者三十餘年。

玉裁於周、秦、兩漢書無所不讀，諸家小學，皆別擇其
是非。於是積數十年精力，專說說文。著說文解字注三十
卷。謂爾雅以下，義書也；聲類以下，音書也；說文，形書也。凡
篆一字，先訓其義，次釋其形，次釋其音，合三者以完一篆，
故曰形書。又謂許以形爲主，因形以說音、說義。其所說義，
與他書絶不同者，他書多假借，則字多非本義。許惟就字
說其本義。知何者爲本義，乃知何者爲假借，則本義乃假
借之權衡也。說文、爾雅相爲表裏，治說文而後爾雅及傳
注明。又謂自倉頡造字時至唐、虞、三代、秦、漢以及許叔重

造說文，曰某聲，曰讀若某者，皆條理合一不紊。故既用徐鉉切音，又某字志之曰古音第幾部，後附六書音均表，俾形聲相為表裏。始為長編，名說文解字讀，凡五百四十卷。既乃隱括之成此注。書未成，海內想望者幾三十年。嘉慶十七年始付梓，高郵王念孫序之曰：千七百年無此作矣。玉裁又以說文者，說字之書，故有讀如，無讀為，說經傳之書，必兼是二者。漢人作注，於字發疑正讀，其例有三：讀如、讀若者，擬其音也，比方之詞。讀為、讀曰者，易其字也，變化之詞。當為者，定為字之誤、聲之誤，而改其字也，救正之詞。三者分而漢注可讀，而經可讀。述漢讀考，先成周禮六卷。又撰禮經漢讀考一卷，其他十六卷未成。儀徵阮元謂玉裁書有功於天下後世者三：言古音一也，言說文二也，漢讀考三也。其他說經之書，以漢志毛詩經、毛詩故訓傳本各自為書，因釐次傳文，還其舊著，重訂毛詩故訓傳三十卷。以諸經惟尚書離厄最甚，古文幾亡，賈逵分別古今，劉陶是正文字，其書皆不存。乃廣蒐補闕，正晉唐之妄改，存周、漢之駁文，著古文尚書撰異三十二卷。又錄左氏經文，取鄭注禮、周禮，存古文、今文故書之例，附見公羊穀梁經文之異，著春秋左氏古經十二卷，而以左氏傳五十凡附後。又有毛詩小學三十卷、汲古閣說文訂十六卷、經韻樓集十二卷。二十年卒，年八十一。

初，玉裁與念孫俱師震，故戴氏有段、王兩家之學。玉裁少震四歲，謙焉執弟子禮，雖耄，或稱震，必垂手拱立，朔望必莊誦震手札一通。卒後，王念孫謂其弟子長洲陳奐曰：「若膺死，天下遂無讀書人矣。」玉裁弟子長洲徐頲、嘉興沈濤及女夫仁和龔麗正俱知名，而奐尤得其傳。

鈕樹玉，字匪石，江蘇吳縣人。居東洞庭，隱於賈。篤志好古，不為科舉之業。精研文字、聲音、訓詁，謂說文懸諸日月而不刊者也，後人以新附濟之，誣許君矣。因博稽載籍，著說文新附考六卷、續考一卷，又著說文解字校錄三十卷。樹玉後見玉裁書，著段氏說文注訂八卷，所駁正之處，皆有依據。時又有元和舉人徐承慶，著段注匡謬十五卷，尤勝鈕氏書。

校記：

〔一〕「玉裁少震四歲」誤。當作「十二歲」。

清史稿卷四百八十一

儒林二

孫志祖　翟灝　梁玉繩　梁履繩　汪家禧

孫志祖，字詒穀，仁和人。乾隆三十一年進士，改刑部主事，游升郎中，擢江南道監察御史，乞養歸。志祖清修自好，讀經史必釋其疑而後已。著讀書脞錄七卷，考論經子、雜家，析衷精詳，不為武斷之論。又家語疏證六卷，謂王肅作聖證論以攻康成，又偽撰家語，飾其說以欺世。因博集群書，凡肅所剽竊者，皆疏通證明之。又謂孔叢子亦王肅偽託。其小爾雅亦肅借古書以自文，並作疏證以辨其妄。幼熟精文選，後乃仿韓文考異之例，參稽眾說，正俗本之誤，為文選考異四卷。又輯前人及朋輩論說，為文選注補正四卷。又有文選理學權輿補一卷，輯風俗通逸文一卷。補正姚之駰輯謝承後漢書五卷。嘉慶六年卒，年六十五。

瞿灝字大川，亦仁和人。乾隆十九年進士，官金華衢州府學教授〔三〕。灝見聞淹博，又能搜奇引僻〔四〕，嘗與錢塘梁玉繩論王肅撰家語難鄭氏，欲搜考以證其譌〔五〕，因拯筆立疏所出，頃刻數十事。時方被酒，旋罷去，未竟稿，其精力殊絕人也。著有爾雅補郭二卷，以爾雅郭注未詳未聞者百四十二科，邢疏補言其十餘，仍闕如，乃參稽衆家，一一備說。又云古爾雅當有釋禮篇，與釋樂篇相隨，祭名與講武旌旂三章，乃釋禮之殘缺失次者。又著四書考異七十二卷，皆貫串精審，為世所推。他著又有家語發覆、通俗篇〔六〕、湖山便覽、無不宜齋詩文稿。五十三年卒。

梁玉繩〔七〕，字曜北，錢塘人，增貢生。家世貴顯，玉繩不志富貴，自號清白士。嘗語弟履繩曰：後漢襄陽樊氏顯重當時，子孫雖無名德盛位，世世作書生門戶，願與弟共勉之。故玉繩年未四十，棄舉子業，專心撰著。其瞥記七卷，多釋經之文，有裨古義。玉繩尤精乙部書，著史記志疑三十六卷，據經傳以糾乖違，參班荀以究同異。錢大昕稱其書爲龍門功臣。著人表考九卷，謂班氏借用爲貢田賦九等之目，造端自馬遷。史記李將軍傳云李蔡爲人在下中。其說頗是〔八〕。

履繩〔九〕，字處素。乾隆五十三年舉人。與兄玉繩相礱錯，有元方季方之目。其於羣經中尤精左氏傳，謂隋志載賈逵解詁、服虔解義各數十卷，今俱亡佚。杜氏參用賈、服，仲達作疏，閒有稱引，未睹其全，亦如馬融諸儒之說，僅存單文隻義。唐以後注左氏者，惟張洽、趙汸最爲明晰，大抵詳書法而略紀載。履繩綜覽諸家，旁采羣籍，以廣杜之所未備，作左通補釋三十二卷。又有未成者五門，曰廣傳、考異、駁證、古音、臆說。錢大昕見其書，歎爲絕悟，通說文，下筆鮮俗字。年四十六卒〔十〕。

汪家禧〔十二〕字漢郊，仁和人。諸生。穎敏特異，通漢易，作易消息解。所著書數十卷，燬於火。其友秀水莊仲方、門人仁和許乃穀輯其遺文，為東里生燼餘集三卷。文多說經，粹然有家法。〔十三〕

校記

〔二〕清史稿之孫志祖傳，源自清國史載儒林傳下卷卷十，附見於盧文弨傳。

〔三〕清史稿之翟灝傳，源自清國史載儒林傳下卷卷十三。

〔三〕官金華、衢州府學教授，先後倒置，不確。據梁同書翟先生灝傳：「先是於乾隆二十一年，任衢州府學教授。逮丁父母憂，十餘載之後，始補金華教授。」故當作「官衢州、金華府學教授」。

〔四〕搜奇引庳「庳字誤。當依清國史作癖」，或依清史列傳作僻」。

〔五〕以證其譌「譌字誤。當依清國史作偽」。

〔六〕通俗篇「篇字誤。當依前引梁撰翟先生灝傳作編」。

〔七〕清史稿之梁玉繩傳，源自清國史，載儒林傳下卷卷十九。

〔八〕依清國史，尚於傳末記有梁玉繩卒年，作「年七十六卒」。史稿刪而不錄，失當。據徐世昌清儒學案卷一百〇三錢塘二梁學案，玉繩「嘉慶二十四年卒，年七十六」。

〔九〕清史稿之梁履繩傳，源自清國史，載儒林傳下卷卷十九，附見於梁玉繩傳，兼采盧文弨梁孝廉處素小傳而成。

〔十〕依清國史，尚於傳末記有梁履繩卒年，作「乾隆五十八年卒，年四十六」。史稿刪而不錄，失當。

〔十二〕清史稿之汪家禧傳，源自清國史，載文苑傳卷六十二。

〔十三〕依清國史，尚記有汪家禧卒年，作「嘉慶二十一年卒，年四十二」。史稿刪而不錄，失當。

清史列傳卷六十八

儒林傳下一

孫志祖 瞿灝[一] 梁玉繩[二] 梁履繩[三] 汪家禧[四]

孫志祖[五]字詒穀，浙江仁和人。乾隆三十一年進士，改刑部主事，游升郎中，擢江南道監察御史，乞養歸。志祖清修自好，讀經史必釋其疑而後已。著讀書脞錄七卷，考論經、子雜家，折中精詳。又家語疏證六卷，謂：王肅作聖證論以攻康成，又偽撰家語，飾其說以欺世。因博集群書凡肅所剿竊者，皆疏通證明之。又謂：孔叢子亦王肅偽託，其小爾雅亦肅借古書以自文，並作疏證以辨其妄。幼熟精文選，後乃倣韓文考異之例，參稽衆說，正俗本之誤，為文選考異四卷。又輯前人及朋輩論說，為文選注補正四卷。又有文選理學權輿補一卷，輯風俗通逸文一卷，補正姚之駰輯謝承後漢書五卷。嘉慶六年卒，年六十五。

翟灝，字大川，浙江仁和人。乾隆十九年進士，官金華、衢州府學教授。灝見聞淹博，又能搜奇引僻，嘗與錢塘梁玉繩論王肅撰家語難鄭氏，欲搜考以證其僞，因握筆互疏所出，頃刻數十事。時方被酒，旋罷去，未竟稿。其精力殊絕人也。著有爾雅補郭二卷，以爾雅郭注未詳未聞者百四十二科，邢疏補言其十餘，仍闕如，乃參稽衆家，一一備說。又云古爾雅當有釋禮篇，與釋樂篇相隨，祭名與講武旌旗三章，乃釋禮之殘缺失次者。又著四書考異七十二卷，皆貫串精審，爲世所推。他著又有家語發覆、周書考證、山海經道常、說文稱經證、漢書藝文補志、太學石鼓補考、通俗篇、湖山便覽、無不宜齋詩文集。五十三年卒。

梁玉繩，字曜北，浙江錢塘人。增貢生。同書嗣子，家世貴顯，有賜書。玉繩不至富貴，自號清白士，與弟履繩互相礲錯，有「二難」之目。同時杭世駿、陳兆崙、錢大昕、孫志祖、盧文弨，皆與接談論文。弨嘗稱二人氣象，玉繩則侃侃然，履繩誾誾然。其見重如此。玉繩嘗語履繩曰：後漢襄陽樊氏，顯重當時，子孫雖無名德盛位，世世作書生門戶，願與弟共勉之。故玉繩年未四十，棄舉子業，專心撰著。其《瞥記》七卷，多釋經之文，有裨古義。嘗謂經學自東晉後，分為南北。自唐以後，則有南學而無北學。《北史·儒林傳》曰：江左《周易》則王輔嗣，《尚書》則孔安國，《左傳》則杜元凱；河洛《左傳》則服子慎，《尚書》、《周易》則鄭康成。蓋南北之不同如此。陸元朗南方學者，《經典釋文》不獨創始陳後主元年，其成書亦在未入隋以前。故《序錄》中於王曉《周禮音注》云：江南無此書，不詳何人。於《論語》云：北學有杜弼注，世頗行之。又其書中引北音秪一再見，似書成後入隋，唐亦不增加，故北大儒如徐遵明諸人，皆不援及。《舊唐書·儒學傳》稱元朗於貞觀初，拜國子博士。《五經正義》之作，未必非元朗創議，故《正義》於易、書、左傳用王注、孔傳、杜注，並同。釋文、正義中所謂定本者，出於顔師古手。師古之學，本其祖之推家訓書證篇，每是江南本，非河北本。師古為定本時，輒引晉宋以來古今本，折服諸儒，則據南本為定可知也。孔仲達本兼涉南北學，至其為正義時，已有顔氏考定本在前，且師古首董其事，仲達亦不能自主，遂專用南學，而北學由此竟廢。近乃有治鄭氏易、書、服氏左傳者，紹北學於千載之下，不亦難乎！

玉繩尤精乙部書，著史記志疑三十六卷。據經傳以糾乖違，參班、荀以究同異，凡文字之傳譌，注解之傅會，一一析辯之，從事幾二十年。刊行後續有增加，復筆之上方。大昕稱其書為龍門功臣，可與集解、索隱、正義並傳。又以大昕言漢書人表尊仲尼於上聖，顔、閔、思、孟於大賢，弟子居上等者三十餘人，而老、墨、莊、列諸家咸置中等，有功名教。因著人表考九卷，皆詳審雅博，見稱於時。他著有元號略四卷，呂子校補二卷，誌銘廣例二卷，蛻稿四卷。又庭立紀聞四卷，子學昌所記也。年七十六卒。

履繩，字處素。乾隆五十三年舉人。刻意於學，蕭然如寒素，衣不求新，出則徒步。强識博聞，通聲韻之學，尤精左氏傳。其舅氏元和陳樹華著春秋內外傳考證，履繩復彙輯諸家之說，而折其衷，成書六種，名曰左通，一曰補釋，古注輯存，雖富惟合者錄。二曰駁證，諸家詮釋，或疏有證者駁。三曰考異，旁搜及石經群籍諸文。四曰廣傳，取材在公穀、國語而外。五曰古音，證以風謠、卦繇。六曰肊說，詳於列解軼聞，皆考輯詳審。其補釋三十二卷，外孫汪遠孫為刊行。履繩不以所能病人，亦不以所知愧人，人樂親之。五十八年卒，年四十六。

汪家禧，字漢郊，浙江仁和人，諸生。素好學，性謙抑，常若不及。與楊鳳苞、嚴元照同受知於學使阮元，元立詁經精舍，家禧爲舉首。尤長七略之學，其言著書之旨，以修己治人爲本，學務沉博，卒歸極於理，謂儒有鄭康成而經明，有韓退之而用彰，有朱文公而體立，朱學之傳，歷久無弊。西湖六一泉有神位數百，皆前明湛族破家遺老，家禧嘗鈎考其事蹟，爲六一泉神位考三篇。嘉慶二十一年卒，年四十二。所著書凡數十卷，殁後無子，燬於火。今惟存東里生燼餘集三卷、崇祀三祠志九卷。

校記

〔一〕瞿灝本獨自立傳，以黃模、周廣業附。

〔二〕梁玉繩本獨自立傳，以弟履繩、汪遠孫附。

〔三〕梁履繩本附見於兄玉繩傳。

〔四〕汪家禧原在清史列傳卷七十三，文苑傳四。

〔五〕孫志祖本附見於盧文弨傳。

〔六〕「篇」字誤，當作「編」。

清史稿卷四百八十一

儒林二

劉台拱 朱彬

劉台拱，字端臨，寶應人。性至孝，六歲，母朱氏歿，哀如成人。事繼母鍾氏，與親母同。九歲，作顏子頌，斐然成章，觀者稱為神童。中乾隆三十五年舉人，屢試禮部不第。是時，朝廷開四庫館，海內方聞綴學之士雲集。台拱在都，與學士朱筠、編修程晉芳、庶吉士戴震、學士邵晉涵及其同郡御史任大椿、給事中王念孫等交遊，稽經考古，旦夕討論。自天文、律呂至於聲音、文字，靡不該貫。其於漢、宋諸儒之說，不專一家，而惟是之求。精思所到，如與古作者晤言一室，而知其意指之所在。比之閻若璩，蓋相伯仲也。段玉裁每謂：「潛心三禮，吾所不如。」選丹徒縣訓導，取儀禮十七篇，除喪服外，各繪為圖，與諸生習禮容，為發明先王制作之精意。迎兩親署，雍雍色養，年雖五十，有孺子之慕。嘗客他所，忽心痛，驟歸，母病危甚，乃悉心奉湯藥，衣不解帶者數旬，母病遂愈。逮丁內外艱，水漿不入口，既斂〔四〕，枕苫啜粥，哭泣之哀，震動鄰里。居喪，蔬食五年，出就外寢，以哀毀過情卒〔五〕，年五十有五。

與同郡汪中爲文章道義交，中歿，撫其孤喜孫，賴以成立。武進臧庸常以說經之文請益，台拱善之，恤其窮，賙其困，飲食教誨，十七年如一日，庸心感焉。台拱慕黃叔度之爲人，王昶稱其有曾閔之孝。著有論語駢枝、經傳小記、國語補校、荀子補注、方言補校、淮南子補校、漢學拾遺、文集，都爲端臨遺書，凡八卷。

同邑朱彬〔六〕，字武曹。乾隆六十年舉人。彬幼有至行，年十一，喪母，哀戚如成人。長，丁父憂，斂葬〔七〕盡禮，三年蔬食居外。自少至老，好學不厭。承其鄉王懋竑經法，與外兄劉台拱互相切磋，每有所得，輒以書札往來辨難，必求其是而後已。於訓詁、聲音、文字之學用力尤深。著有經傳考證八卷、禮記訓纂四十九卷，虎觀諸儒所論議〔三〕、鄭志弟子之問答，以及魏晉以降諸儒之訓釋、書鈔、通典、御覽之涉是書者，一以注疏為主，擷其精要，緯以古今諸說，其附以己意者，皆援據精碻，發前人所未發。他著有游道堂詩文集四卷。道光十四年卒，年八十有二。子士彥，吏部尚書，自有傳。

校記：

〔一〕清史稿之劉台拱傳，源自清國史載儒林傳下卷卷十七。

〔二〕乾隆三十五年舉人，不確，當為三十六年。據朱彬劉先生台拱行狀，台拱生於乾隆十六年，二十一歲舉江南鄉試，時當乾隆三十六年。劉文興劉端臨先生年譜亦記為乾隆三十六年辛卯，二十一歲，舉江南鄉試第八十九名。

〔三〕傳主何時選丹徒訓導？史稿失記。據上引行狀，台拱甲辰（乾隆四十九年）大挑二等，以教職用。踰歲，銓授丹徒縣訓導。又據上引年譜，亦作乾隆五十年春，銓授丹徒縣學訓導。

〔四〕斂字原作歛，形近而誤，據清國史改。

〔五〕劉台拱病卒事，清國史記之甚確，作嘉慶十年卒，年五十五。史稿擅刪嘉慶十年四字，不妥。

〔六〕清史稿之朱彬傳，源自清國史，載儒林傳下卷卷二十三。

〔七〕斂字原誤作歛，逕改。

〔八〕史稿節錄國史成文，於虎觀句前脫錄一取字，致使文意不適。

清史列傳卷六十八

儒林傳下一

劉台拱　朱彬〔二〕

劉台拱，字端臨，江蘇寶應人。父世謩，舉孝廉方正，不就，官靖江縣訓導，教士有聲。台拱幼不好戲，六歲母殁，哀毁如成人。九歲，作顏子頌，心慕理學。及長，見同里王懋竑、朱澤澐書，遂篤志程朱之學。乾隆三十五年〔三〕舉人，屢試禮部不第。大興朱珪校禮闈，得其卷，歎為績學之士。時四庫館開，台拱在都，與朱筠、程晉芳、戴震、邵晉涵及同郡任大椿、王念孫等遊，稽經考古，旦夕討論。台拱蓋最少，每發一義，諸人莫不折服。其學自天文、律呂至聲音、文字，靡不該貫。考證名物，精研義理，未嘗離而二之。於漢宋諸儒之說，不專一家，惟是之求。精思所到，如與古作者晤言一室，而知其意指之所存。以論語、禮經為孔氏微言大義所在，用力尤深。選丹徒縣訓導，課士以敦品立行爲先，暇則誦習古訓，親爲講畫。取儀禮十七篇，除喪服外，各繪爲圖，與諸生習禮容，爲發明先王制作之精意。迎兩親學署，雍雍色養。事繼母尤孝，母或返家，書至目輒瞤。嘗客他所，忽心痛驟歸，母病危甚。台拱侍湯藥，衣不解帶者數月，病遂愈。及兩親歿，水漿不入口，哀動鄰里。既斂，枕苫啜粥，自是出就外寢，蔬食者五年。青浦王昶以爲有曾、閔之孝。而王念孫則稱其學與閻若璩相伯仲。朱筠嘗曰：「台拱大賢也，豈獨學問過人也！」邵晉涵亦曰：「予交友中，淵通靜遠，造次必儒者，台拱一人而已。」然台拱以聖賢之道自繩，與人遊處，未嘗一字及道學也。卒以哀毀過情，卧病不起，嘉慶十年卒，年五十五。

台拱慎於接物，而好誘掖後進。與王念孫及金壇段玉裁、江都汪中最稱莫逆。中恃才傲物，獨心折台拱，嘗曰：

君欲吾養德性，無驕血氣，使吾見所不足，吾所以服也。」及中殁，台拱撫其孤，喜孫成立。武進臧庸常以經義請益，台拱飲食教誨之，十七年如一日，庸心感焉。生平無他嗜好，唯聚書數萬卷，及金石文字，日夕冥搜，而不務著述。卒後，稿多零落，僅輯成論語駢枝一卷、儀禮傳注一卷、經傳小記三卷、荀子補注一卷、漢學拾遺一卷、文集一卷，及方言補校、淮南子補校、國語補諸書。其說論語：如切如磋，如琢如磨，則據爾雅之文；有事弟子服其勞，有酒食先生饌，則據內則之文；子貢欲去告朔之餼羊，則據周官、大戴記、穀梁傳之文；師摯之始，關雎之亂，則據周官、儀禮之文；入公門以下，則據聘禮之文；吉月必朝服而朝，孔子時其亡也而往拜之，則據玉藻之文。皆聖經之達詁，而傳注之所未及。其疏釋儀禮經文，能默念其意，既補鄭注之缺，兼斥敖氏之妄。如橫弓之為南踣弓，張侯設乏之在前一日，饌於東方之在東崇下，飲之非在西階下，朝祖之奠非用脯醢醴酒，皆條理緻密。至於荀子補注、綴評事之疏漏、漢學拾遺、箴秘書之違失，凡所糾正，悉徹本源云。

朱彬，字武曹，江蘇寶應人。乾隆六十年舉人。彬幼有至行，年十一，喪母，哀戚如成人。丁父憂，斂葬盡禮，三年蔬食居外。時祖母劉尚存，寒暑飲食，盡心調護，一如其父在時。同懷兄早殤，與群從昆弟友于甚篤。自少至老，好學不厭。承其鄉王懋竑經法，又與外兄劉台拱、高郵王念孫、引之父子，李惇、江都汪中、餘姚邵晉涵諸人互相切磋，每有所得，輒以書札往來辨難，必求其是而後已。於訓詁、聲音、文字之學用力尤深，著有經傳考證八卷。又輯禮記訓纂四十九卷，取爾雅、說文、玉篇、廣雅諸書之故訓，虎觀諸儒之論議，鄭志弟子之問答，以及魏晉以降諸儒之訓釋，又刺取北堂書鈔、通典、太平御覽之涉是書者，旁證國初及乾嘉間諸家之書，亦不下數十種，而一以注疏為主，擷其精要，緯以古今諸說。其附以己意者，皆援據精確，足以薈眾說而持其平。他著有游道堂詩文集四卷。道光十四年卒，年八十二。

校記：

〔一〕朱彬本獨為一傳，載儒林傳下二。

〔二〕當為乾隆三十六年。

〔三〕「補」字下，尚脫一「校」字，當補。

清史稿卷四百八十一

儒林二

孔廣森

孔廣森，〔一〕字衆仲，曲阜人。孔子六十八代孫。〔二〕襲封衍聖公傳鐸之孫，戶部主事繼汾之子。乾隆三十六年進士，選翰林院庶吉士，散館授檢討。年少入官，性淡泊，耽著述，不與要人通謁。告養歸，〔三〕不復出。及居大母與父喪，竟以哀卒，〔四〕時乾隆五十一年，年三十五。

廣森聰穎特達，嘗受經戴震、姚鼐之門，經史、小學，沉覽妙解。所學在公羊春秋，〔五〕嘗以左氏舊學湮於征南，穀梁本義汩於武子。王祖游謂何休志通公羊，往往為公羊疾病，其餘啖助、趙匡之徒，又橫生義例，無當於經，唯趙汸最為近正。何氏體大思精，然不無承訛率臆。於是旁通諸家，兼采左、穀，擇善而從，著春秋公羊通義十一卷、序一卷。凡諸經籍有可通於公羊者，多著録之。其不同於解詁者，大端有數事：謂古者諸侯分土而守，分民而治，有不純臣之義，故各得紀年於其境內，而何劭公謂唯王者然後改元立號，經書元年，爲託王於魯，則自蹈所云反傳違戾之失。其不同一也。謂春秋分十二公而爲三世，舊説所傳聞之世，隱、桓、莊、閔、僖也；所聞之世，文、宣、成、襄也；所見之世，昭、定、哀也。顏安樂以爲襄公二十三年，邾婁鼻我來奔，云邾婁無大夫，此何以書？以近書也。又昭公二十七年，邾婁快來奔，傳云邾婁無大夫，此何以書？以近書也。二文不異，宜同一世，故斷自孔子生後，即爲所見之世。從之。其不同二也。謂桓十七年經無夏，二家經皆有夏，獨公羊脱耳。何氏謂夏者陽也，月者陰也，去夏者，明夫人不繫於公也，所不敢言。其不同三也。謂春秋上本天道，中用王法，而下理人情。天道者，一曰時，二曰月，三曰日。王法者，一曰譏，二曰貶，三曰絕。人情者，一曰尊，二曰親，三曰賢。此三科九旨。而何氏文謚例云：三科九旨者，新周故宋，以春秋當新王，此一科三旨也。又云：所見異辭，所聞異辭，所傳聞又異辭，二科六旨也。又內其國而外諸夏，內諸夏而外夷狄，是三科九旨也。其不同四也。他如何氏所據間有失者，多所裨損，以成一家之言。又謂：左氏之事詳，公羊之義長，春秋重義不重事。皆好學深思，心知其意，其為說能融會貫通，使是非之旨不謬於聖人，大旨見自序中。儀徵阮元謂：讀其書，始知聖志之所在。

又著有大戴禮記補注十四卷，詩聲類十三卷，禮學卮言六卷，經學卮言六卷，少廣正負術內外篇六卷，駢體文有漢、魏、六朝、初唐之勝，江都汪中讀之歎為絕手。然廣森不自足，作堂於其居，名曰儀鄭，自庶幾於康成。桐城姚鼐謂：其將以孔子之裔傳孔子之學，雖康成猶不足以限之。惜奔走家難，勞思夭年，不克其志，藝林有遺憾焉。

校記

〔一〕清史稿之孔廣森傳，源自清國史載儒林傳下卷卷十六。

〔二〕孔子六十八代孫，係指孔傳鐸，史稿此處原作逗號，誤指廣森，故改作頓號。

〔三〕告養歸，不確。據廣森兄廣林自訂温經樓年譜，乾隆四十二年，廣森丁母憂返鄉，服闋，遂陳情歸養，從此不出。

〔四〕竟以哀卒，史稿所記失之過簡。傳末既稱奔走家難，勞思夭年，則此處文字似不可省。據前引温經樓年譜，乾隆四十九年，家難起。七月，因安葬太母事，廣森父繼汾忤宗子意，為傳鐸劾奏，奉旨自議罰銀，交豫工充用，後自認五萬。十一月，橫禍再降，怨家挾嫌誣控，指繼汾撰孔氏家儀語涉悖逆。五十年三月，奉旨交刑部嚴訊。後以撰述沽名，議發伊犁，改請交銀萬五千代贖。得旨報可。寀起，廣森憂心如焚，扶病走江淮河洛間，稱貸四方，納贖錢入都，萬里荷戈，願以身代。父幸獲宥。復護之歸里。是年八月，爲籌措罰銀，繼汾南下江浙乞援親友。五十一年八月，病卒杭州。十一月，廣森亦殉父九泉。

【五】所學在公羊春秋，何時學？從何人學？史稿失記。傳中所言戴震、姚鼐，皆不以公羊學見長。實則另有其人，乃清中葉公羊學之開派宗師莊存與。乾隆三十六年三月，莊存與任會試副考官，翌年六月，在翰林院教習庶吉士。莊、孔二人之師生之誼，廣森撰春秋公羊通義記之甚確。據稱，座主莊侍郎爲廣森說此經，曰屈貉之役，左氏以爲陳侯、鄭伯在焉，而又有宋公後至，麇子逃歸。春秋一切不書，主書蔡侯者，甚惡蔡也。廣森服膺師說，曰三復斯言，誠春秋之微「旨」。

〔六〕「大旨」二字，原屬上讀，作「聖人大旨」，誤。逕改。

清史列傳卷六十八

儒林傳下一

孔廣森

孔廣森字㢡軒，山東曲阜人。孔子六十八代孫，襲封衍聖公傳鐸之孫，戶部主事繼汾之子。乾隆三十六年進士，改翰林院庶吉士，散館，授檢討。年少入官，翩翩華胄，一時爭與之交。然性淡泊，耽著述，不與要人通謁，告養歸，不復出。及居大母與父喪，竟以哀卒，時乾隆五十一年，年三十五。

廣森聰穎特達，嘗受經戴震、姚鼐之門，經史、小學，沉覽妙解。所學在公羊春秋，嘗以左氏舊學湮於征南，穀梁本義汩於武子，王祖游謂何休志通公羊，往往為公羊疾病；其餘啖助、趙匡之徒，又橫生義例，無當於經，唯趙汸最為近正。何氏體大思精，然不無承譌率臆。於是旁通諸家，兼采左穀，擇善而從，著春秋公羊通義十一卷、序一卷。凡諸經籍義有可通於公羊者，著錄之。其不同於解詁者，大端有數事。謂古者諸侯分土而守，分民而治，有不純臣之義，故合得紀年於其境内。而何劭公謂唯王者然後改元立號，經書元年爲託王於魯，則自蹈所云反傳違戾之失。其不同一也。謂春秋分十二公而爲三世，舊說所傳聞之世，隱、桓、莊、閔、僖也；所聞之世，文、宣、成、襄也；所見之世，昭、定、哀也。顔安樂以爲襄公二十三年邾婁鼻我來奔云邾婁無大夫，此何以書？以近書也。又昭公二十七年邾婁快來奔云邾婁無大夫，此何以書？以近書也。二文不異，同宜一世，故斷孔子生後即爲所見之世。從之。其不同二也。謂桓十七年經無夏，二家經皆有夏，獨公羊脱耳。何氏謂夏者陽也，月者陰也，去夏者明夫人不繫於公也，所不敢言。其不同三也。謂春秋上本天道，中用王法，而下理人情。天道者一曰時，二曰月，三曰日；王法者一曰譏，二曰貶，三曰絶。人情者一曰尊，二曰親，三曰賢，此三科九旨。而何氏文謚例云：三科九旨者，新周故宋，以春秋當新王，此一科三旨也；又云：所見異辭，所聞異辭，所傳聞又異辭，二科六旨也；又内其國而外諸夏，内諸夏而外夷狄，是三科九旨也。其不同四也。他如何氏所據間有失者，多所裨損，以成一家之言。又謂：左氏之事詳，公羊之義長，春秋重義不重事。皆好學深思，心知其意，故能融會貫通，使是非之旨不謬於聖人。大旨見自序中。儀徵阮元謂：讀其書，始知聖志之所在。

又著大戴禮記補注十四卷，詩聲類十三卷，禮學卮言六卷，經學卮言六卷，少廣正負術内外篇六卷，駢體蕙有漢魏六朝初唐之勝。江都汪中讀之，歎爲絶手。然廣森不自足，作堂於其居右，曰儀鄭，自庶幾於康成。惜奔走家難，勞思夭年，藝林有遺憾焉。

清史稿卷四百八十一

儒林二

邵晉涵 周永年

邵晉涵，字二雲，餘姚人。乾隆三十六年進士，歸班銓選。會開四庫館，特詔徵晉涵及歷城周永年、休寧戴震、仁和余集等入館編纂，改翰林院庶吉士，授編修。四十五年，充廣西鄉試正考官。五十六年，大考遷左中允，擢侍講學士，充文淵閣直閣事、日講起居注官。晉涵左目眚，清羸善讀書，四部七錄靡不研究。嘗謂爾雅者六藝之津梁，而邢疏淺陋不稱，乃別為正義二十卷，以郭璞為宗，而兼采舍人、樊、劉、李、孫諸家，郭有未詳者，摭他書附之。自是承學之士多舍邢而從邵。尤長於史，以生在浙東，習聞劉宗周、黃宗羲諸緒論，說明季事，往往出於正史之外。在史館時，見永樂大典采薛居正五代史，乃薈萃編次，得十之八九，復采冊府元龜太平御覽諸書以補其缺并參考通鑑長編諸史及宋人說部碑碣辨證條繫悉符原書一百五十卷之數書成呈御覽館臣請仿劉昫舊唐書之例列於廿三史刊布學官詔從之由是薛史與歐陽史並傳矣嘗謂宋史自南渡後多謬慶元之間褒貶失實不如東都有王偁事略也欲先輯南都事略使條貫粗具詞簡事增又欲為趙宋一代之志俱未卒業其後鎮洋畢沅為續宋之通鑑囑晉涵刪補考定故其緒餘稍見於審正續通鑑中

晉涵性狷介不為要人屈嘗與會稽章學誠論修宋史宗旨晉涵曰宋人門戶之習語錄庸陋之風誠可鄙也然其立身制行出於倫常日用何可廢耶士大夫博學工文雄出當世而於辭受取與出處進退之間不能無簞豆萬鍾之擇本心既失其他又何議焉此著宋史之宗旨也學誠聞而聳然他著有孟子述義穀梁正義韓詩內傳考

並足正趙岐、范甯及王應麟之失，而補其所遺。又有皇朝大臣謚迹錄、方輿金石編目、輶軒日記、南江詩文稿[三]、嘉慶元年卒，年五十有四。

周永年[四]，字書昌，歷城人。博學貫通，為時推許。乾隆三十六年進士，與晉涵同徵修四庫書，改翰林院庶吉士，授編修。四十四年，充貴州鄉試副考官。永年在書館，好深沉之思，四部兵農天算術數諸家，鉤稽精義，褒譏悉當，為同館所推重。見宋元遺書湮沒者多，見采於永樂大典中，於是扶摘編摩，自永新[五]劉氏兄弟公是、公非集以下，凡得十餘家，皆前人所未見，咸著於錄。又以為釋、道有藏，儒者獨無，乃開借書園，聚古今書籍十萬卷，供人閱覽傳鈔，以廣流傳。惜永年歿後[六]，漸就散佚，則未定經久之法也。

校記

〔一〕清史稿之邵晉涵傳，源出清國史載儒林傳下卷卷十六。

〔二〕據清國史，五代史書名尚冠有一「舊」字，當補。

〔三〕據清史稿藝文志，邵晉涵著有南江劄記四卷。

〔四〕清史稿之周永年傳，源出清國史載儒林傳下卷卷十六附見於邵晉涵傳。

〔五〕周永年歿於何年？清史稿失記。清國史記作卒年六十二，惟依然未明何年。據章學誠撰周書昌別傳，永年卒於乾隆五十六年，年六十有二。

〔六〕「永新」誤，據宋史，劉敞、劉攽兄弟乃江西新喻人，而非永新。清國史即作新喻。

清史列傳卷六十八

儒林傳下一

邵晉涵　周永年

邵晉涵，字二雲，浙江餘姚人。乾隆三十六年進士，歸班銓選。會開四庫館，特詔徵晉涵及歷城周永年、休寧戴震等入館編纂，改翰林院庶吉士，授編修。四十五年，充廣西鄉試正考官。五十六年，大考遷左中允，游擢侍講學士，充文淵閣直閣事，日講起居注官。晉涵左目眚，清羸善讀書，四部七錄，靡不研究。嘗謂爾雅者，六藝之津梁，而邢疏淺陋不稱，乃為正義二十卷，以郭璞為宗，而兼采舍人、樊、劉、李、孫諸家，郭有未詳者，擇他書附之。自是承學之士，多舍邢而從邵。尤長於史，以生長浙東，習聞劉宗周、黃宗羲諸緒論，說明季事，往往出於正史之外。在書館時，見永樂大典采薛居正舊五代史，乃薈萃編次，得十之八九，復采

册府元龜太平御覽諸書以補其缺並參考通鑑長編諸
史及宋人說部碑碣辨證條繫悉符原書一百五十卷之
舊書成呈御覽館臣請付劉昫舊唐書之例列於二十三
史刊布學宮詔從之由是薛史與歐陽史並傳矣嘗謂宋
史自南渡後多謬戾元之間褒貶失實不如東都有王偁
事略欲先輯南都事略使條貫粗具詞簡事增又欲為趙
宋一代之志俱未卒業其後鎮洋畢沅為續宋元通鑑囑
晉涵刪補考定故其緒論稍見於審正續通鑑中
晉涵性狷介不為要人屈嘗與會稽章學誠論修宋
史宗旨晉涵曰宋人門户之習語錄庸陋之風誠可鄙也
然其立身制行出於倫常日用何可廢耶士大夫博學工
文雄出當世而於辭受取與出處進退之間不能無箪豆
萬鍾之擇本心既失其他又何議乎此著宋史之宗旨也
學誠聞而聳然他著有孟子述義穀梁正義韓詩內傳考

並足正趙岐范寧及王應麟之失而補其所遺又有皇朝
大臣謚迹錄方輿金石編目輶軒日記南江詩文稿嘉慶
元年卒年五十四

周永年字書昌山東歷城人少嗜學聚書五萬卷築
藉書園祀漢經師伏生等博洽貫通為時推許乾隆三十
六年進士特詔徵修四庫書改翰林院庶吉士散館授編
修充文淵閣校理官四十四年充貴州鄉試副考官永年
在書館見宋元遺書湮沒者多采入永樂大典中於抉摘
編摩自新喻劉氏兄弟公是公非集以下凡得十餘家皆
前人所未見者悉著於錄生平與邵晉涵及江都程晉芳
歸安丁杰曲阜桂馥交最契嘗借館中書與馥為四部考
傭書工十人日夜鈔校會禁借官書乃止其為學務觀大
義不屑章句自謂文拙不存稿著有先正讀書訣一卷卒
年六十二

校記：

〔二〕「乾隆三十六年」，原誤作「二十六年」，逕改。

〔三〕據清國史，「於」字下尚脫一「是」字，當補。

清史稿卷四百八十一

儒林二

王念孫 子引之 李惇 賈田祖 宋綿初

王念孫〔二〕，字懷祖，高郵州人。父安國，官吏部尚書，謚文肅，自有傳。八歲〔三〕讀十三經畢，旁涉史鑑。高宗南巡，以大臣子迎鑾獻文冊，賜舉人。乾隆四十年進士，選翰林院庶吉士，散館改工部主事。升郎中，擢陝西道御史，轉吏科給事中。嘉慶四年，仁宗親政，時川楚教匪猖獗，念孫陳剿賊六事，首劾大學士和珅，疏語援據經義，大契聖心。是年，授永定河道。六年，以河堤漫口罷，特旨留督辦河工。工竣，賞主事銜。河南衡家樓河決，命往查勘，又命馳赴臺莊治河務。尋授山東運河道，在任六年，調永定河道。會東河總督與山東巡撫以引黃利運異議，召入都，決其是非。念孫奏引黃入湖，不能不少淤，然暫行無害。詔許之。已而永定河水復異漲，如六年之溢〔三〕。念孫自引罪，得旨休致。道光五年，重宴鹿鳴。卒〔四〕，年八十有九。

念孫故精熟水利書〔五〕，官工部，著導河議上下篇。及奉旨纂河源紀略，議者或誤指河源所出，念孫力辨其譌，議乃定。紀略中辨譌一門，念孫所撰也。既罷官，日以著述自娛，著讀書雜志，分逸周書、戰國策、管子、荀子、晏子春秋、墨子、淮南子、史記、漢書、漢隸拾遺，都八十二卷，於古義之晦，於鈔之誤寫，校之妄改，皆一一正之。一字之證，博及萬卷，其精於校讎如此。

初從休寧戴震受聲音文字訓詁，其於經，熟於漢學之門戶，手編詩三百篇、九經、楚辭之韻，分古音為二十一部。於支、脂、之三部之分，段玉裁六書音均表亦見及此，其分至、祭、盍、輯為四部，則段書所未及也。念孫以段書先出，遂輟作。又以邵晉涵先為爾雅正義，乃撰廣雅疏證，日三字爲程，閱十年而書成，凡三十二卷。其書就古音以求古義，引中觸類，擴充於爾雅、說文，無所不達。然聲音、文字、部分之嚴，一絲不亂。嘗語子引之曰：「訓詁之旨，存乎聲音。字之聲同聲近者，經傳往往假借。學者以聲求義，破其假借之字而讀本字，則渙然冰釋。如因假借之字強爲之解，則結鞫不通矣。毛公詩傳，多易假借之字而訓以本字，已開改讀之先。至康成箋詩注禮，屢云某讀爲某，假借之例大明。後人或病康成破字者，不知古字之多假借也。」又曰：「說經者期得經意而已，不必墨守一家。」引之因推廣庭訓，成經義述聞十五卷〔六〕、經傳釋辭十卷、周秦古〔七〕字解詁、字典考證。論者謂有清經術，獨絕千古，高郵王氏一家之學，三世相承，與長洲惠氏相埒云。

引之〔八〕字伯申，嘉慶四年一甲進士，授編修。大考一等，擢侍講，歷官至工部尚書。福建署龍溪令朱履中誣布政使李賡芸受賕，總督汪志伊、巡撫王紹蘭劾之，對簿無佐證，而持之愈急。賡芸不堪，遂自經。命引之讞之，平反其獄，罷督撫官。爲禮部侍郎時，有議爲生祖母承重丁憂三年者，引之力持不可，會奉使去，持議者遂奏行之。引之還，疏陳庶祖母非祖敵體，不得以承重論，緣情即終身持服不足，制禮則承重之義不能加於支庶，請復治喪一年舊例，遂更正。道光十四年卒，謚文簡。[九]

同州李惇[十]，字成裕，乾隆四十五年進士。惇與同縣王念孫、賈田祖同力於學。始爲諸生，爲學使謝墉所賞，將選拔貢，會田祖卒於旅舍，惇經營殯事，不與試，墉歎爲古人。江藩好詆訶前人，惇謂之曰：王子雍若不作聖證論以攻康成，豈非醇儒。其面規人過如此。著有群經識小八卷，考諸經古義二百二十餘事，多前人所未發。四十九年卒，年五十一。

田祖〔十一〕，字稻孫。諸生。通左氏春秋，有春秋左氏通解。宗綿〔十二〕初字守端，亦高郵人。乾隆四十二年拔貢生，官五河、清河訓導。邃深經術，長於說詩，著韓詩內傳徵四卷。又有釋服二卷。

校記：

〔一〕清史稿之王念孫傳，源自清國史，載儒林傳下卷卷十八。

〔二〕「八歲讀十三經畢」不確。據阮元王石臞先生墓誌銘，當作「八歲，屬文。十歲，讀十三經畢。」清國史同阮文。

〔三〕「溢」字原作「隘」，形近而誤，茲依清國史改。

〔四〕王念孫卒於何年？清史稿失記。清國史所記不誤，作道光十二年卒，年八十有九。

〔五〕「書」字，清國史無，係史稿所加，甚是。

〔六〕經義述聞十五卷係嘉慶二十二年之後刻本。道光七年之定本則作三十二卷。引之自序末有雙行夾注云：合春秋名字解詁、太歲考凡三十二卷。道光七年十二月重刊於京師西江米巷壽藤書屋。

〔七〕周秦古字解詁，古字誤。據湯金釗伯申王公墓誌銘，當作名。引之輯入經義述聞，又稱春秋名字解詁。

〔八〕清史稿之王引之傳源出清國史載大臣畫一傳檔次編卷一一六。

〔九〕王引之享年若干，史稿失記。清國史同。據上引墓誌銘，引之卒於道光十四年十一月二十四日，享年六十有九。

〔十〕清史稿之李惇傳源出清國史載儒林傳下卷卷十八，附見於王念孫傳。

〔十一〕清史稿之賈田祖傳源出清國史載儒林傳下卷

卷十八，附見於王念孫傳。

〔三〕清史稿之宋綿初傳，源出清國史，載儒林傳下卷

十八，附見於王念孫傳。

清史列傳卷六十八

儒林傳下一

王念孫 王引之 李惇 賈田祖 宗錦初

王念孫，字懷祖，江蘇高郵人。父安國，官吏部尚書，謚文肅，自有傳。念孫八歲能屬文，十歲讀十三經畢，旁涉史鑑，有神童之目。高廟南巡，以大臣子迎鑾獻文册，賜舉人。乾隆四十年進士，改翰林院庶吉士，散館，授工部主事，洊升郎中，擢陝西道御史，轉吏科給事中。嘉慶四年，仁宗睿皇帝親政，時川、楚教匪猖獗，念孫陳剿賊六事，首劾大學士和珅，疏語援據經義，大契聖心。是年，命巡淮安及濟寧漕，授直隸永定[二]河道。六年，以河隄漫口罷，特旨留督辦河工。工竣，賞主事銜，河南衡家樓河決，命隨尚書費淳查勘，且籌新漕。又命馳赴臺莊，隨同吉綸辦河務。尋授山東運河道。在任六年，調永定河道。會東河總督與山東巡撫以引黃利運異議，召入都決其是非。念孫奏引黃入湖，不能不少淤，然暫行無害。詔許之。已而永定河水復異漲，如六年之溢。念孫自引罪，得旨休致。道光五年，重宴鹿鳴，賞給四品銜。十二年卒，年八十有九。

念孫故精熟水利，官工部，著導河議上下篇及奉旨纂河源紀略，議者或誤指河源所出，念孫力辨其謬，議乃定。紀略中辨譌一門，念孫所撰也。任河道十餘載，查工節帑，積弊一清，累得旨褒獎。所條上河務事，多議行。既罷官，日以著述自娛。著讀書雜志八十二卷，分逸周書、戰國策、管子、荀子、晏子春秋、墨子、淮南子、史記、漢書、漢隸拾遺，凡十種，於古義之晦誤，寫校之妄改，皆一一正之，一字之證，博及萬卷，其精於校讐如此。

初，從休寧戴震受聲音、文字、訓詁，手編詩三百篇、九經、楚詞之韻，分古音為二十一部。於支、脂、之三部之分，段玉裁六書音均表亦見及此。其分至、祭、盍、輯爲四部，則段書所未及也。念孫以段書先出，遂輟作。又以邵晉涵先爲爾雅疏，乃綜其經學，撰廣雅疏證。日三字爲程，閲十年而書成，凡三十二卷。其書就古音以求古義，引伸觸類，擴充於爾雅、說文，無所不達。然聲音文字部分之嚴，一絲不亂。蓋藉張揖之書以納諸說，而實多揖所未知，及同時惠棟、戴震所未及。嘗語子引之曰：「詁訓之旨，存乎聲音。字之聲同聲近者，經傳往往假借。學者以聲求義，破其假借之字而讀本字，則渙然冰釋；如因假借之字强爲解，則結鞫不通矣。毛公詩傳多易假借之字而訓以本字，已開改讀之先。至康成箋詩注禮，屢云某讀爲某，假借之例大明。後人或病康成破字者，不知古字之多假借也。」又曰：「說經者期得經意而已，不必墨守一家。」引之因推廣庭訓，成經義述聞十五卷、經傳釋辭十卷。

引之字伯申能世其學由編修官至禮部尚書諡文
簡自有傳論者謂國朝經述獨絕千古高郵王氏一家之
學三世相承自長洲惠氏父子外蓋鮮其匹云

李惇字成裕江蘇高郵人乾隆四十五年進士少穎
異七歲即知解經有神童之目年十三而孤及長與同縣
王念孫賈田祖同力於學又與任大椿劉台拱汪中程瑤
田等相研摩邃深經傳尤長於詩及春秋曉好曆算得宣
城梅氏書盡通其術與錢塘齊名著有群經釋小八卷考
諸經古義二百二十餘事多前人所未發又有古文尚書
說毛詩三條辨考工車制考左氏通釋杜氏長曆補渾天
圖說讀史碎金詩文集惇事母孝侍疾居喪皆盡禮質直
寡言篤於朋友始為諸生為學使謝墉所賞將選拔貢會
賈田祖卒於旅舍惇經營殯事不與試墉歎為古人江都
江藩好詆訶前人惇謂之曰王子雍若不作聖證論以攻

康成豈非醇儒？其面規人過如此。四十九年卒，年五十一。

賈田祖，字稻孫，諸生。通左氏春秋，有春秋左氏通解。

宗綿初，字守端，亦高郵人。乾隆四十二年拔貢生，官五河、清河訓導。邃深經術，長於說詩，著韓詩內傳徵四卷，又有釋服二卷、困知錄。

校記

〔二〕「定」字原缺，據清國史補。

〔三〕「孟」字原作「蓋」，清國史同誤，據阮元王石臞先生墓誌銘改。

清史稿卷四百八十一

儒林二

汪中 江德量 徐復 汪光爔

汪中字容甫江都人生七歲而孤家貧不能就外傅母鄒授以四子書稍長助書賈鬻書於市因遍讀經史百家過目成誦遂為通人年二十補諸生乾隆四十二年拔貢生提學使者謝墉每試別置一榜署名諸生前嘗曰余之先容甫爵也若以學當北面事之其敬中如此以母老竟不朝考五十一年侍郎朱珪主江南試謂人曰吾此行必得汪中為選首不知其不與試也中頗意經術與高郵王念孫寶應劉台拱為友共討論之其治尚書有尚書考異治禮有儀禮校本大戴禮記校本治春秋有春秋述義治小學有爾雅校本及小學說文求端中嘗謂國朝古學之興顧炎武開其端河洛矯誣至胡渭而絀中西推步至

梅文鼎而精力攻古文者，閻若璩也。專治漢易者，惠棟也。凡此，皆千餘年不傳之絕學。及戴震出，而集其大成，擬作六儒頌未成。(三)

又嘗博考先秦古籍，三代以上學制廢興，使知古人所以為學者，凡虞夏第一，周禮之制第二，周衰列國第三，孔門第四，七十子後學者第五。又列通論、釋經、舊聞、典籍、數典、世官、目錄凡六。而自題其端曰：觀周禮太史云三當時行一事則有一書。其後執書以行事，又其後則事廢而書存。至宋儒以後，則并其書之事而去之矣。又曰：有官府之典籍，有學士大夫之典籍，故老之傳聞。行一事有一書，傳之後世，奉以為成憲。此官府之典籍也。先王之禮樂政事，遭世之衰，廢而不失。有司徒守其文，故老能言其事。好古之君子，憫其浸久而遂亡也，而書之簡畢。此學士大夫之典籍也。又曰：古之為學士者，官師之長，但教之以其事，其所誦者，詩書而已。其他典籍，則皆官府藏而世守之，民間無有也。苟非其官，官亦無有也。其所謂士者，非王侯公卿大夫之子，則一命之士，外此則鄉學、小學而已。自辟雍之制無聞，太史之官失守，於是布衣有授業之徒，草野多載筆之士。教學之官，記載之職，不在上而在下。及其衰也，諸子各以其學鳴，而先王之道荒矣。然當諸侯去籍，秦政焚書，有司所掌，蕩然無存，猶賴學士相傳，存其一二，斯不幸中之幸也。又曰：孔子所言，則學士所能為者，留為世教，若其政教之大者，聖人無位，不復以教子弟。又曰：古人學在官府，人世其官，故官世其業，官既失守，故專門之學廢。其書稿草略具，亦未成。後乃即其考三代典禮及文字訓詁、名物、象數，並以論撰之文，為述學內外篇，凡六卷。其有功經義者，則有若釋三九、婦人無主答問、女子許嫁而壻死從死及守志議、居喪釋服解義。其表彰經傳及先儒者，則有若周官徵文、左氏春秋釋疑、荀卿子通論、賈誼新書序。其他考證之文，亦有依據。

中又熟於諸史地理、山川阨要，講畫瞭然。著有廣陵通典十卷、秦蠶食六國表、金陵地圖考。生平於詩文書翰無所不工。所作廣陵對、黃鶴樓銘、漢上琴臺銘，皆見稱於時。他著有經義知新記一卷、大戴禮正誤一卷、遺詩一卷。五十九年卒，年五十一。

中事母以孝聞，左右服勞，不辭煩辱。居喪，哀戚過人。其於知友故舊，没後衰落，相存問，過於從前。道光十一年，旌孝子。中子喜孫，自有傳。同郡人為漢學者，又有江德量、徐復、汪光爔。

德量字量殊，江都人。父恂，好金石文字，伯父昱，通聲音訓詁之學。德量少承家學，及長，與汪中友，勵志肄經學，益進。乾隆四十四年一甲進士，授翰林院編修，改江西道御史。居朝多識舊聞，博通掌故，公餘鍵戶，以文籍自娛。著有古泉志三十卷。五十八年卒，年四十二。

復〔五〕字心仲，亦江都人。通九章算術。

光爔〔六〕字晉蕃，儀徵人。廩生。博通經史，嘗辨惠氏易文辰圖之謬，又作萬稗釋，時人服其精核。

校記：

〔一〕清史稿之汪中傳，源出清國史，載儒林傳下卷卷十八。

〔二〕六儒頌係文篇名，原誤作專名號，故逕改書名號。

〔三〕故老之傳聞五字，依汪喜孫容甫先生年譜引述，當作隨文小字夾注。故當從清國史不引，或改作夾注。

〔四〕清史稿之江德量傳，源出清國史，載儒林傳下卷卷十八，附見於汪中傳。

〔五〕清史稿之徐復傳，源出清國史，載儒林傳下卷卷十八，附見於汪中傳。

〔六〕清史稿之汪光爔傳，源出清國史，載儒林傳下卷卷十八，附見於汪中傳。

清史列傳卷六十八

儒林傳下一

汪中 子喜孫 江德亮 徐復 汪光爔

汪中，字容甫，江蘇江都人。父一元，以孝子旌。中生七歲而孤，家酷貧，不能就外傅，母鄒授以小學、四子書。稍長，助書賈鬻書於市，因遍讀經史百家，過目成誦，遂為通人。年二十，補諸生，然時人未之知也。編修杭世駿主講安定書院，論及孟子往送之門，以為昏禮無明文。中引穀梁祭門闕門證之，世駿折服，遂大稱之。乾隆四十二年拔貢，提學謝墉每試別置一榜，署名諸生前，嘗曰：「余之先容甫，爵也。若以學，當北面事之矣。」以母老竟不赴朝考。中嘗有志於用世，故於古今沿革、民生利病，皆博問而切究之。年三十，顓意經術，與高郵李惇、王念孫、寶應劉台拱為友，共討論之。其治尚書，有尚書考異；治禮，有儀禮校本、大戴禮記校本治春秋有春秋述義治小學有爾雅校本及小學說文求端同時治經諸人如王念孫阮元郝懿行時采其說中嘗謂國朝古學之興顧炎武開其端河洛矯誣至胡渭而絀中西推步至梅文鼎而精力攻古文者閻若璩也專治漢易者惠棟也凡此皆千餘年不傳之絕學及戴震出而集其大成擬作六儒頌未成又嘗博考先秦古籍三代以上學制廢興使知古人以為學者為述學一書凡虞夏第一周禮之制第二周衰列國第三孔門第四七十子後學者第五又列通論釋經舊聞典籍數典世官目錄凡六而自題其端曰觀周禮太史云云當時行一事則有一書其後執書以行事又其後則事廢而書存至宋儒以後則並其書之事而去之矣又曰有官府之典籍有學士大夫之典籍當時行一事則有一書傳之後世奉以為成憲此官府之典籍也先王之禮樂政事遭世之衰廢而不失有

司徒守其文故老能言其事好古之君子閔其浸久而遂亡也而書之簡畢此學士大夫之典籍也又曰古之為學士者官師之長但教之以其事其所誦者詩書而已其他典籍則皆官府藏而世守之民間無有也苟非其官官亦無有也其所謂士者非王侯公卿大夫之子則一命之士外此則鄉學小學而已自辟雍之制無聞太史之官失守於是布衣有授業之徒草野多載筆之士教學之官記載之職不在上而在下及其衰也諸子各以其學鳴而先王之道荒矣然當諸侯去籍秦政焚書有司所掌蕩然無存猶賴學士相傳存其一二斯不幸中之幸也又曰孔子所言則學士所能為者留為世教若其政教之大者聖人無位不復以教子弟又曰古人學在官府人世其官故官世其業官既失守故專門之學廢其書稿草略具亦未成後乃即其存三代典禮及文字訓詁名物象數益以論撰之

文為述學內外篇凡六卷其有功經義者則有若釋三九婦人無主答問女子許嫁而壻死從死及守志議居喪釋服解義其表章經傳及先儒者則有若周官徵文左氏春秋釋疑荀卿子通論賈誼新書序其他考證之文亦有依據

中又熟於諸史地理山川阨要講畫瞭然著有廣陵通典十卷秦蠶食六國表金陵地圖考生平於詩文書翰無所不工所作廣陵對黃鶴樓銘漢上琴臺銘皆見稱於時他著有經義知新記一卷大戴禮正誤一卷遺詩一卷五十九年卒年五十一

中性質直不為容止疾當時所為陰陽拘忌釋老神怪之說斥之不遺餘力於時彥不輕許可好嫚罵人人目之曰狂生然不沒人之實有一文一詩之善者亦贊不容口事母以孝聞貧無菽水則賣文以養居喪哀戚過人其

於知友故舊，沒後衰落，相存問過於生前，蓋其性之篤厚然也。子喜孫。

喜孫，字孟慈。嘉慶十二年舉人，由内閣中書游升户部員外郎，補河南懷慶府知府，卒於官。喜孫博學好古，於文字、聲音、訓詁多所究心，能紹家學。著有大戴禮記補、喪服答問紀實、國朝名臣言行録、經師言行録、尚友記、且住庵文稿。同郡人為漢學者，又有江德量、徐復、許珩、汪光爔。

江德量，字量殊，江都人。父恂，好金石文字，伯父昱通聲音訓詁之學。德量少承家學，及長，與汪中友善，勵志肄經學，益大進。乾隆四十四年一甲二名進士，授翰林院編修，改江西道御史。居朝多識舊聞，博通掌故，公餘鍵户，以文籍自娛。著有古泉志三十卷，又撰廣雅疏未成。五十八年卒，年四十有二。

徐復，字心仲，亦江都人。諸生。著有論語疏證，惜早卒。

汪光爔，字晉蕃。亦儀徵諸生。博通經史，嘗辨惠氏易爻辰圖之謬，又作黃鍾釋一卷，人歎其精覈。卒年四十三。

清史稿卷四百八十一

儒林二

武億

武億[一]字虛谷，偃師人。父紹周，進士[二]，官吏部郎中。億居父母喪，哀痛毀瘠，以讀書自勵。時伊、洛溢，屋圮，架涔以居，斧朽木燎寒，誦讀不輟。已，復從大興朱筠遊，益為博通之學。乾隆四十五年進士。五十六年，授山東博山縣知縣。縣山多土瘠，民不務農，地產石炭、石礬，燒作玻璃器，四商賈輻輳。億問土俗利病，免玻璃入貢，革煤炭供饋，里馬草豆不以累民。創范泉書院，進其秀者與之講，敦倫理，務實學[三]。而決辭無留獄。禱雨即沛，有以賄干者，未敢進，億廉知之，值迅雷，曰：「汝不聞雷聲乎？吾失禱久矣。」賄者惶悚而止。輿情大洽。

五十七年，大學士和珅領步軍統領事，聞妄人言山東逆匪王倫未定死，密遣番役四出蹤跡之。於是番役頭目杜成德等十一人橫行州縣，入博山境，手鐵尺，飲博，莫敢誰何。億悉執之。成德尤倔強，按法痛杖之。喧傳其事者曰：「億固莽，刑無罪，將累上官。」巡撫吉慶遂以濫責平民劾罷之，而不直書其事。億蒞任僅七月，及去，民攜老弱千餘人走大府乞留我好官，不可得，則日爲運致薪米，門如市焉。吉慶亦感動，因入覲，偕億行，爲籌捐復。大學士公阿桂謂吉慶曰：「例禁番役出京畿，奈何責縣令按法之非，且隱其實而劾彊項吏何也？」吉慶深自悔，而格於部議，遂歸。嘉慶四年十月，仁宗諭朝臣密舉京外各員內操守端潔、才猷幹濟，於平日居官事蹟可據者，得赴部候旨召用。億在所舉中。十一月，縣令捧檄至門，而億先以十月卒矣，年五十有五。

億學問醇粹，於七經注疏、三史、涑水通鑑皆能闇誦。

既罷官，貧不能歸，所至以經史訓詁教授生徒。勇於著錄，有群經義證七卷，經讀考異九卷，金石三跋十卷，金石文字續跋十四卷，偃師金石記四卷，安陽金石錄十三卷。又有三禮義證、授堂劄記、詩文集等書，皆旁引遠徵，遇鑄輒剖抉精蘊，比辭達意，以成一例。大興朱珪稱億「不愧好古遺直」云。

校記

〔一〕清史稿之武億傳源出清國史載儒林傳下卷卷十九。

〔二〕億父紹周係何年進士？清史稿及清國史皆失記。據朱珪博山縣知縣武君億墓誌銘，當爲雍正元年進士。

〔三〕據清國史，此句原作「創范泉書院，進其秀者講授，敦倫實學。」語出上引墓誌銘，文作「創范泉書院，進其秀者躬親講授，以敦倫實學。」史稿所改，未盡符原意。

〔四〕引述大學士阿桂質詢事，清國史未記，係出上引墓誌銘及孫星衍撰武億傳。

〔五〕「於」字，清國史本作「及」，係史稿誤改。清國史之所記，本自清實録。據仁宗實録卷五三嘉慶四年十月辛亥條記，仁宗諭内閣云：「著滿漢大學士、六部尚書、侍郎及三品以上之都察院、通政司、大理寺堂官，於京外各員内有操守端潔、才猷幹濟及平日居官事蹟可據者，各舉所知，密行保奏。」

清史列傳卷六十八

儒林傳下一

武億

武億字虛谷河南偃師人父紹周進士官吏部郎中

億年十七喪父十九喪母哀痛毀瘠以讀書自勵時伊洛溢屋圮架涔以居斧打木燎寒誦讀不輟已復從大興朱筠遊益為博通之學士大夫無不慕與之交然億簡傲真率非其志掉臂不以屑意也乾隆四十五年進士五十六年授山東博山縣知縣問土俗利病釐比丘尼請命於大吏免玻璃入貢勸節儉創范泉書院進其秀者講授敦倫實學革煤炭供饋里馬草豆不以累民決辭無留獄禱雨即沛有以賄干者曰汝不聞雷聲乎吾矢禱久矣輿情大洽五十七年大學士和珅領步軍統領事聞妄人言山東逆匪王倫未定死密遣番役四出蹤跡之於是番役頭目

杜成德等十一人，橫行州縣，入博山境，手鐵尺飲博，莫敢誰何。億悉執之。成德尤倔強，痛杖之，叩頭求解去。喧傳其事者曰：「億鹵莽，濫責無罪，將累上官。」巡撫吉慶以任性濫責平民劾罷之，而不直書其事。億蒞任僅七月，及去，民携老弱千餘人走大府乞留，我好官不可得，則日為運致薪米，門如市焉。嘉慶四年十月，諭大學士、尚書、侍郎及都察院、通政使、大理寺堂官，於京外各員內操守端潔、才猷幹濟，及平日居官事蹟可據者，各舉所知。於是億去官事聞。十一月，諭吏部：「原任山東博山縣知縣武億，即行文該員本籍，詢問願否來京引見。」而億先以十月卒，年五十有五。

億學問醇粹，於七經注疏、三史、涑水通鑑，皆能闇誦。既罷官，貧不能歸，所至以經史訓詁教授生徒，勇於著錄。有群經義證七卷、經讀考異九卷、金石三跋十卷、金石文字續跋十四卷、偃師金石記四卷、偃師金石遺文二卷、安陽金石錄十三卷。又有三禮義證、讀史金石集目、錢譜、授堂劄記、詩文集等書，凡數百卷，皆稽之經史百家傳記，旁引遠徵，遇微鑄輒剖抉精蘊，比辭達意，以成一例。大興朱珪稱「億不愧好古遺直」云。

清史稿卷四百八十一

儒林二

莊述祖　莊綬甲　莊有可

莊述祖[一]，字葆琛，武進人。世父存與，官禮部侍郎，自有傳。述祖，乾隆四十五年進士，官山東濰縣知縣。明暢吏治，刑獄得中，豪猾斂跡。嘗勘鹺地，衆以為斥鹵也，述祖指路旁草問何名，曰馬帚。述祖笑曰：此於經名萹，夏正萹秀記時。凡沙土萹草者宜禾，何謂鹺？衆皆服。甲寅，以卓異引見。還，擢授桃源同知。一月，乞養歸。著書色養者十六年，未嘗一日離左右。二十一年卒[二]。

述祖傳存與之學，研求精密，於世儒所忽不經意者，覃思獨闢，洞見本末。著述皆義理宏達，為前賢未有。以為連山亡而尚存夏小正，歸藏亡而尚有倉頡，古文略可稽求義類。故著夏小正經傳考釋，以斗柄南門織女記天行之不變，以參中，【四】火中，記日度之差，以二月丁卯知夏時，以正月甲寅啓蟄為曆元，歲祭為郊，萬用入學為禘。著古文甲乙篇，謂許叔重始一終亥，偏旁條例所由出。日辰幹支，黃帝世大撓所作；沮誦、【五】倉頡名之以易結繩，伏羲畫八卦作十言之教之後，以此三十二類為正名百物之本，故歸藏為黃帝易，就許氏偏旁條例以幹支別為序次，凡許書所存及見於金石文字者，分別部居，書未竟而條理粗具。其餘五經悉有撰著，旁及逸周書、尚書大傳、史記、白虎通，於其外句訛字、佚文脫簡，易次換第【六】，草薙腋補，咸有證據。無不疏通曠然，思慮之表，若面稽古人而整比之也。所著夏小正經傳考釋十卷，尚書今古文考證七卷，毛詩考證四卷，毛詩周頌口義三卷，五經小學述二卷，歷代載籍足徵錄一卷，弟子職集解一卷，漢鐃歌句解一卷，石鼓然疑一卷，文鈔七卷，詩鈔二卷。

存與孫綬甲〔七〕，字卿珊。盡通家學，尤為述祖所愛重。著尚書考異三卷、釋書名一卷〔八〕。

同族莊有可〔九〕，字大久。勤學力行，老而彌篤。取諸注傳，精研義理，句櫛字比，合諸儒之書，以正其是非，而自為之說。於易、書、詩、禮、春秋皆有撰述。凡四十二種，四百三十餘卷。

校記：

〔二〕清史稿之莊述祖傳，源自清國史，載儒林傳下卷卷十九。

〔三〕「甲寅」，以卓異引見事，清國史失記，係據宋翔鳳莊先生述祖行狀補。惟行狀繫年以干支，故記乾隆五十九年引見，則沿例作「甲寅」。史稿並非以干支繫年，之前既有「乾隆四十五年」之繫年，此處自然不當作「甲寅」。

〔三〕莊述祖卒年，清國史記之甚確，作「嘉慶二十一年卒」，年六十七。清史稿刪嘉慶年號及傳主享年，不妥。

〔四〕「火」字原誤作「大」，據清國史改。

〔五〕「倉」字原作「蒼」，據清國史改。

〔六〕「第」字原作「弟」，據清國史改。

〔七〕清史稿之莊綬甲傳，源自清國史，載儒林傳下卷卷十九，附見於莊述祖傳。影印本原注：「附傳鈔本未見」。

〔八〕據清史稿藝文志，莊綬甲著有周官禮鄭氏注箋十卷。清史列傳亦記入本傳。史稿擅刪，失當。

〔九〕清史稿之莊有可傳，源自清國史，載儒林傳下卷卷十九，附見於莊述祖傳。影印本原注：「附傳鈔本未見」。

清史列傳卷六十八

儒林傳下一

莊述祖　莊綬甲　莊有可

莊述祖，字葆琛，江蘇武進人。從父存與，官禮部侍郎，幼傳太原閻若璩之學，博通六藝，而善於別擇。時閻氏所闢僞古文，信於海內，言官學臣則議上言於朝，重寫二十八篇於學官，頒天下，考官命題，學者毋得諷讀僞書。存與方直上書房，獨曰：辨古籍真僞，爲術淺且近也。古籍墜湮十之八，頗藉僞籍存者十之二，胄子不能旁覽雜氏，惟賴習五經以通於治。若大禹謨廢，人心道心之旨、殺不辜寧失不經之誡亡矣；太甲廢，儉德永圖之訓墜矣；仲虺之誥廢，謂人莫己若之誡亡矣；說命廢，股肱良臣啓沃之誼亡矣；旅獒廢，不寶異物賤用物之誡亡矣；冏命廢，左右前後皆正人之美失矣。今數言幸而存，皆聖人之真言也。乃爲尚書既見三卷，說二卷，數稱僞書，而古文竟獲仍學官不廢。他著象傳論一卷，彖象論一卷，繫辭傳論二卷，附序卦傳論，八卦觀象解二卷，卦氣論一卷，毛詩說二卷，補一卷，附一卷，周官記五卷，說二卷，春秋正辭十二卷，附舉例一卷，要指一卷，四書說二卷，事蹟別見列傳。門人餘姚邵晉涵，曲阜孔廣森，同邑劉逢祿及述祖，皆通其學。

述祖十歲而孤。乾隆四十五年進士，選山東昌樂縣知縣，調濰縣，明暢吏治，刑獄得中，豪猾斂跡。嘗勘饑地，衆以爲斥鹵也，述祖指路旁草問何名，曰馬帚，述祖笑曰：此於經名萯，夏小正萯秀記時，凡沙土草萯者宜禾，何謂饑？衆皆服。尋授桃源同知，不一月，以乞養歸。著書色養者十六年，未嘗一日離左右。嘉慶二十一年卒，年六十七。述祖原本家學，研求精密，於世儒所忽不經意者，覃思獨闢，洞見本末。以爲連山亡而尚存夏小正，歸藏亡而尚有倉頡

古文略可稽求義類乃著夏小正經傳考釋十卷以斗柄
南門織女記天行之不變以參中火中記日度之差以二
月丁卯知夏時以正月甲寅啓蟄爲曆元歲祭爲郊萬用
入學爲禘又著古文甲乙篇謂許叔重始一終亥編旁條
例所由出日辰幹支黃帝世大撓所作沮誦倉頡名之以
易結繩伏羲畫八卦作十言之教之後以此三十二類爲
正名百物之本故歸藏爲黃帝易就許氏偏旁條例以幹
支別爲序次凡許書所存及見於金石文字者分別部居
各就條例書未竟而條理粗備其餘五經悉有撰述旁及
逸周書尚書大傳史記白虎通於其斠句訛字佚文脫簡
易次換第草薙腋補咸有證據凡所著十七種其刊行者
尚書今古文考證七卷毛詩考證四卷毛詩周頌口義三
卷五經小學述二卷歷代載籍足徵錄一卷弟子職集解
一卷漢鐃歌句解一卷石鼓然疑一卷文鈔七卷詩鈔二

卷。

莊綬甲，字卿珊，存與孫。諸生。承其家學，盡能通之，尤爲述祖所愛重。著周官禮鄭氏注箋十卷，尚書考異三卷，釋書名一卷。

莊有可，字大久，綬甲同族。勤學力行，老而彌篤。取諸注傳，精研義理，句櫛字比，合諸儒之書，以正其是非，而自爲之說。於易、書、詩、禮、春秋，皆有傳述。凡四十二種，四百三十餘卷。其周官指掌五卷，爲德清戴望所稱。

清史稿卷四百八十一

儒林二

戚學標　江有誥　陳熙晉　李誠

戚學標，字鶴泉，太平人。幼從天台齊召南遊，稱高第。高宗巡江浙，學標獻南巡頌。乾隆四十五年，成進士，官河南涉縣知縣。縣苦闘布徵，學標請於大府，得減額。權林縣，有兄弟爭產者，集李白句為斗粟謠以諷，皆感悔。性強項，多與上官齟齬，卒以是罷。後改寧波教授，未幾歸，從事撰述，精考證，著漢學諧聲二十三卷、總論一卷，用說文以明古音，謂六書之學，三曰形聲，聲不離形，形者聲之本也。而聲又隨乎氣，氣有陰有陽，故一字之音，或從陰，或從陽，或陽而陰，或陰而陽，或陰陽各造其偏。昔人知其然，故但以某聲者明字音所出，以當其本，以讀若某設為譬況之詞，使人依類而求，即離絕遠去，而因此聲之本，以究此聲之變，無患其不合。說文從某某聲，從某某亦聲，從某某省聲，從某讀若某，從某讀與某某同，並二端兼舉。聲音之學，莫備於此。後人惑於徐氏所附孫愐音切，不究本讀。而一二宿儒言古音，如吳棫、陳第、顧炎武、江永之流，亦第就韻書辨析。不知說文形聲相繫，韻書就聲言聲；說文聲氣相求，韻書祇論同聲之應。其部居錯雜，分合類出臆見，學者苟趣其便，衷於一讀，且狃於平上去入之界之不可移易。譜聲之法廢，而說文之學晦矣（四）。其書論聲，一本許氏，由本聲以推變聲，既列本注，旁搜古讀，以爲之證。末附說文補考二卷，多辨正二徐謬誤。又有毛詩證讀若干卷，詩聲辨定陰陽譜四卷，四書偶談四卷，內外篇二卷（五），字易二卷，鶴泉文鈔二卷。

江有誥（六），字晉三，歙縣人。通音韻之學，得顧炎武、江永兩家書，嗜之忘寢食。謂江書能補顧所未及，而分部仍多錞編。乃析江氏十三部為二十一，與戴震、孔廣森多暗合。書成，寄示段玉裁。玉裁深重之，曰：「余與顧氏、孔氏皆一於考古，江氏、戴氏則兼以審音，晉三於前人之說，擇善而從，無所偏徇，又精於呼等字母，不惟古音大明，亦使今韻分為二百六部者得其剖析之故，韻學於是大備矣。」著有詩經韻讀、群經韻讀、楚辭韻讀、先秦韻讀、漢魏韻讀、唐韻四聲正、諧聲表、入聲表、二十一部韻譜、唐韻再正、唐韻更定部分，總名江氏音學十書。王念孫父子服其精。晚歲著說文六書錄、說文分韻譜。道光末，室災，焚其稿〔七〕。有詰老而目盲，鬱鬱遂卒〔八〕。

陳熙晉〔九〕，原名津，字析木，義烏人。優貢生。以教習官貴州開泰、龍里、普定知縣，仁懷同知，擢湖北宜昌府知府。權開泰時，教匪蔣昌華擾黎平，將興大獄。熙晉縛其渠而貸諸脅從，全活無算。龍里民以釘鞵殺人，已誣服，而允驗不合，心疑焉。一日方慮囚，見叢人中有曳釘鞻竊睨者，命執而鞫之，根究合，遂款服。普定俗糾聚相雄長，號其魁曰「牛叢」，其獲盜不謁之官，輒積薪焚殺之。先是有扶鑾焚三尸者，吏不敢捕，熙晉期必得，重繩以法，風頓革。其守宜昌也，楚大水，流民聚宜昌，畢力撫綏，繕城垣，以工代賑。會秩滿將行，爲留六閱月，蒇其事。送者數千人，皆泣下。乞養歸，未幾，卒。〔上〕

熙晉邃於學，積書數萬卷，訂疑糾謬，務窮竟原委，取裁精審。嘗謂：「杜預解左氏有三蔽，劉光伯規之，而書久佚。惟正義引一百七十三事，孔穎達皆以爲非。」乃刺取經史百家及近儒著述，以明劉義。其杜非而劉是者申之，杜是而劉非者釋之，杜、劉兩說義俱未安，則證諸群言，斷以己意，成春秋規過考信九卷。又謂：「隋經籍志載光伯左氏述義四十卷，不及規過。據孔穎達序稱習杜義而攻杜氏，疑規過即在述義中。舊唐書經籍志載述義三十七卷，較隋志少三卷，而多規過三卷，此其證也。正義於規杜一百七十三事外，又得一百四十三事，蓋皆述義之文，其異杜者三十事，駁正甚少。殆唐初奉敕刪定，著為令典，黨同伐異，勢會使然。乃參稽得失，援據群言，成春秋述義拾遺八卷。他著有古文孝經述義疏證五卷、帝王世紀二卷、貴州風土記三十二卷、黔中水道記四卷、宋大夫集箋注三卷、駱臨海集箋注十卷、日損齋筆記考證一卷、文集八卷、征帆集四卷。

李誠，字靜軒，黃巖人。嘉慶十八年拔貢生，官雲南姚州州判，終順寧知縣。撰十三經集解二百六十卷，首臚漢魏諸家之說，次采近人精確之語，而唐宋諸儒之徵實者亦不廢焉。嘗謂記水之書自酈道元下代不乏人，而言山者無成編，乃作萬山綱目六十卷，又水道提綱補訂二十八卷，宦游日記一卷，微言管窺三十六卷，醫家指迷一卷。

校記

〔一〕清史稿之戴學標傳，源自清國史，載儒林傳下卷卷二十。

〔二〕「從事撰述」四字，清國史無，國史所本之繆荃孫撰戴學標傳亦無，係清史稿所補。若以此四字爲據，則傳主著述當成於罷官返鄉之後。其實不然。據孫殿起先生著販書偶記，傳主之代表作漢學諧聲即刊於嘉慶九年涉縣官署。

〔三〕「六書之學」，「學」字係史稿所改，依傳主漢學諧聲自序，當作「六書之體」。

〔四〕史稿引述傳主論説文形聲之大段文字，本自前述繆荃孫先生戴學標傳，係合漢學諧聲自序及黃河清序而成。據孝，文中指名批評先儒，如吳棫、陳第、顧炎武、江永之流云云，並非傳主自序語。

〔五〕據前引貽書偶記，嘉慶十年所刊為四書偶談內篇一卷，外篇一卷。嘉慶二十四年所刊為四書續談內編二卷，補一卷，外編二卷，補一卷。

〔六〕清國史本無江有誥傳，清史稿據葛其仁江晉三先生傳而增補，甚善。惟附有誥於戚學標傳，則尚可斟酌。江有誥學承顧炎武、江永、戴震、段玉裁，乃嘉慶間挺生之音韻學後勁，學有專攻，精進不已。而戚學標取徑有異，誠如張舜徽先生清人文集別錄所教，學標於當時乾、嘉諸師之治聲韻學者為「別派」，聞見較隘，不能無師心自用之失。

〔七〕道光末，室災，焚其稿。如此行文，似簡而意未晰。當依前述葛其仁撰傳，作道光二十六年「正月，家不戒於火，所鐫板及未刻稿，皆為煨燼。

〔八〕據江慶柏先生清代人物生卒年表，江有誥卒於咸豐元年，享年七十有九。

〔九〕清史稿之陳熙晉傳，源自清國史載儒林傳下卷卷二十，附見於戚學標傳。

〔十一〕據前引清代人物生卒年表，陳熙晉卒於咸豐元年，得年六十有一。

〔十二〕清史稿之李誠傳，源自清國史載儒林傳下卷卷二十，附見於戚學標傳。

清史列傳卷六十八

儒林傳下一

戚學標　陳熙晉　李誠

戚學標字鶴泉浙江太平人幼有異稟從天台齊召
南遊稱高弟高宗純皇帝巡浙江學標獻南巡頌乾隆四
十五年成進士官河南涉縣知縣縣苦關布徵學標請於
大府得減額權林縣有兄弟爭產者集李白句為斗粟謠
以諷皆感悔性強項多與上官齟齬卒以是罷後改寧波
府教授未幾歸著漢學諧聲二十三卷總論一卷用說文
以明古音謂六書之學三曰形聲聲不離形形者聲之本
也而聲又隨乎氣氣有陰有陽故一字之音或從陰或從
陽或陽而陰或陰而陽或陰陽合造其編旁人知其然故
但以某聲者明字音所出以專其本以讀若某設為譬況
之詞使人依類而求即離絕遠去而因此聲之本以究此

聲之變，無患其不合。說文從某某聲，從某某亦聲，從某某省聲，從某讀若某，從某讀與某某同，並二端兼舉聲音之學，莫備於此。後人惑於徐氏所附孫愐音切，不究本讀，而一二宿儒言古音，如吳棫、陳第、顧炎武、江永之流，亦第就韻書辨析，不知說文形聲相繫，韻書就聲言聲；說文聲氣相求，韻書祇論同聲之應。其部居錯雜，分合類出肌見。學者苟趣其便，表於一讀，且翻平上去入之界之不可移易。諧聲之法廢，而說文之學晦矣。其書論聲一本許氏，由本省以推變聲，既列本注，旁搜古讀以為之證。末附說文補考二卷，多辨正二徐謬誤。又有毛詩證讀不分卷、詩聲辨定陰陽譜四卷、四書偶談內外篇二卷、字易二卷、鶴泉文鈔二卷，又有溪山講授、三台詩錄、台州外書、風雅遺聞、鶴泉詩鈔、鶴泉集唐集李三百首等書。

陳熙晉，原名津，字析木，浙江義烏人。優貢生，以教習官貴州知縣，歷知開泰、龍里、普定縣，仁懷同知，擢湖北宜昌府知府。權開泰時，教匪蔣昌華擾黎平，將興大獄。熙晉縛其渠，而貸諸脅從，全活無算。龍里民以釘鞢殺人，已誣服，而究驗不合，心疑焉。一日，方慮囚，見叢人中有曳鞢竊睨者，命執而鞫之，痕究合，遂款服。老人道死，無主名，熙晉廉得其故，有小兒偕行，密呼兒，餂以果餌，兒遽效老人墜樹狀，獄乃白。龍里人為立生祠。仁懷亦如之。普定俗糾聚相雄長，號其魁曰「牛叢」，其獲盜不詣之官，輒積薪焚殺之。先是有挾讐焚三尸者，吏不敢捕，熙晉期必得，重繩以法，風頓革。其守宜昌也，楚大水，流庸聚宜昌，畢力撫綏，繕城垣，以工代賑。會秩滿將行，為留六閱月，蕆其事。送者數千人，皆泣下。尋乞養歸，未幾卒。

熙晉邃於學，積書數萬卷，訂疑糾謬，務窮竟原委。每語及經史、三通、歷朝會要，袞袞若成誦。嘗謂：杜預解左氏有三蔽，劉光伯規之，而書久佚。惟正義引一百七十三事，孔穎達皆以爲非。乃刺取經史百家及近儒著述以明劉其杜非而劉是者申之，杜是而劉非者釋之，杜、劉兩説義俱未安，則證諸群言，斷以己意，成春秋規過考信九卷。又謂隋經籍志載光伯左氏述義四十卷，不及規過，據孔穎達序稱習杜義而攻杜氏，疑規過即在述義中。舊唐書經籍志載述義三十七卷，較隋志少三卷，而多規過三卷，此其證也。正義於規杜一百七十三事外，又得一百四十三事，蓋皆述義之文。其異杜者三十事，駁正甚少，殆唐初奉敕删定著爲令典，彙同伐異，勢會使然。乃參究得失，援據群言，成春秋述義拾遺八卷。他所著有古文孝經述義疏證五卷、帝王世紀二卷、貴州風土記三十二卷、黔中水道記四卷、宋大夫集箋注三卷、駱臨海集箋注十卷、日損齋筆記考證一卷、文集八卷、征帆集四卷、仁懷廳志二十卷。

李誠，字靜軒，浙江黃巖人。嘉慶十八年拔貢生，官雲南姚州州判，終順寧知縣。誠研究經學，貫串該洽。罷官後，總督阮元嘗檄修雲南通志。著有十三經集解二百六十卷，首臚漢、魏諸家之說，次採近人精確之語，而唐、宋諸儒之徵實者，亦不廢焉。又有萬山綱目六十卷，水道提綱補訂二十八卷，宦遊日記一卷，微言管窺三十六卷，醫家指述一卷。

校記

〔二〕「信」字原作「言」，誤。據繆荃孫陳熙晉傳改。

清史稿卷四百八十一

儒林二

丁杰　周春

丁杰，原名錦鴻，字升衢，歸安人。乾隆四十六年進士，官寧波府學教授。杰純孝誠篤，嘗奔走滇南，迎父柩歸葬。少家貧，就書肆中讀，肆力經史，旁及說文、音韻、算數。初至都，適四庫館開，任事者延之佐校，遂與朱筠、戴震、盧文弨、金榜、程瑤田等相講習。杰為學長於校讐，與盧文弨最相似，得一書必審定句讀，博稽他本同異。於大戴禮用功尤深，著有大戴禮記繹。又易鄭注久佚，宋王應麟裒輯成書，惠棟復有增入，杰審視兩本，以為多羼入鄭氏易乾鑿度注。又漢書注所云鄭氏乃即注漢書之人，非康成，乃刊其譌，定其是，復摘補其未備，著周易鄭注後定凡十二卷。胡渭禹貢錐指，號為絕學，杰摘其誤甚多，嘗謂緯書移河為畀在齊呂填閼八流以自廣河患之棘由九河堙廢而害始於齊管仲能匡必不自貽伊戚班固敘溝洫志云商竭周移秦決南涯自茲距漢北七八支則九河之塞當在秦楚之際矣惠棟尚書大傳輯本亦以為疏外如鮮度作刑以詁四方誤讀困學紀聞此謬之甚者五行傳文不類讀後漢書注始知誤連皇覽也亦嘗與翁方綱補正朱彝尊經義考序年月博采見聞以相證合又與許宗彥蘭繹墨子上下經大有端緒方言善本始於戴震亦采獲裨益最多盧文弨以為不在戴下漢隸字原考正錢塘謂得隸之義例

亦又言字母三十六字不可增併不可顛倒見端知邦非精照為孤清不可增濁聲也疑泥孃明微來日為孤濁不可增清聲也非即邦之輕唇不可併於敷微即明之輕唇不可併於奉影為曉之深喉喻為匣之深喉曉匣影

喻，不可顛倒為影曉，喻匣也。

子授經，嘉慶三年優貢，傳經，六年優貢，皆能世其家學，有雙丁之目。授經佐其友嚴可均造甲乙丙丁長編，以校定說文。

周春（四）字松靄，海寧人。乾隆十九年進士，官廣西岑溪縣知縣。革陋規，幾微不以擾民，有古循吏風。以憂去官，岑溪人構祠祀焉。嘉慶十五年，重赴鹿鳴。二十年卒，年八十七。春博學好古，兩親服闋，年未五十，不謁選。著十三經音略十三卷（五）專考經音，以陸氏釋文為權輿，參以玉篇、廣韻（六）五經文字諸書，音字必審音，音必歸母，謹嚴細密，絲毫不假。他著又有中文孝經一卷，爾雅補注四卷，小學餘論二卷，代北姓譜二卷，遼金元姓譜一卷，遼詩話一卷，選材錄一卷，杜詩雙聲疊韻譜括略八卷。

校記

〔一〕清史稿之丁杰傳，源自清國史，載儒林傳下卷卷二十。

〔二〕「宗」字原作「言」，誤，據清國史改。

〔三〕「散」字原作「數」，誤，據清國史改。

〔四〕清史稿之周春傳，源自清國史，載儒林傳下卷卷二十，附見於丁杰傳。

〔五〕據傳主十三經音略卷首凡例，玉篇一書之前，尚有說文一書，當補。全書當為十二卷，非十三卷。

〔六〕「韻」字原作「均」，二字雖通，然以廣韻稱書名，已然約定俗成。史稿立異，並不可取。

清史列傳卷六十八

儒林傳下一

丁杰　周春

丁杰，原名錦鴻，字升衢，浙江歸安人。乾隆四十六年進士，寧波府學教授。杰純孝誠篤，嘗奔走滇南，迎父柩歸葬。少家貧，就書肆中讀，肆力經史，旁及說文、音韻、算數。初至都，適四庫館開，任事者延之佐校，遂與朱筠、戴震、盧文弨、金榜、程瑤田等相講習，於大戴禮用功尤深，著有大戴禮記繹。又易鄭注久佚，宋王應麟裒輯成書，國朝惠棟復有增入。杰審視兩本，以為多羼入鄭氏易乾鑿度注，又漢書注所云鄭氏，乃即注漢書之人，非康成，乃刊其譌，定其是，復摘補其未備，著周易鄭注後定凡十二卷。

杰為學長於校讐，與盧文弨最相似，得一書為審定句讀，博稽他本同異。胡渭禹貢錐指號為絕學，杰摘其誤甚多。嘗謂緯書移河為界，在齊呂填閼八流以自廣。夫河患之棘，由九河堙廢，而害始於齊。管仲能匡，必不自貽伊戚。班固敘溝洫志云：「商竭周移，秦決南涯，自茲距漢，北亡八支。」則九河之塞，當在秦楚之際矣。又惠棟尚書大傳輯本，亦以為疏件謂如鮮度作刑，以詰四方，誤讀困學紀聞，此謬之甚者。五行傳文不類，讀後漢書注始知誤連皇覽也。亦嘗與翁方綱補正朱彝尊經義考序年月，博采見聞，以相證合。又與許宗彥闡繹墨子上下經，大有端緒。其為人校定之書，曰：毛詩草木蟲魚鳥獸疏、方言、漢隸字原、復古編、困學紀聞、補箋字林、逸蘇詩補注。方言善本，始於戴震，亦采獲裨益最多，盧文弨以為不在戴下。漢隸字原考正，錢塘謂得隸之義例。亦又言字母三十六字不可增併，不可顛倒。見、端、知、邦、非、精、照為孤清，不可增濁聲也。疑、泥、孃、明、微、來、日為孤濁，不可增清聲也。非即邦之輕唇，不可併於敷微，即明之輕脣，不可併於奉。影為曉之深喉，喻為匣之深喉，曉匣影喻不可顛倒為影曉喻匣也。所著有小酉山房文集。嘉慶十二年卒，年七十。

子授經，嘉慶三年優貢；傳經，六年優貢，皆能世其家學，有雙丁之目。授經佐其友嚴可均造甲乙丙丁長編，以校定說文。

周春，字松靄，浙江海寧人。乾隆十九年進士，官廣西岑溪縣知縣，革陋規，幾微不以擾民，有古循吏風。以憂去官，岑溪人構祠祀焉。嘉慶十五年，重赴鹿鳴。二十年卒，年八十七。春博學好古，兩親服闋，年未五十，不謁選。所居凝塵滿室，插架環列，臥起其中者三十餘年，四部七略靡不瀏覽。究心字母，遂遍觀釋藏六百餘函，於韻學有得。著十三經音略十二卷。他著又有中文孝經一卷、爾雅補注四卷、小學餘論二卷、代北姓譜二卷、遼金元姓譜一卷、遼詩話一卷，選材錄一卷，杜詩雙聲疊韻譜括略八卷。

清史稿卷四百八十一

儒林二

孫星衍　畢亨　李貽德

孫星衍，字淵如，陽湖人。少與同里楊芳燦、洪亮吉、黃景仁文學相齊，袁枚品其詩曰天下奇才，與訂忘年交。星衍雅不欲以詩名，深究經史、文字、音訓之學，旁及諸子百家，皆必通其義。乾隆五十二年，以一甲進士授翰林院編修，充三通館校理。五十四年，散館，試厲志賦，用史記「駒如畏」，大學士和珅疑為別字，置三等，改部。故事，一甲進士改部，或奏請留館，又編修改官可得員外，前此吳文煥有成案。珅示意欲使往見，星衍不肯屈節，曰：主事終擢員外，何汲汲求人為？自是編修改主事，遂為成例。官刑部，為法寬恕，大學士阿桂、尚書胡季堂悉器重之，有疑獄，輒令依古義平議，所平反全活甚衆。退直之暇，輒理舊業，洊升郎中。六十年，授山東兗沂曹濟道。嘉慶元年七月，曹南水漫灘潰決單縣地，星衍與按察使康基田鳩工集夫，五日夜從上游築隄遏之，不果。決基田謂此役省國家數百萬帑金也。尋擢按察使，凡七閱月，平反數十百條，活死罪誣服者十餘獄。灘縣有武人犯法，賄和珅門嬖，託大吏。星衍訪捕鞫之，械和門來者於衢。及回本任，值曹工漫溢，星衍以無工處所得疏防咨，特旨予留任。曹工分治引河，三道星衍治中段，畢工較濟東道、登萊道上下段省三十餘萬。先是河工分賠之員或得羨餘，謂之扣費，星衍不取，悉以給引河工費。時曹工尚未合，河督、巡撫亟奏合龍，移星衍任。尋又奏稱合而復開，開則分賠兩次，攤工銀九萬兩，當半屬後任，而司事者並以歸星衍，星衍亦任之，曰：「吾既革河務，不能不為人受過也。」

四年，丁母憂歸，浙撫阮元聘主詁經精舍，星衍課諸生以經史疑義及小學、天部、地理、算學、詞章，不十年，舍中士皆以撰述名家。服闋入都，仍發山東，十年，補督糧道。十二年，權布政使。值侍郎廣興在省按章，供張煩擾，星衍不肯妄支。後廣以賄敗，豫東兩省多以支庫獲罪，星衍不與焉。十六年，引疾歸。

星衍博極群書，勤於著述，又好聚書，聞人家藏有善本，借鈔無虛日。金石文字，靡不考其原委。嘗病古文尚書爲東晉梅賾所亂，官刑部時，即集古文尚書馬鄭王注十(四)卷、逸文二卷。歸田後，又爲尚書今古文注疏三十九卷，其(五)序例云：尚書古注散佚，今刺取書傳升爲注者，五家三科之說。一，司馬遷從孔氏安國問故，是古文說。一，書大傳伏生所傳歐陽高、大夏侯勝、小夏侯建，是今文說。一，馬氏融、鄭氏康成雖有異同，多本衛氏宏、賈氏逵，是孔壁古文說。皆疏明出典。其先秦諸子所引古書說及緯書、白虎通等漢魏諸儒今文說，許氏說文所載孔壁古文，注中存其異文異字，其說則附疏中。其意在網羅放失舊聞，故錄漢魏人佚說為多。又兼采近代王鳴盛、江聲、段玉裁諸人書說。惟不取趙宋以來諸人注，以其時文籍散亡，較今代無異聞，又無師傳，恐滋臆說也。凡積二十二年而後成。其他撰輯，有周易集解十卷、夏小正傳校正三卷、明堂考三卷、考注春秋別典十五卷、爾雅廣雅詁訓韻編五卷、魏三體石經殘字考一卷、孔子集語十七卷、晏子春秋音義二卷、史記天官書考證十卷、建立伏博士始末二卷、寰宇訪碑錄十二卷、金石萃編二十卷、續古文苑二十卷、詩文集二十五卷。二十三年卒，年六十六。星衍晚年所著書，多付文登畢亨、嘉興李貽德為卒其業。

〔六〕亨原名以田，字恬谿，初從休寧戴震游，精漢人故〔七〕訓之學，尤長於書。星衍撰尚書今古文注疏，多采亨說，每稱以為經學無雙。中嘉慶十二年舉人，道光六年，以大挑知縣，分發江西，署安義縣。有兄殺胞弟案，亨執「不念鞠子哀，泯亂倫彝，刑茲無赦」義，不准援赦，大府怒，將劾之。會歙程恩澤重亨，事乃解。後補崇義，以積勞卒官，年且八十矣。著有九水山房文存二卷。

貽德〔八〕，字次白。嘉慶二十三年舉人。館星衍所，相得甚歡。著春秋左氏傳〔九〕賈服注輯述二十卷。其書援引甚博，字比句櫛，於義有未安者，亦加駁難，雖使沖遠復生，終未敢專樹紅南之幟，而盡棄舊義也。又有詩考異、詩經名物考、周禮賸義、十七史考異、攬青閣詩鈔、夢春廬詞〔十〕。

校記：

〔一〕清史稿之孫星衍傳，源自清國史載儒林傳下卷卷二十一。

〔二〕「必通其義」之「必」字，清國史本作「心」。國史所據之阮元撰山東糧道孫君淵如傳亦作「心」，清史稿誤作「必」，當改回「心」字。

〔三〕置三等改部之「三」字，據上引阮元文，當作「二」。

〔四〕古文尚書馬鄭王注一書，清史稿及清國史俱脫一「王」字，係據上引阮元文補。

〔五〕尚書今古文注疏卷帙有誤，非「三十九卷」，當爲「三十卷」。清史稿藝文志所記不誤，即作「三十卷」。

〔六〕清史稿之畢亨傳，源自清國史，載儒林傳下卷卷二十一附見於孫星衍傳。

〔七〕「故訓」，清史稿改作「古訓」，依清國史改回。

〔八〕清史稿之李貽德傳，源自清國史，載儒林傳下卷卷二十一附見於孫星衍傳。

〔九〕春秋左氏傳賈服注輯述一書之「傳」字，清史稿原作「解」，誤。據清國史改。清史稿藝文志不誤。

〔十〕李貽德卒年，清國史記之甚確，作道光十二年卒，年五十。史稿删而不録，失當。

清史列傳卷六十九

儒林傳下二

孫星衍 畢亨 李貽德

孫星衍，字淵如，江蘇陽湖人。少與同里楊芳燦、洪亮吉、黃景仁文學相齊，袁枚品其詩曰「天下奇才」，與訂忘年交。星衍雅不欲以詩名，深究經史文字音訓，旁及諸子百家，皆心通其義。既從錢大昕遊，精研漢學。元和江聲注尚書，以堯稽古為同天，皋陶稽古為順考古道，前後歧說。星衍著論云：「鄭注稽古同天，言堯同於天也。鄭意蓋以堯稱帝為同天。書正義誤引其文云『稽，同也；古，天也』，天為古之說雖見周書，未必唐時即有此義。」又嘗於江寧瓦官寺閣見元應一切經并慧苑華嚴經音義引倉頡為多，乃刺取其文，兼摭他書，為倉頡篇三卷。謂元應、慧苑書世多不傳，然足與陸德明經典釋文並重於世。囑友人刊行。

乾隆五十二年一甲二名進士授翰林院編修充三
通館校理五十四年散館改刑部主事故事一甲進士改
部或奏請留館又編修改官可得員外郎前此吴文煥有
成案大學士和珅示意欲使往見星衍不肯自是編修改
主事遂為成例官刑部為法寬恕大學士阿桂尚書胡季
堂悉器重之有疑獄輒令依古義平議全活甚衆退直之
暇仍理舊業高麗使臣朴齊家入貢特謁星衍為書問字
堂扁賦詩以贈五十七年遷員外郎洊升郎中六十年充
山東兗沂曹濟道嘉慶元年七月曹南水漫灘潰決單縣
地星衍與按察使康基田鳩工集夫五日夜從上游築隄
遏衝之不果決基田謂此役省國家數百萬帑金尋擢按
察使凡七閱月平反數十百條活死罪誣服者十餘獄灘
縣有武人犯法賄和珅門囑託大吏星衍訪捕鞫之械和
門來者於衢及回本任值江南豐工及山東曹工同時漫

溢，星衍以無工處所得疏防咎，特旨予留任。曹工分治引河三道，星衍治中段，工畢，較濟東道、登萊道上下段省三十餘萬兩。先是，河工分賠之員，或得羨餘，謂之扣費，星衍不取，悉以給引河工費。時曹工尚未合，河督、巡撫亟奏合龍，移星衍任。尋又奏稱合而復開，開則分賠兩次，攤工銀九萬兩，當半屬後任，兩司事者並以歸星衍，星衍亦任之，曰：「吾既兼河務，不能不為人受過也。」

四年六月，丁母憂歸。儀徵阮元撫浙，聘主詁經精舍。星衍課諸生以經史疑義及小學、天部、地理、算學、詞章，不十年，舍中士皆以撰述名家。服闋入都，奉旨仍發山東。十年，補督糧道。十二年，權布政使。值侍郎廣興在省，供張煩擾，星衍不肯妄支。後廣以賄敗，豫東兩省多以支庫獲罪，星衍不與焉。湯陵舊在山西榮河，星衍據漢崔駰、晉伏滔及皇覽說，皆云濟陰有湯陵。任曹南時，常申上府，請釐祀典。至是，陵始修整，給地畝奉香火。又考太平寰宇記，知先賢閔子墓在范縣，今所傳在歷城者誤，爲修築之，中禁樵采。又以伏生傳書二十七篇，使二帝三王之訓典不墜於地，欲奏請建立伏博士。乃具稿移學政，囑鄒平令訪其嫡裔，資使讀書。越七年，竟得入告，奉旨准以伏生六十五代孫敬祖世襲五經博士。十六年，引疾歸。

星衍博極群書，勤於著述，又好聚書，聞人家藏有善本，借鈔無虛日。金石文字，靡不考其原委。常病古文尚書爲東晉梅賾所亂，官刑部時，即集古文尚書馬鄭王注十卷、逸文二卷。歸田後，又爲尚書今古文注疏三十九卷〔三〕。其序例云：尚書古注散佚，今刺取書傳升爲注者，五家三科之說：一、司馬遷從孔氏安國問故，是古文說。一、書大傳，伏生所傳歐陽高、大夏侯勝、小夏侯建，是今文說。一、馬氏融、鄭氏康成，雖有異同，多本衛氏弘、賈氏逵，是孔壁古文說。

皆疏明出典。其先秦諸子所引古書說、及緯書、白虎通等漢、魏諸儒今文說、許氏說文所載孔壁古文、注中存其異文異字，其說則附疏中。其書意在網羅放失舊聞，故錄漢魏人佚說為多。又兼采近代王鳴盛、江聲、段玉裁諸人書說。惟不取趙宋以來諸人注，以其時文籍散亡，較今代無異聞，又無師傳，恐滋臆說也。凡積二十二年而後成。論者以為勝王鳴盛書。其他撰輯有周易集解十卷、夏小正傳校正三卷、明堂考三卷、考注春秋別典十五卷、爾雅廣雅古訓韻編五卷、魏三體石經殘字考一卷、孔子集語十七卷、晏子春秋音義二卷、史記天官書考證十卷、建立伏博士始末二卷、寰宇訪碑錄十二卷、金石萃編二十卷、京畿金石考二卷、續古文苑二十卷、詩文集二十五卷。又有九經正俗字考、十三經佚注集、馬昭孫叔然難王申鄭之書、山海經音義、鄭康成年譜。其所校刊若岱南閣叢書、平津館叢書，均據善本，有資學藝。二十三年卒，年六十六。

星衍性誠正，無偽言偽行，立身行世，皆以儒術，尤喜獎借後進，所至之地，士爭歸附。其所撰輯，能集衆人之才智，準以己之識力，再三審擇而後成編，其卒也，海內學者皆悼慕之。

畢亨原名以田，字九水，小東，文登人。初從休寧戴震遊，精漢人故訓之學，尤長於書。後與星衍交，星衍以金縢秋大熟以下，據尚書大傳及史記，當爲亳姑逸文。後人或以其文有啓金縢之語，遂入於金縢篇中。亨釋之曰：尚書王出郊，謂祭天於郊，以周公配。書序所云成王葬周公於畢，告周公作亳姑，即其事。此經上文云今天動威，以彰周公之德，惟予小子其親迎，言親迎而祭之，迎，迎尸也。惟郊祭周公之事，故云我國家禮亦宜之。禮者，謂祭也。尚書大傳曰：乃不葬周公，成周而葬於畢，尊以王禮，申命魯郊，據

此而言則魯之郊禘由風雷之變始也星衍載其說文集
中星衍撰周易集解左右采獲亨力居多其尚書今古文
注疏亦多采亨說每稱以為經學無雙曲阜桂馥說文義
證引亨篤論百數十事中嘉慶十二年舉人道光六年以
大挑知縣分發江西署安義縣有兄殺胞弟案亨執不念
鞠子哀泯亂倫彝刑茲無赦義不準援赦大府怒將劾亨
會歙程恩澤重亨事乃解後補崇義縣以積勞卒於官年
且八十矣著有九水山房文存二卷星衍晚年所著書又
多付嘉興李貽德為卒其業

李貽德字次白嘉慶二十三年舉人年二十六謁星
衍於江寧事以師禮星衍與上下古今窮晝夜不息囑分
纂十三經佚注貽德因著春秋左氏傳賈服注輯述二十
卷其書援引甚博字比句櫛於義有未安者亦加駁難又
有詩考異詩經名物考周禮騰義十七史考異攬青閣詩

《鈔夢春廬詞》。道光十二年辛卯年五十。

校記：

〔一〕「相齋」二字，原誤據《耆獻類徵》改作「齋名」。逕以改回。

〔二〕「算學」二字，原誤改「算術」。逕以改回。

〔三〕「三十九卷」誤，當作「三十卷」。

〔四〕「江聲」原誤作「江都」，據傳主《尚書今古文注疏序》改。

清史稿卷四百八十一

儒林二

王聘珍

王聘珍，字貞吾，南城人。自幼以力學聞。乾隆五十四年，學使翁方綱拔貢成均，為謝啟昆、阮元參訂古籍。嘗客浙西，與歙凌廷堪論學。廷堪深許之。為人厚重誠篤，廉介自守。治經確守後鄭之學，著大戴禮記解詁十三卷、目錄一卷。其言曰：大戴與小戴同受業於后倉，各取孔壁古文說，非小戴刪大戴，馬融足小戴也。禮察、保傅語及秦亡，乃孔襄等所合藏，是賈誼有取於古記，非古記采及新書也。三朝記、曾子乃劉氏分屬九流，非大戴所裒集也。又曰：近代校讐，不知家法。王肅本點竄此經，私定孔子家語，反據肅本改易經文。又或據唐、宋類書，如藝文類聚、太平御覽之流，增刪字句，或云據永樂大典改某字作某。凡茲數端，率以今義繩古義，以今音證古音，以今文易古文，遂使「孔壁古奥之經，變而文從字順。經義由茲而亡，故其發凡大旨，禮典器數，墨守鄭義，解詁文字，一依「爾雅」、說文及兩漢經師訓詁，有不知而闕，無杜撰之言。如「五義」，義字據周禮注讀若「儀」；「五鑿」，五字釋若「竹」；青史子引漢書。「君子養之」讀若「中心養養」之養，皆能根據經史，發蒙解惑。江都焦循稱其不為增刪，一仍其舊，列為三十二讀書贊之一。他著經義考補、九經學。

校記：

〔二〕清史稿之王聘珍傳，源自清國史，載儒林傳下卷卷二十一。

〔三〕「孔壁古文說」說字係清史稿誤改，依傳主大戴禮記解詁，本作「孔壁古文記」，清國史不誤。

清史列傳卷六十九

儒林傳下二

王聘珍

王聘珍，字貞吾，江西南城人。自幼以力學聞。乾隆五十四年，學使翁方綱拔貢成均。常客浙西，與歙凌廷堪論學，廷堪深許之。又為謝啓昆、阮元參訂古籍。為人厚重誠篤，廉介自守。治經確守後鄭之學。著大戴禮記解詁十三卷、目錄一卷。其言曰：大戴與小戴同受業於后倉，各取孔壁古文記，非小戴刪大戴，馬融足小戴也。禮察、保傅語及秦亡，乃孔襄等所合藏，是賈誼有取於古記，非古記采及新書也。三朝記、曾子乃劉氏分屬九流，非大戴所裒集也。又曰：近代校讎，不知家法，王肅本點竄此經，私定孔子家語，反據肅本改易經文；又或據唐宋類書，如藝文類聚、太平御覽之流，增刪字句；或云據永樂大典改某字作某。凡茲數端，卒以今義繩古義，以今音證古音，以今文易古文，遂使孔壁古奧之經，變而文從字順。經義由茲而亡。故其發凡大旨，禮典器數，墨守鄭義，解詁文字，一依爾雅、說文及兩漢經師訓詁。有不知而闕，無杜撰之言。如五義義字，據周禮注讀若儀；五鑿五字，釋若忤；青史子引漢書君子養之讀若中心養養之養。皆能根據經史，發蒙解惑。凡積二十餘年而後成。阮元謂其書義精語潔，多所發明，為孔廣森諸家所未及。江都焦循稱其不為增刪，一仍其舊，列為三十二讀書贊之一。又著九經學，引申詁訓，考定漢制，具有家法。又有經義考補。

清史稿卷四百八十一

儒林二

淩廷堪　洪榜　汪龍

淩廷堪〔一〕字次仲，歙縣人〔二〕。六歲而孤，冠後始讀書〔三〕，慕其鄉江永、戴震之學。乾隆五十五年進士〔四〕，改教職，選寧國府學教授。奉母之官，畢力著述者十餘年〔五〕。嘉慶十四年卒，年五十三。

廷堪之學，無所不窺，於六書、曆算以迄古今疆域之沿革、職官之異同，靡不條貫，尤專禮學。謂古聖使人復性者學也，所學者即禮也。顏淵問仁，孔子告之者惟禮焉。爾顏子歎道之高堅前後〔六〕，迨博文約禮，然後如有所立，即立於禮之立也。禮有節文度數，非空言理者可託。著禮經釋例十三卷，謂禮儀委曲繁重，必須會通其例，如鄉飲酒、鄉射、燕禮、大射不同，而其為獻酢酬旅酬無算爵之例則同；

聘禮、覲禮不同，而其爲郊勞、執玉、行享、庭實之例則同；特牲饋食、少牢饋食不同，而其爲尸、飯、主人初獻、主婦亞獻、賓長三獻、祭畢飲酒之例則同。乃區爲八例，以明同中之異、異中之同。曰通例，曰飲食例，曰賓客例，曰射例，曰變例，曰祭例，曰器服例，曰雜例。禮經第十一篇自漢以來說者雖多，由不明尊尊之旨，故罕得經意，乃爲封建尊尊服制考一篇，附於變例之後。大興朱珪讀其書，贈詩推重之。

廷堪禮經而外，復潛心於樂，謂今世俗樂與古雅樂中隔唐人燕樂一關，蔡季通、鄭世子輩俱未之知，因以隋沛公鄭譯五旦七調之說，爲燕樂之本，又參考段安節琵琶錄、張叔夏詞源、遼史樂志諸書，著燕樂考原六卷。江都江藩歎以爲思通鬼神。他著有元遺山年譜二卷，校禮堂文集三十六卷，詩集十四卷。儀徵阮元嘗命子常生從廷堪授士禮，又稱其鄉射五物考、九拜解、九祭解、釋牲、詩楚攷考諸說經之文，多發古人所未發。其尤卓然者，則復禮三篇云。

同邑洪榜[八]，字汝登。乾隆二十三年舉人[九]，四十一年，應天津召試第一，授內閣中書。卒[十]年三十有五。榜於經學著明象未成，終於益卦。因鄭康成易贊作述贊二卷。又明聲均，撰四聲均和表五卷，示兒切語一卷。江氏永切字六百十有六[十一]，是書增補百三十九字。又以字母見溪等字注於廣韻之目，每字之上，以定喉、吻、舌、齒、脣五音。蓋其書宗江、戴二家之說而加詳焉。為人律身以正，待人以誠，士平服膺戴震。戴震所著孟子字義疏證，當時讀者不能通其義，惟榜以為功不在禹下。撰震行狀，載與彭紹升書，朱筠見之曰：「可不必載。戴氏可傳者不在此。」榜乃上書辯論，江藩在吳下見其書，歎曰：「洪君可謂衛道之儒矣。」

汪龍[十二]，字長叔，亦廷堪同邑人。乾隆五十一年舉人。嗜古博學，尤精於詩。嘗讀詩生民、玄鳥二篇，疑鄭箋迹乳卵生之說，不若毛詩謂姜嫄、簡狄從帝嚳祀郊禖之正，遂稽傳、箋同異，用力於是經者數十年，成毛詩異義四卷、毛詩申成十卷。卒〔三〕年八十二。

校記：

〔一〕清史稿之凌廷堪傳，源自清國史，載儒林傳下卷卷十五。

〔二〕據傳主弟子張其錦輯凌次仲先生年譜，廷堪父文焻早年離鄉，至江蘇海州依外祖，遂家焉。乾隆二十二年八月二十日生廷堪於海州。故廷堪自謂「僕本歙人，生於海上」。阮元撰次仲凌君別傳亦云「君生海州，六歲而孤」。

〔三〕據上引年譜記，傳主嘗曰：「某六齡而孤，貧無立錐，賴兄致堂營生養母。次年，始就塾師讀書，十三歲即以家貧棄書學賈，年二十三，始志於學，出遊儀徵，從此久客揚州，先後與阮元、汪中諸俊彥訂交，孜孜向學而崛起。《年譜》所述此段問學經歷，《史稿》不當失記。

〔四〕乾隆五十五年進士，不確。據上引《年譜》，是年恩科會試，傳主初列第四名，後以頭場首藝磨勘，停殿試三年之後，始於五十八年癸丑科補殿試，得三甲第二十六名。故當記為乾隆五十八年進士。

〔五〕據上引《年譜》，乾隆五十八年五月，傳主具呈吏部，請改教職，以養母。明年十月，得寧國府教授缺。六十年三月，蒞任，直至嘉慶十年閏六月，丁母憂去職。

〔六〕《史稿》此段引文，係據傳主《復禮》三篇刪節而成文。中「數字」，《復禮下》原作「見」，原文為：「顏淵見道之高堅前後，幾於杳渺而不可憑，迨至博文約禮，然後曰『如有所立卓爾』，即立於禮之立也。」

〔七〕嘗字原作常，據清國史改。

〔八〕清史稿之洪榜傳源自清國史，惟並非附見於凌廷堪傳，乃載儒林傳卷下卷十七，附見於金榜傳。清國史之編次並無不妥。一則洪榜年輩長於凌廷堪，再則二人之間亦無學術往還。史稿臆為分合，殊屬無據。

〔九〕乾隆二十三年舉人，誤，據江藩漢學師承記卷六洪榜，當作乾隆三十三年舉人。

〔十〕據漆永祥教授漢學師承記箋釋，江永切字為四百七十有七，洪榜增百三十九字，故亦見切語共切字六百十有六。

〔十一〕洪榜卒於何年，清史稿失記。據江慶柏教授清代人物生卒年表，洪榜卒於乾隆四十四年，當補。

〔十二〕清史稿之汪龍傳，源自清國史，本附見於金榜傳，史稿擅加分合，失之輕率。

〔十三〕汪龍卒於何年，清史稿失記。據上引年表，當補「道光三年」四字於「卒」字前。

清史列傳卷六十八

儒林傳下一

淩廷堪

淩廷堪，字次仲，安徽歙縣人。六歲而孤，冠後始讀書，慕其鄉江永、戴震之學。乾隆五十五年進士，改教職，選寧國府教授。奉母之官，畢力著述。嘉慶十四年卒，年五十五。〔一〕

廷堪之學，無所不窺，於六書、曆算〔三〕以迄古今疆域之沿革、職官之異同，靡不條貫。尤專禮學，謂古聖使人復性者學也，所學即禮也。顏淵問仁，孔子告之者惟禮焉爾。顏子歎道之高堅前後，迨博文約禮，然後如有所立，即立於禮之立也。禮有節文度數，非空言理者可託。著禮經釋例十三卷，謂禮儀委曲繁重，必須會通其例。如鄉飲酒、鄉射、燕禮、大射不同，而其為獻酢酬旅酬無算爵之例則同；聘禮、覲禮不同，而其為郊勞執玉行享庭實之例則同；特牲饋食、少牢饋食不同，而其爲尸飯主人初獻、主婦亞獻賓長三獻、祭畢飲酒之例則同。乃區爲八例，以明同中之異，異中之同。曰通例，曰飲食例，曰賓客例，曰射例，曰變例，曰祭例，曰器服例，曰雜例。禮經第十一篇自漢以來說者雖多，由不明尊尊之旨，故罕得經意，乃復爲封建尊尊服制考一篇，附於變例之後。大興朱珪讀其書，贈詩推重之。

廷堪禮經而外，復潛心於樂，謂今世俗樂與古雅樂中隔唐人燕樂一關，蔡季通、鄭世子輩俱未之知，因以隋沛公鄭譯〔三〕五旦七調之說，爲燕樂之本，又參考段安節琵琶錄、張叔夏詞原、遼史樂志諸書，著燕樂考原六卷。江都江藩歎以爲思通鬼神。外有充渠新書二卷，元遺山年譜二卷，梅邊吹笛譜二卷，校禮堂文集三十六卷，詩集十四卷。儀徵阮元嘗命子常生從廷堪授士禮，又稱其鄉射五物考、九拜解、九祭解、釋牲、詩楚茨考諸說經之文，多發古人所未發，其尤卓然者則復禮三篇云。

洪榜（四），字汝登，亦歙縣人。乾隆二十三年舉人，應（五）天津召試第一，授內閣中書。卒年三十有五。榜於經學著明象未成，終於益卦。因鄭康成易贊作述贊二卷。又明聲韻，撰四聲均和表五卷，示兒切語一卷。江氏永切字六百十有六，（六）是書增補百三十九字，又以字母見溪等字注於廣韻之目每字之上，以定喉、吻、舌、齒、唇五音，蓋其書宗戴、江二家之說而加詳焉。又有周易古義錄、書經釋典、詩經古義錄、詩經釋典、儀禮十七篇書後、春秋公羊傳釋例、論語古義錄、初堂讀書記、許氏經義諸書。為人律身以正，待人以誠，以孝友著於鄉里。生平學問之道，服膺戴震。戴震所著孟子字義疏證，當時讀者不能通其義，惟榜以為功不在禹下云。

汪龍，字辰叔，亦歙縣人。乾隆五十一年舉人。嗜古博學，尤精於詩。嘗讀詩生民、玄鳥二篇，疑鄭箋述乳卵生之說，不若毛傳謂姜嫄、簡狄從帝嚳祀郊禖之正，遂稽傳箋同異，用力於是經者數十年，成毛詩異義四卷、毛詩申成十卷。卒年八十二。

校記：

〔一〕「卒年五十五」誤，當為五十三。

〔二〕「曆算」原誤作「算曆」，依清國史改。

〔三〕「鄭譯」，「譯」字原誤作「澤」，據校禮堂文集改。

〔四〕洪榜、汪龍二家傳原附見於同卷金榜傳。

〔五〕當為三十三年舉人。

〔六〕六百十有六，誤，詳見前史稿校記。

清史稿卷四百八十一

儒林二

桂馥 許瀚

桂馥[二]，字冬卉，曲阜人。乾隆五十五年進士，選雲南永平縣知縣，卒於官[三]。馥博涉群書，尤潛心小學，精通聲義。嘗謂：「士不通經，不足致用，而訓詁不明，不足以通經。」故自諸生以至通籍，四十年間，日取許氏說文與諸經之義相疏證，為說文義證五十卷。力窮根柢，為一生精力所在。馥與段玉裁生同時，同治說文，學者以「桂、段」並稱，而兩人兩不相見，書亦未見，亦異事也。蓋段氏之書，聲義兼明，而尤邃於聲。桂氏之書，聲亦[三]並及，而尤博於義。段氏鈎索比傳，自以為能冥合許君之旨，勇於自信，自成一家之言，故破字創義為多。桂氏專[四]佐許說，發揮旁通，令學者引申貫注，自得其義之所歸。故段書約，而猝難通闢；桂書繁，而尋省易了。夫語其得於心，則段勝矣；語其便於人，則段或未之先也。其專臚古籍，不下己意，則以意在博證求通，展轉孳乳，觸長無方，亦如王氏《廣雅疏證》、阮氏《經籍籑詁》之類，非以己意爲獨斷者。

及馥就官滇南，追念舊聞，隨筆疏記，十卷，以其細碎，比之匠門木材，題〔五〕曰《札樸》。然馥嘗引徐幹《中論》：「鄙儒博學，務於物名，詳於器械，考於訓詁，摘其章句，而不能統其大義之所極，以獲先王之心，故使學者勞思慮而不知道，費日月而無功成〔六〕。」謂：「近日學者風尚六書，動成習氣，偶涉名物，自負倉、雅，略講點畫，妄議斯、冰，叩以經典大義，茫乎未之聞也。」此尤爲同時小學家所不能言，足以鍼肓起廢。他著有《晚學集》十二卷〔七〕。

許瀚〔八〕，字印林，日照人。道光十五年舉人，官嶧縣教諭。博综經史及金石文字，訓詁尤深，至校勘宋、元、明本書籍精審不減黃丕烈、顧廣圻。晚年，爲靈石楊氏校刊桂馥説文義證於清河，甫成而板燬於捻寇，並所藏經籍金石俱盡。遂抱鬱而殁，年七十〔九〕。他著有韓詩外傳勘誤、攀古小廬文。

校記：

〔一〕清史稿之桂馥傳，源自清國史，載儒林傳下卷卷二十二。

〔二〕桂馥卒於何時？清史稿失記。清國史則記之甚確，作「嘉慶十年卒於任，年七十」。史稿删之不當。

〔三〕聲亦並及「亦字」，清國史本作「義」，甚是。史稿擅改，實屬失當。

〔四〕「專佐許説之事」字，清國史本作「敷」，並無不妥。史稿擅改，無理無據。

〔五〕匠門木材之「材」字，清國史本作「楙」。說文解字「柿」謂削木札樸也，即傳主書題名之所據。而「材」字，說文釋為「木梃」與「柿」並非一字。史稿改「楙」作「材」，失當。

〔六〕傳主引徐幹語，源出中論治學第一。文末二字，中論原文及傳主所引皆作「成功」，清史稿擅改作「功成」，無據。信史引文，以忠實原著為第一要義，即使片言隻字，亦須有本有據。

〔七〕晚學集本八卷，此處所云十二卷，係合未谷詩集四卷計。

〔八〕清史稿之許瀚傳，源自清國史載儒林傳下卷卷二十二，附見於桂馥傳。

〔九〕許瀚卒於何時？清史稿失記。據柯愈春先生清人詩文集總目，瀚生於嘉慶二年，卒於同治五年，終年七十。

清史列傳卷六十九

儒林傳下二

桂馥　許瀚

桂馥，字東卉，山東曲阜人。乾隆五十五年進士，選雲南永平縣知縣，居官多善政。嘉慶十年卒於任，年七十。馥博涉群書，尤潛心小學，精通聲義。嘗謂士不通經，不足致用，而訓詁不明，不足以通經。故自諸生以至通籍，四十年間，日取許氏說文，與諸經之義相疏證，為說文義證五十卷。云「義證」者，取梁書孔子祛傳中語也。其書薈萃群書，力窮根柢，為一生精力所在。馥與段玉裁生同時，同治說文，學者以桂、段並稱，而兩人兩不相見，書亦未見。段氏之書，聲義兼明，而尤邃於聲。桂氏之書，聲義並及，而尤博於義。段氏鉤索比傳，自以為能冥合許恉，勇於自信，自成一家之言，故破字創義為多。桂氏敷佐許說，發揮旁通，令學者引申貫注，自得其義之所歸。故段書約而猝難通闢，桂書繁而尋省易了。其事臚古籍，不下己意，則以意在博證求通，輾轉孳乳，觸長無方，亦如王氏廣雅疏證、阮氏經籍籑詁之類，非可以己意為獨斷者也。馥尚有說文諧聲譜考證，本欲與義證並行，殁後遇亂，散失數卷。馥又繪許祭酒以下，及魏濟陽江式，唐趙郡李陽冰，南唐廣陵徐鉉、徐鍇兄弟，宋吳興張有，錢塘吾丘衍之屬，為說文統系圖。大興朱筠嘗為之記。

又就官滇南，追念舊聞，隨筆疏記十卷，以其細碎，比之匠門木柹，題曰札樸。馥嘗引徐幹中論「鄙儒博學務於物名，詳於器械，考於訓詁，摘其章句，而不能統其大義之所極，以獲先王之心。故使學者勞思慮而不知道，費日月而無成功」。謂近日學者風尚六書，動成習氣。偶涉名物，自負倉、雅，略講點畫，妄議斯、冰。叩以經典大義，茫乎未之閣也。此尤為同時小學家所不能言，足以鍼肓起廢。他著有晚學集十二卷、繆篆分韻五卷、續三十五舉一卷。

許瀚，字印林，山東日照人。道光十五年舉人，官嶧縣教諭。博綜經史及金石文字，於訓詁尤深。至校勘宋、元、明本書籍，精審不減黃丕烈、顧廣圻。晚年校刊說文義證，謂：「原稿『臺』下，有『查高唐賦原文』六字，此為馥脫稿未校之書。」因為之補正，數年乃成。甫成而板燬於捻寇，並盡瀚所藏經籍金石，遂悒鬱而歿，年七十。

其答門弟子問曰：「說文序云：『今敘篆文，合以古籀。』而亦有以篆文為重文者，如丄之重文上，丅之重文下，皆篆文者。（以下文繁從略）。他著有別雅訂五卷，即林遺著一卷。又有韓詩外傳勘誤、攀古小廬文。

清史稿卷四百八十一

儒林二

江聲 江沅

江聲字叔澐元和人七歲就傅讀書問讀書何為師以取科第為言聲求所以進於是者年二十九遭父疾晨夕侍牀褥不解衣帶至自滌械窬視穢以驗疾進退及居憂哀毀骨立逾三年容戚然如新喪者侍母疾居喪亦如父歿時族黨哀其至行既孤困不復事科舉業讀尚書怪古文與今文不類又怪孔傳非安國所為年三十五師事同郡通儒惠棟得讀所著古文尚書考及閻若璩古文疏證乃知古文及孔傳皆晉時人偽作於是集漢儒之說以注二十九篇漢注不備則旁考他書精研古訓成尚書集注音疏十二卷附補誼九條識偽字一條尚書集注音疏前後述外編一卷尚書經師系表也經文注疏皆以古篆

書之疑僞古文者，始於宗之吳才老，朱子以後，吳草廬、郝京山、梅鷟皆不能得其要領。至本朝閻惠兩徵君所著之書，乃能發其作僞之跡，剿竊之原。若刊正經文，疏明古注，則皆未之及也。及聲出而集大成焉。

聲又病後世深求考老轉注之義，至以篆迹求之，因為六書說，謂建類一首，即始一終亥五百四十部之首，同意相受，即凡某之屬皆從某也。陽湖孫星衍亦推其說，以為爾雅肇祖元胎之屬，始也，始亦建類一首，肇祖元胎皆為始，亦同意相受。說文此類亦甚多，推考老之訓，如口部之咽，嗌也；嗌，咽也；走部之走，趨也；趨，走也，猶之考注老，老轉注考矣。其同在口部、走部，即建類一首也。聲亦以為然，而戴震以為貫全部則義太廣。聲折之曰：若止考老為轉注，不已隘乎？且諧聲一義，不貫全部乎？聲與震以學問相推重，其不相附和如此。

生平不作楷書，即與人往來筆札，皆作古篆，俗儒往往非笑之，而聲不顧也。其寫尚書，瀍水字、灃字不在說文，瀍據淮南作廛，灃據爾雅義作孟，人始或怪之，後服其非臆說。顧其書終以時俗不便識讀，不甚行於時。聲性耿介，不慕榮利，交遊如王鳴盛、王昶、畢沅，皆重其品藻，而聲未嘗以私事干之。當事益重其人。嘉慶元年，舉孝廉方正。四年卒，年七十有九。晚年因不諧俗，動與時違，取周易艮背之義，自號艮庭，學者稱為艮庭先生云。

子鏐，吳縣學生。孫沅，優貢生，世傳其學。

沅，字子蘭，金壇段玉裁僑居蘇州，沅出入其門者數十年。沅先著說文釋例，後承玉裁囑，以段書十七部諧聲表之列某聲某聲者為綱，而件繫之，聲復生聲，則依其次第，為說文解字音均表凡十七卷。沅於段氏譌處，略箋其失。其言曰：支、脂、之之為三，真、臻、先與諄、文、欣、魂、痕之為二，皆陸氏之舊。而段氏矜為獨得之秘，嚴分其界，以自殊異，凡許氏所合韻處，皆多方改使離之，而一部之與十二部，亦不使相通。故皕之讀若秘，改為逼；肊之乙聲，删去聲字；必之弋亦聲，改為八亦聲。而於開章一篆，說解極、一、物三字，即是一部、十二部、十五部合韻之理。於是絶不敢言其韻，直至亥字下重文説之也。十二、十三兩部之相通者，惟民、昬二字為梗，故力去昬字，以就其說。畀字甶聲，十五部也，綥以畀得聲，而綥即古綦字，在一部，遂改畀字為甶聲，以避十五部與一部之合音。凡此，皆段氏之纖結處也。又曰：段氏論音，謂古無去，故譜諸書，平而上入。沅意古音有去無入，平輕去重，平引成上，去促成入。上入之字，少於平去，職是故耳。北人語言，入皆成去，古音所沿，至今猶舊。非敢苟異，參之或然。沅當時面質玉裁，親許駁勘，故有不同云。卒年七十二〔五〕。

校記

〔一〕清史稿之江聲傳，源自清國史，載儒林傳下卷卷十五，復采江藩漢學師承記之江艮庭先生記而成。

〔二〕「又怪云云」語出上引江藩記，清國史則作「又疑國史行文似更確切。

〔三〕「精研古訓」語出江藩記，「古」字本作「故」，係史稿擅改。

〔四〕清史稿江聲傳文自「讀尚書」起至「及聲出而集大成焉」止，皆引自江藩記。「本朝」一語，乃江藩所稱，清史稿撰文相沿不改，則大謬不然。此類失誤，令人詫然。

〔五〕江沅卒於何年？史稿失記。據柯愈春清人詩文集總目，沅卒於道光十八年。

清史列傳卷六十八

儒林傳下一

江聲 江沅

江聲字叔澐江蘇元和人七歲就傳讀書問讀書何
爲師以取科第爲言聲求所以進於是者稍長與兄筠共
學不事帖括年二十九遭父疾晨夕侍牀褥不解衣帶至
自滌樴窬視樴以驗疾進退及居憂哀毀骨立逾三年容
戚然如新喪者侍母疾居喪亦如父歿時少讀尚書怪古
今文不類又疑孔傳非安國所爲年三十五師事同郡惠
棟得讀所著古文尚書考及閻若璩古文疏證年四十一
以棟既作周易述搜討古學乃撰尚書集注音疏存今文
二十九篇以別梅氏所上二十八篇之僞造取書傳所引
湯征泰誓諸篇逸文按書序錄入又取說文經子所引書
古文本字更正秦人隸書及唐開元改易古字之謬輯鄭

康成殘注及漢儒逸說附以己見而為之疏以明其說之有本以篆寫經復三代文字之舊凡四易稿積十餘年而後成共十二卷說一卷泰誓後得馬融頗以為疑聲辨之曰融意以泰誓非伏生所傳故疑之爾然泰誓維四月太子發上祭於畢云云尚書大傳既引其文所以不傳者生年老容有遺亡大傳能引九共帝告片語而不傳其全文是其明驗也漢書藝文志云尚書古文經五十七篇計伏生書二十八篇三分盤庚為三十加孔氏多出二十四篇才五十四加泰誓三篇適五十七若無泰誓不符其數融疑所稱八百諸侯不期而會然婁敬說高祖書言之又疑火流為雕以穀俱來為神怪然孔子繫易稱河出圖洛出書論語亦曰鳳鳥不至河不出圖吾已矣夫符瑞之徵聖人且覬幸之謂為子所不語豈通論乎詩思文貽我來牟即此以穀俱來之謂融亦將斥為誕乎融又以書傳所引

泰誓甚多，而疑此泰誓皆無有案。湯誓傳自伏生，今古文皆有，而墨子兩引湯誓，中亦無之。泰誓亦猶是耳。大傳引盤庚曰：「若德明哉，湯任父言，卑應言。」引無逸曰：「厥兆天子爵。」今經文遺其語。然則伏生既傳之後，歐陽、夏侯遞有師承，猶不能無闕逸，况泰誓經灰燼之餘，百年而出焉。其論為閻、惠諸人所未及。

聲又病後世深求考老轉注之義，至以篆迹求之，因為六書説謂：建類一首，即始一終亥五百四十部之首；同意相受，即凡某之屬皆從某也。陽湖孫星衍亦推其説，以為爾雅肇、祖、元、胎之屬，始也。始亦建類一首；肇、祖、元、胎皆為始，亦同意相受。説文此類亦甚多。推考老之訓，如口部之咽，嗌也；嗌，咽也。走部之走，趨也；趨，走也。猶之考轉注老，老轉注考矣。其同在口部、走部，即建類一首也。聲亦以為然，而戴震以為貫全部則義太廣。聲折之曰：若止考老為轉注不已，溢乎且諧聲一義，不貫全部乎？聲與震以學問相推重，其不相附和如此。

聲嘗為說文解字考證，及見金壇段玉裁所著，遂舉稿本付之。又嘗為畢沅校刊釋名，為之疏證，皆以篆書，士平不為行楷，與人筆札皆作古篆。俗儒往往非笑之，而聲不顧也。其寫尚書，瀍水字、豐字不在說文，瀍據淮南作廛，豐據爾雅義作盂。人始或怪之，後服其非臆說，顧其書終以時俗不便識讀，不甚行於時。又嘗舉經子古書俱繩以說文字例，去其俗字，命曰經史子字準繩。又著論語竢質三卷、六書淺說一卷、恆星說一卷、艮庭小慧一卷。艮庭者，晚年因性不諧俗，取周易艮背之義自號也。聲性耿介，不慕榮利，交遊如王鳴盛、王昶、畢沅，皆重其品藻，而聲未嘗以私事干之。嘉慶元年，詔開孝廉方正科，江蘇巡撫費淳首舉聲，賜六品頂戴。四年卒，年七十九。

聲子鏐、孫沅，能世其學。鏐，字貢庭，諸生，後聲一年卒。

沅，字子蘭，優貢生。金壇段玉裁僑居蘇州，沅出入其門者數十年。玉裁著六書音均表，發明平、上、入分合相配，曰：「此表惟江聲及沅知之，外無第三人知者。」沅先著說文釋例，後承玉裁囑，以段書十七部諧聲表之列某聲某聲者爲綱，而件係之，聲復生聲，則依其次第，爲說文解字音韻表，凡十七卷。沅於段紕謬處，略箋其失。其言曰：「支、脂、之爲三，真、臻、先與諄、文、欣、魂、痕之爲二，皆陸氏之舊，而段氏矜爲獨得之秘，嚴分其畍，以自殊異。凡許氏所合韻處，皆多方改使離之，而一部之與十二部，亦不使相通。故頤之讀秘，改爲適；肸之乙聲，刪去聲字；必之弋亦聲，改爲八亦聲。而於開章一篆說解極、一、物三字，即是一部、十二部、十五部合韻之理。於是絕不敢言其韻，直至亥字下重文說之也。十二、十三兩部之相通者，惟民、昏二字爲梗，故力去民昏字以就其說。畀字由聲，十五部也。綥從畀得聲，而綥即古綦字，在一部。遂改畀字爲由聲，以避十五部與一部之合音。凡此，皆段氏之癥結處也。」又曰：「段氏論音，謂古無去，故講諸書，平而上入。沅意古者有去無入，平輕去重，平引成上去，促成入。上入之字，少於平去，職是故耳。北人語言，入皆成去，古音所沿，至今猶舊。非敢苟異，參之或然。」沅當時面質玉裁，親許駁勘，故有不同云。卒年七十二。

清史稿卷四百八十一

儒林二

錢大昭　子東垣　繹　侗　朱駿聲

錢大昭，字晦之，嘉定人，大昕弟。大昕深於經史，一門群從，皆治古學，能文章，為東南之望。大昭少於大昕者二十年，事兄如嚴師，得其指授。時有「兩蘇」之比。壯歲遊京師，嘗校錄四庫全書，人間未見之秘，皆得縱觀，由是學問益浩博，又善於決擇，其說經及小學之書，能直入漢儒閫奧。嘗欲從事爾雅，大昕與書謂：「六經皆以明道，未有不通訓詁而能知道者。欲窮六經之旨，必自爾雅始。」大昭乃著爾雅釋文補三卷，及廣雅疏義二十卷。又著說文統釋六十卷，其例十：一曰疏證以佐古義，凡經典古義與許合者，在所必收；二曰音切以復古音，以徐鉉、徐鍇等不知古音，往往誤讀。又許君言讀若某者，即有某音，今並補正。又說文本有舊音，隋書經籍志有說文音隱，顏氏家訓引之。唐以前傳注家多稱說文音某，今並采附本字之下。三曰考異以復古本。凡古本暨古書所引有異同者，悉取以折中。四曰辨俗以正譌字。凡經典相承俗字及徐氏新補新附字，皆辨證詳明，別為一卷附後。五曰通義以明互借。凡經典之同物同音於古本是通用者，皆引經證之。六曰從母以明孳乳。如完刓髡軏等字，皆於元下注云从此。七曰別體以廣異義。凡重文中之籀篆古文奇字，皆有所以，[三]其許君未言者，亦略釋之。經典兩用者，則引而證焉。八曰正譌以訂刊誤。凡許君不收之字，注中不應有，又字畫脫誤者，並校正之。九曰崇古以知古字。如鶡鴠鸐鳩之類，經典有不从鳥者，此古今字，今注曰古用某。十曰補字以免漏略。如由希免畾等三十九字，以此得聲者甚多，而書中脫落，有子無母，非許例。今酌補之，亦別為一卷附後。

大昭於正史，尤精兩漢，嘗謂〔三〕注史與注經不同，注經以明理為宗，理寓於訓詁，訓詁明而理自見；注史以達事為主，事不明，訓詁雖精無益也。每怪服虔、應劭之於漢書，裴駰、徐廣之於史記，其時去古未遠，稗官載記、碑刻尚多，不能會而通之，考異質疑，徒戔戔於訓詁。乃著兩漢書辨疑四十卷〔四〕，於地理、官制皆有所得。又仿其例著三國志辨疑三卷。又以宋熊方所補後漢書年表，祇取裁范書、陳志，乃於正史外，兼取山經、地志、金石、子集，其體例依班氏之舊而略變通之，著後漢書補表八卷，計所補王侯多於熊書百三十人，論者謂視萬斯同歷代史表有過之無不及。他著有詩古訓十二卷、經說十卷、補續漢書藝文志二卷、後漢郡國令長考一卷、邇言二卷。生平不嗜榮利，名其讀書之所曰可廬，欲蘄至於古之適過自足者。嘉慶元年，舉孝廉方正。〔五〕

子東垣〔十六〕，字既勤。嘉慶三年舉人，官浙江松陽縣知縣，以艱歸。服闋，補上虞縣。東垣與弟繹、侗及同縣秦鑒勘訂鄭志〔十七〕，又與繹、侗、鑒及桐鄉金錫鬯輯釋崇文總目，世稱精本。東垣為學沉博而知要，以世傳孟子注疏繆舛特甚，乃輯劉熙、綦毋邃、陸善經諸儒古注及顧炎武、閻若璩〔十八〕同時師友之論，附以己見〔十九〕，並正其音讀，考其異同，為孟子解誼十四卷。他著有小爾雅校證二卷、補經義考四十卷、列代建元表、勤有堂文集〔二十〕。

侗〔二十一〕字同人，於曆算之學亦能究其原本〔二十二〕。大昕撰宋遼金元四史朔閏考，未竟而卒，侗證以群書金石文字，增輯一千三百餘條，日夕檢閱推算，幾忘寢食，卒因是感疾而歿〔二十三〕。

朱駿聲〔二十四〕，字豐芑，吳縣人。年十三，受許氏說文，一讀即通曉。從錢大昕遊，錢一見奇之，曰：「衣鉢之傳，將在子矣。」嘉慶二十三年舉人，官黟縣訓導。咸豐元年，以截取知縣入都，進呈所著說文通訓定聲及古今韻準、東韻、說雅，共四十卷。文宗披覽，嘉其洽貫，〔十五〕賞國子監博士銜。旋遷揚州府學教授，引疾未之官。八年卒，年七十一。

駿聲著述甚博，不求知於世。兼長推步，明通象數。嘗論爾雅太歲在寅，推大昕說，謂其時自以實測之歲星在亥，定太歲在寅，命之曰攝提格，以紀年。歲星所合之辰，即為太歲。然歲星閱百四十四年而超一辰，至秦、漢而甲寅之年歲星在丑，太歲應在子。漢詔書以太初元年為攝提格者，因六十紀年之名，歷年以次排敘，不能頓超一辰，故仍命以攝提格也。於是後人以寅、卯等為太歲，強以攝提格等為歲陰。其實爾雅所云歲陽、歲陰，非如後人說也。他著有左傳旁通十卷，左傳識小錄三卷，夏小正補傳一卷，〔十六〕離騷補注一卷。

子孔彰，字仲我，能傳父業，著有說文粹三編、十三經漢注、中興將帥別傳。

校注

〔一〕清史稿之錢大昭傳，源自清國史載儒林傳下卷卷十二。

〔二〕錢大昭著廣雅疏義，諸家所記皆作二十卷，惟趙之謙漢學師承續記作二十四卷。據之謙稱，同治四年冬嘗於杭州書肆見是書殘帙，爲六、七、十四、十七、十八凡五卷。既未見首卷，則二十四卷一說，未知所本。據孫殿起販書偶記，孫先生所見之廣雅疏義傳鈔本，確爲二十卷。

〔三〕「从」字，史稿原誤作「從」，此據清國史改。

〔四〕兩漢書辨疑，清國史、清史稿皆作四十卷，而清史稿藝文志所記，則與大昭本傳異，作四十二卷。清儒學案卷八十四潛研學案下輯大昭三國志辨疑自序，又稱予舊於兩漢書有辨疑四十四卷。孫殿起販書偶記據光緒十四年廣雅書局刊本，記作四十二卷，爲漢書辨疑二十二卷、後漢書辨疑十一卷、續後漢書辨疑九卷。

〔五〕錢大昭卒年，清國史記之甚確，作嘉慶十八年卒，年七十。清史稿刪之不錄，失當。

〔六〕清史稿之錢東垣傳，源自清國史儒林傳下卷卷十二，附見於錢大昭傳。

〔七〕鄭志乃一專書名，史稿誤標爲鄭志，故逕改。

〔八〕此處史稿及國史行文皆可酌。顧炎武閻若璩下若添一並字，改作顧炎武閻若璩並同時師友之論，其後之並字改作復，則文從字順，不生歧義。

〔九〕詳見〔八〕。

〔十〕據清國史錢東垣傳，後本接以弟繹傳，清史稿竟將錢繹傳全文漏編,顯屬失誤。

[十二]清史稿之錢侗傳,源自清國史,附見於錢大昭傳。

[十三]清國史之錢侗傳,布局合理,頗得史法。清史稿擅加斧鉞,僅錄傳末文字不及百言,殊失輕率。

[十三]錢侗卒年,史稿失記。據姚椿錢同人墓誌銘,侗卒於嘉慶二十年十一月,得年僅三十有八。

[十四]清史稿之朱駿聲傳,源自清國史,載儒林傳下卷卷三十一。駿聲乃道、咸間學術名家,尤精說文,獨樹一幟,足以接武段、桂,而後先輝映。故清國史以之獨立一傳,最得歷史實際。清史稿擅爲分合,殊屬無理。難怪朱氏後人憤而抗議。

[十五]「嘉其治」,不詞。據清國史,「治」字之上,尚脫一「賅」字,當補。

[十六]史稿記朱駿聲學行及著述,多與清國史同,源出

孫詒讓撰朱博士事略。惟孫先生記駿聲咸豐七年病卒，春秋七十有一，未確。據朱師轍補注石隱山人自訂年譜，譜主即師轍大父駿聲先生卒於咸豐八年十月十六日，享年七十有一。

清史列傳卷六十八

儒林傳下一

錢大昭 子東垣 繹 侗

錢大昭，字晦之，江蘇嘉定人。太學生，大昕弟也。大昕深於經史，一門群從，皆治古學，能文章。大昭少於大昕者二十年，事兄如嚴師，得其指授，時有兩蘇之比。壯歲遊京師，嘗代友人校錄四庫全書，人間未見之祕，皆得縱觀，由是學益博。又善於決擇，其說經及小學之書，能直入漢儒閫奧。嘗欲從事爾雅，大昕與書謂：六經皆以明道，未有不通訓詁而能知道者。欲窮六經之旨，必自爾雅始。大昭乃著爾雅釋文補三卷，及廣雅疏義二十卷。又著說文統釋六十卷，其例有十：一曰疏證以佐古義，凡經典古義與許合者，在所必收。二曰音切以復古音，以徐鉉、徐鍇等不知古音，往往誤讀。又許君言讀若某者，即有某音，今並補正。

又說文本有舊音，隋書經籍志有說文音隱，顏氏家訓引之。唐以前傳注家，多稱說文音某，今並採附本字之下，三曰考異，以復古本，凡古本暨古書所引，有異同者，悉取以折中。四曰辨俗，以正譌字，凡經典相承俗字，及徐氏新補、新附字，皆辨證詳明，別爲一卷，附後。五曰通義，以明互借，凡經典之同物同音，於古本是通用者，皆引經證之。六曰從母以明孳乳，如完、刓、髡、軏等字，皆於元下注云从此。七曰別體以廣異義，凡重文中之籀、篆、古文、奇字，皆有所从，其許未言者，亦略釋之。經典兩用者，則引而證焉。八曰正譌以訂刊誤，凡許君不收之字，注中不應有，又字畫脫誤者，並校正之。九曰崇古以知古字，如鷐、鴠、鷅、鴱之類，經典有不从鳥者，此古今字，今注曰古用某。十曰補字以免漏略，如由、希、免、晶等三十九字，從此得聲者甚多，而書中脫落，有子無母，非許例。今酌補之，亦別爲一卷，附後。

大昭於正史，尤精兩漢書。謂注史與注經不同。注經以明理為宗，理寓於訓詁，訓詁明而理自見；注史以達事為主，事不明，訓詁雖精無益也。每怪服虔、應劭之於漢書，裴駰、徐廣之於史記，其時去古未遠，稗官、載記、碑刻尚多，不能會而通之，考異質疑，徒戔戔於訓詁。乃著兩漢書辨疑四十卷，於地理、官制皆有所得。又仿其例著三國志辨疑三卷。又以宋熊方所補後漢書年表，祇取材范書、陳志，乃於正史外兼取山經、地志、金石、子集，其體例依班氏之舊而略變通之，著後漢書補表八卷，計所補王侯多於熊書百三十人，論者謂視萬斯同歷代史表有過之無不及。他著有詩古訓十二卷、經說十卷、補續漢書藝文志二卷、後漢郡國令長考一卷、通言二卷、嘉定金石文字記四卷。生平不嗜榮利，名其讀書之所曰可廬，欲薪至於古之道，過自足者。嘉慶元年，詔舉孝廉方正之士，江南大吏以大昭應徵，賜六品頂戴。十八年卒，年七十。子東垣、繹、侗。

東垣，字既勤，嘉慶三年舉人，官浙江松陽縣知縣，以艱歸，服闋，補上虞縣。東垣與弟繹、侗皆潛研經史金石，時稱三鳳。嘗與繹、侗及同縣秦鑒勘訂鄭志，又與繹、侗、鑒及桐鄉金錫鬯輯釋崇文總目，世稱精本。東垣為學沉博而知要，以世傳孟子注疏繆舛特甚，乃輯劉熙、綦毋邃、陸善經諸儒古注及顧炎武、閻若璩同時師友之論，附以己見，並正其音讀，考其異同，為孟子解誼十四卷。他著有小爾雅校證二卷、補經義考四十卷、列代建元表、勤有堂文集。

繹初名東墉，字以成，少承家學，嘗以諸經句讀徵引家互有異同，據武億原本參稽群籍，折中至是，為十三經斷句考，又著方言箋疏十三卷。五方之民，言語不通，緣聲譯字，字雖無定，而音理可推，是書於展轉互異處尋其音變之原。古人以聲釋文之旨，於斯大啟。他著有說文解字讀若考三卷、闕疑補一卷、釋大、釋小各一卷、釋曲一卷、訓詁類纂一百六卷。

侗字同人，諸生。嘉慶十三年，淀津召試二等，賞大緞，充文穎館校錄。十五年舉人，議叙知縣。侗於說文用力致深，精講韻學，熟於古音之通轉，嘗徵集羣書同物異名之文，比而釋之，為釋聲八卷。其序曰：言小學者有二端，曰故訓，爾雅、說文之屬是也；曰聲音，釋名之屬是也。有文字然後有訓詁，而聲音實在文字之先，故言小學必通訓詁，言訓詁必先識字，欲識字必先審聲音。所謂聲者，萌芽於二儀初判之時，廣益於草昧既闢之後，非後世四聲七音三十六母之說也。周公制爾雅，有釋詁、言、訓，獨無釋聲與名者，是以劉氏廣之，為釋名一書。又曰：論語「必也正名乎」，記曰「書同文」，天下古今之名之文，可正而同也；天下古今之聽音，則莫能一也。夫聲隨人變，則字亦隨之俱變，書傳所紀，異言殊俗，紛更錯雜。新學後進，罔識據依，甚者不知督郵為獨採，而疑神農尚無此官；不知文無即蘼蕪，而謂當歸以贈稽旅。此釋聲之書，所以繼釋名而作也。又曰：爾雅而外，以為言故訓者首推許慎，言聲音者當宗劉熙。取其詮釋諸名，俱以聲為定準，蓋有得乎六書形聲之旨者。而彼所釋，必據聲音以求故訓，此所釋則皆以聲音概文字，故命名爾殊也。其書冥思苦索，積年乃成。又有群經古音鈎沉四卷、正名錄四卷、九經補韻考二卷、說文音韻表五卷、重文小篆二卷、孳乳表二卷、方言義證六卷、吳語詮六卷。

侗於曆算之學，亦能究其原本。大昕撰宋遼金元四史朔閏考，未竟而卒。侗證以群書、金石文字，增輯一千三百餘條。日夕檢閱推算，幾忘寢食，卒因是感疾而歿。他著有金石錄四十卷、續隸續三卷、古錢待訪錄二卷、樂斯堂文集。

清史列傳卷六十九

儒林傳下二

朱駿聲

朱駿聲，字豐芑，江蘇吳縣人。年十三，受許氏說文，一讀即通曉。十五為諸生，從錢大昕遊，錢一見奇之，曰：衣鉢之傳，將在子矣。嘉慶二十三年舉人，官黟縣訓導，肆力著述，諸生造門請業者，常數十人，官舍至不能容。俞正燮歎曰：朱君真名士也！咸豐元年，以截取知縣入都，進呈所著說文通訓定聲等四十卷，序云：此書以苴說文轉注假借之隱略，以稽群經子史用字之通融。題曰說文，表所宗也；曰通訓，發明轉注、假借之例也；曰定聲，證廣韻今韻之非古，而導其源也。先之以東字，遵康熙字典之例，使學者便於檢閱也。終之以韻準，就今一百六韻區分之，俾不謬於古，亦不悖於今也。附之以說雅，明說文之上繼爾雅，可資以參互考訂也。文宗披覽，嘉其賅洽，賞國子監博士銜。旋還揚州府學教授，引疾未之官。六年卒，年七十一。（二）

駿聲著述甚博，不求知於世，兼長推步，明通象數。嘗論爾雅太歲在寅，推大昕說，謂其時自以實測之歲星在亥，定太歲在寅，命之曰攝提格，以紀年。歲星所合之辰，即為太歲。然歲星閱百四十四年而超一辰，至秦漢而甲寅之年，歲星在丑，太歲應在子。漢詔書以太初元年為攝提格者，因六十紀年之名，歷年以次排敘，不能頓超一辰，故仍命以攝提格也。於是後人以寅、卯等為太歲，強以攝提格等為歲陰。其實爾雅所云歲陽、歲陰，非如後人說也。他著有六十四卦經解八卷，尚書古注便讀四卷，詩傳箋補十二卷，儀禮經注一隅二卷，夏小正補傳二卷，大戴禮記校正二卷，左傳旁通十卷，左傳識小錄三卷，論孟塙解二卷，懸解四卷，經史問答二十六卷，天算瑣記四卷，數度衍約四卷，離騷補注一卷，淮南書校正六卷，說解甯十卷，小學識餘四卷，說叢十二卷。

校記

〔三〕朱駿聲卒年，當為咸豐八年，詳見前史稿校記。

清史稿卷四百八十二

儒林三

馬宗槤

子瑞辰　孫三俊

馬宗槤，字器之，桐城人。由舉人官東流縣教諭。嘉慶
六年，成進士。又一年，卒。少從舅氏姚鼐學詩古文詞，所作
多沉博絕麗。既而精通古訓及地理之學。鄉舉時，以解論
語過位升堂合於古訓，大興朱珪亟拔之。後從邵晉涵、任
大椿、王念孫遊，其學益進。嘗以解經必先通訓詁，而載籍
極博，未有彙成一編者，乃偕同志孫星衍、阮元、朱錫庚分
韻編錄，適南旋中輟。其後元視學江浙，萃諸名宿為經籍
籑詁，其凡例猶宗槤所手訂也。生平敦實寡嗜好，惟以著
述為樂。嘗撰左氏補注三卷，博徵漢魏諸儒之說，不苟同
立異。所著別有毛鄭詩詁訓考證、周禮鄭注疏證、穀梁傳
疏證、說文字義廣證、戰國策地理考、南海鬱林合浦蒼梧

四郡沿革考、嶺南詩鈔〔五〕，共數十卷，校經堂詩鈔二卷〔六〕。

子瑞辰，字元伯，嘉慶十五年進士〔七〕，選翰林院庶吉士。散館，改工部營繕司主事，擢郎中，因事罣誤，發盛京效力。旋賞主事，奏留工部，補員外郎。復坐事發往黑龍江，未幾釋歸。歷主江西白鹿洞〔八〕、山東嶧山、安徽廬陽書院講席。髮逆陷桐城〔九〕，衆驚走，賊脅之降。瑞辰大言曰：「吾前翰林院庶吉士、工部都水司員外郎馬瑞辰也。吾命二子團練鄉兵，今仲子死，少子從軍，吾豈降賊者耶！」賊執其髮，爇其背而擁之行，行數里，罵愈厲，遂死，年七十九〔十〕。事聞，卹廕如例，敕建專祠。

瑞辰勤學著書，耄而不倦。嘗謂詩自齊、魯、韓三家既亡，說詩者以毛詩爲最古，據鄭志〔十一〕答張逸云「注詩宗毛爲主，毛義隱略，則更表明」，是鄭君大旨本以述毛，其箋詩改讀，非盡易傳〔十二〕，而正義或誤以爲毛、鄭異義。鄭君先從張恭祖受韓凡箋訓異毛者多本韓說其答張逸亦云如有不同即下己意而正義又或誤合傳箋為一毛詩用古文其經字多假借類皆本於雙聲疊韻而正義或有未達於是乃撰毛詩傳箋通釋三十二卷以三家辨其異同以全經明其義例以古音古義證其譌互以雙聲疊韻別其通借篤守家法義據通深同時長洲陳奐著毛詩傳疏亦為專門之學由是治毛詩者多推此兩家之書

子三俊字命之優貢生舉孝廉方正學宗程朱以國難家仇憤欲殺賊咸豐四年六月率練勇追賊至周瑜城力戰死年三十五著有馬徵君遺集

校記

〔一〕清史稿之馬宗槤傳及附見之子瑞辰孫三俊二傳皆源自清國史載儒林傳下卷卷二十五

〔二〕馬宗槤何年舉鄉試，清史稿及清國史皆失記。據馬其昶馬魯陳先生傳，爲乾隆五十一年。

〔三〕元視學江浙，據清國史本作元視學浙江，係清史稿誤改。據考阮元一生並無視學江蘇經歷，經籍纂詁即督學浙江所輯。

〔四〕敦實不詞，據清國史實後脫一行字，當爲敦實行。

〔五〕傳主何以有涉及廣東之著述，清史稿及清國史之本傳皆無從知曉。據前引馬魯陳先生傳，乃因宗槤於乾隆五十四年嘗應廣東學政周興岱聘，作幕嶺南。

〔六〕據前引馬魯陳先生傳及金天翮馬宗槤瑞辰傳，校經堂詩乃一卷。

〔七〕嘉慶十五年進士誤，據清國史當作嘉慶十年。

〔八〕白鹿洞之洞字係清史稿臆增。據前引馬、金二家撰文，皆係白鹿書院，而非白鹿洞書院。

〔九〕桐城何時爲太平軍所破，清國史記之甚明，作咸豐三年冬。清史稿删而不錄，失誤。

〔十〕年七十九，不確。據馬其昶贈道銜原任工部員外郎馬公墓表，當爲春秋七十七。即馬瑞辰生於乾隆四十二年，卒於咸豐三年，終年七十有七。

〔十一〕鄭志，乃書名，清史稿整理本原標爲鄭志，逕改。

〔十二〕易傳，本義爲改易毛詩傳，史稿標作易傳，誤讀爲易經之傳，故逕改。

〔十三〕據清國史，韓字下尚有一詩字，即韓詩。清史稿誤脱詩字，當補。

清史列傳卷六十九

儒林傳下二

馬宗槤　子瑞辰　孫三俊

馬宗槤，字器之，安徽桐城人。由舉人官東流縣教諭。嘉慶六年，成進士。又一年，卒。少從舅氏姚鼐學詩古文詞，所作多沉博絕麗。既而精通古訓及地理之學。鄉舉時，以解論語過位升堂合於古制，大興朱珪亟拔之。後從邵晉涵、任大椿、王念孫遊，其學益進。嘗以解經必先通訓詁，而載籍極博，未有彙成一編者，乃偕同志孫星衍、阮元、朱錫庚分韻編錄。適南旋中輟。後元視學浙江，萃諸名宿為經籍籑詁，其凡例猶昔年所手訂也。生平敦實行，寡嗜好，惟以著述為樂。嘗撰左氏補注三卷，博徵漢、晉諸儒之說，不苟同立異。論者謂足與顧炎武、惠棟兩家之書相表裏。其自序云：效子慎之作解誼，家法是守；鄙沖遠之為疏證，曲說鮮通。蓋紀實也。所著別有毛鄭詩詁訓考證、周禮鄭注疏證、穀梁傳疏證、說文字義廣注、戰國策地理考、南海鬱林合浦蒼梧四郡沿革考、嶺南詩鈔共數十卷，校經堂詩鈔二卷。子瑞辰。

瑞辰，字元伯，嘉慶十年進士，改翰林院庶吉士，散館，授工部營繕司主事，擢郎中。因事罣誤，發盛京效力。旋賞給主事，奏留工部，補員外郎。復坐事發往黑龍江效力。未幾，釋歸。歷主江西白鹿、山東嶧山、安徽廬陽書院講席。咸豐三年冬，髮逆陷桐城，眾驚走，賊脅之降。瑞辰大言曰：吾前翰林院庶吉士、工部都水司員外郎馬瑞辰也。吾命二子團練鄉兵，今仲子死，少子從軍，吾豈降賊耶？賊爇其背而擁之行。行數里，罵愈厲，遂死。年七十九。事聞，奉旨贈道銜，賜卹蔭如例，敎建專祠。

瑞辰豐頤長身，言論娓娓，勤學著書，耄而不倦。嘗謂詩自齊、魯、韓三家既亡，說詩者以毛詩為最古。據鄭志答張逸云：「詩宗毛為主，毛義隱略，則更表明。」是鄭君大旨本以述毛，其箋詩改讀，非盡易傳，而正義或誤以為毛鄭異義。鄭君先從張恭祖受韓詩，凡箋訓異毛者，多本韓說，其答張逸亦云：「如有不同，即下己意。」而正義又或誤合傳、箋為一。毛詩用古文，其經字多假借，類皆本於雙聲疊韻，而正義或有未達。於是撰毛詩傳箋通釋三十二卷，以三家辨其異同，以全經明其義例，以古音古義證其譌互，以雙聲疊韻別其通借，篤守家法，義據通深。同時長洲陳奐著毛詩傳疏，亦為專門之學。由是治毛詩者多推此兩家之書。

子三俊，字命之，優貢生，舉孝廉方正。學宗程、朱，兼取陸、王之說。詩古文亦力追秦、漢、魏、晉。以國難家仇，憤欲殺賊。四年六月，率練勇追賊至周瑜城，力戰死，年三十五。著有馬徵君遺集。

校記：

〔二〕當爲「七十七」，詳見前史稿校記。

〔三〕「譌」字原作「僞」，誤。據馬其昶馬魯陳先生傳改。

清史稿卷四百八十二

儒林三

張惠言

子成孫　江承之

張惠言〔二〕，字皋聞，武進人。少受易經，即通大義〔三〕。年十四，為童子師。修學立行，敦禮自守，人皆稱敬。嘉慶四年進士，時大學士朱珪為吏部尚書，以惠言學行特奏，改庶吉士，充實錄館纂修官。六年，散館，改部屬。珪復特奏，授翰林院編修。七年卒，年四十有二。惠言鄉會兩試，皆出朱珪門，未嘗以所能自異，默然隨群弟子進退而已。珪潛察得之，則大喜，故屢進達之。而惠言亦斷斷相諍，不敢隱。珪言天子當以寬大得民，惠言言國家承平百年餘，至仁涵育，遠出漢、唐、宋之上，吏民習於寬大，故奸孽萌芽其間，宜大伸罰以肅內外之政。珪言天子當優有過大臣，惠言言庸猥之輩，倖致通顯，復壞朝廷法度，惜全之，當何所用？珪喜進淹雅之士，惠言言當進內治官府，外治疆埸者。與同縣洪亮吉於廣坐諍之。

惠言少為詞賦，擬司馬相如、揚雄之文，及壯，又學韓愈、歐陽修，篆書初學李陽冰，後學漢碑額及石鼓文。嘗奉命詣盛京，篆列聖加尊號玉寶。惠言言於當事，謂舊藏寶不得磨治。又謂翰林奉命篆列聖寶，宜奏請馳驛，以格於例不果行。

生平精思絕人，嘗從歙金榜問故，其學要歸六經，而尤深易、禮，著有周易虞氏義、虞氏消息，序曰：自漢成帝時，劉向校書考易說，以為諸易家皆祖田何、楊叔、丁將軍，大義略同，惟京氏為異，而孟喜受易家陰陽，其說易本於氣，而後以人事明之。八卦六十四象，四正七十二候，變通消息，諸儒祖述之，莫能具。當漢之季年，扶風馬融作易傳，授鄭康成，作易注，而荊州牧劉表、會稽太守王朗、潁川荀爽南陽宋忠皆以易名家各有所述唯翻傳孟氏學既作易注奏上之獻帝翻之言易以陰陽消息六爻發揮旁通升降上下歸於乾元用九而天下治依物取類貫穿比附始若瑣碎及其沉深解剝離根散葉暢茂條理遂於大道後儒罕能通之自魏王弼以虛空之言解易唐立之學官而漢世諸儒之説微獨資州李鼎祚作周易集解頗采古易家言而翻注爲多其後古書盡亡而宋道士陳摶以意造爲龍圖其徒（四）劉牧以爲易之河圖洛書也河南邵雍又爲先天後天之圖宋之説易者翕然宗之以至於今牢不可拔（五）而易陰陽之大義蓋盡晦矣大清有天下（六）元和徵士惠棟始考古義孟京荀鄭虞氏作易漢學又自爲解釋曰周易述然掇拾於亡廢之後左右采獲十無二三其所述大氐宗禰虞氏而未能盡通則旁徵他説以合之蓋從唐五代宋元明朽壞散亂千有餘年區區修補收拾欲一旦而

其道復明，斯固難也。翻之學既邃，又具見馬、鄭、荀、宋氏書，考其是否，故其義爲精。又古書亡，而漢魏師説可見者十餘家，然唯鄭、荀、虞三家略有梗概可指説，而虞尤較備。然則求七十子之微言，田、何、楊叔、丁將軍之所傳者，舍虞氏之注，其何所自焉？故求其條貫，明其統例，釋其疑滯，信其亡闕，爲虞氏義九卷，又表其大旨爲消息二卷。又著有虞氏易禮二卷、虞氏易候一卷、虞氏易言二卷。

初，惠棟作周易述，大旨遵虞翻，補以鄭、荀諸儒，學者以未能專一少之。儀徵阮元謂漢人之易，孟、費諸家各有師承，勢不能合。惠言傳虞氏易，即傳漢孟氏易矣。孤經絶學也。惠言又著周易鄭氏易三卷、周易荀氏九家義一卷、周易鄭荀義三卷、易義別録十四卷、易緯略義三卷、易圖條辨二卷。其易義別録序謂不盡見其辭，而欲論其是非，猶以偏言決獄也。故其所著，皆羽儀虞氏易者。於禮有儀禮詞一卷、讀儀禮記二卷，皆特精審。又有若柯文五卷、詞一卷。

子成孫，字彥惟，少時，惠言課以說文，令分六書譜之，成象形二卷。惠言著說文諧聲譜，未竟而卒，成孫後從莊述祖遊，得其大要，乃續成之。卷第篇例多所增易，凡五十卷。其書分中、僮、覺、林、巖、筐、縈、蓁、詵、千、蔓、肆、揖、支、皮、絲、鳩、芼、蔞、岨二十部。此乃於毛詩中拈其最先出之字為建首，加以易韻、屈韻，而又以說文之聲分從之，犂然不紊，有各家所未及者。嘗以示儀徵阮元，元歎其超卓精細。成孫兼精天學，同里董祐誠歿，為校刊其遺書。又著有端虛勉一居文集。

江承之，字安甫，歙縣人。學於惠言，時弟子從惠言受易、禮者十數，其甥董士錫受易，通陰陽五行家言，承之兼受易、禮，著有周易爻義、虞氏易變表、儀禮名物、鄭氏詩譜年僅十有八〔十二〕。

校記

〔一〕清史稿之張惠言傳並所附張成孫、江承之二家傳，皆源自清國史，載儒林傳下卷卷二十三。

〔二〕少受易經，即通大義，清國史作少受義經，即通大義，然皆不識所本，據張惠言茗柯文二編揚隨安漁樵問對圖賦云：歲在己酉，余時甫涉易學，己酉為乾隆五十四年，茗柯時年二十有九，傳主既然二十九歲始治易學，何來少受易經，即通大義之說？

〔三〕皆祖田何，後之句讀，史稿點校本原作頓號，意謂漢初易學同祖田何、楊叔、丁將軍，此乃誤讀。據漢書藝文志云：易道深矣，人更三聖，世歷三古。及秦燔書，而易為筮卜之事，傳者不絕。漢興，田何傳之。漢書儒林傳亦云：漢興，言易自淄川田生。而丁將軍、楊叔，則係田何弟子及再傳。張惠言本之以述兩漢易學，言之甚明。既於史稿所引之周易虞氏義序稱劉向校書，考易説以爲諸易家説皆祖田和、楊叔、丁將軍大義略同，惟京氏爲異。又於周易鄭荀義序云：劉向有言，易家皆祖田何、楊叔、丁將軍大義略同，豈不信哉！因之將頓號逕改作逗號。

〔四〕其徒之徒字，大誤。據傳主周易虞氏義序，當作圖。意謂宋初陳摶造龍圖。其後至仁宗間，劉牧乃以之爲易之河圖、洛書。原文爲其後古書亡，而宋道士陳摶以意造爲龍圖，其圖，劉牧以爲易之河圖、洛書也。陳摶乃唐末五代宋初人，劉牧乃北宋中人，二人生非同一時代，劉牧無從向摶問學。據宋史及宋元學案，牧乃孫復、范仲淹弟子。將張惠言文中之圖字誤改作徒，始于清嘉慶間阮元供職國史館，創編儒林傳，以惠言入傳。之後譌誤相沿，迄於清史稿而不改。

〔五〕「牢不可拔」之「拔」字，據傳主周易虞氏義序，當作「破」。修史當尊重歷史，以徵實為第一要義。凡引述傳主言論，務求忠實原著。必要之節略可，隨意改字則不可，有如前述之改「其圖」作「其徒」，杜撰歷史，紊亂史實，尤不可。

〔六〕「大清有天下」，據周易虞氏義序，本作「我皇清之有天下百年」。

〔七〕「翻之學既邃」之「邃」字，據傳主文及阮元集傳錄存之張惠言傳，皆作「世」。「世世」者，謂其學承之有自，即世傳其學。清國史及清史稿改「世」為「邃」，無據。且變更傳主文意，不可取。

〔八〕「而虞尤較備」之「尤」字，據傳主文及阮元所引，皆本作「又」。清國史亦作「又」。清史稿改「又」作「尤」，傷害文意，無異蛇足。

〔九〕「儀禮詞」之「詞」字，誤。據清國史，當作「圖」。

〔十〕「榮」字，形近而誤。清國史同。據張成孫說文諧聲譜自序，當作「縈」。

〔十一〕「年僅十有八」之前，當補一「卒」字。據張惠言江安甫葬銘，承之卒於嘉慶五年，年甫十八。

清史列傳卷六十九

儒林傳下二

張惠言 子成孫 江承之

張惠言，字皋聞，江蘇武進人。少受義經，即通大義。年十四，為童子師，修學立行，敦品自守。嘉慶四年進士，時大學士朱珪為吏部尚書，以惠言學行特奏改庶吉士，充實錄館纂修官。六年，散館，奉旨以部屬用，珪復特奏改授翰林院編修。七年卒，年四十二。惠言鄉會兩試皆出朱珪門，未嘗以所能自異，默然隨群弟子進退而已。珪潛察得之，則大喜，故屢進達之。而惠言亦齗齗相諍，不敢隱。珪言：天子當以寬大得民。惠言言：國家承平百餘年，至仁涵育，遠出漢、唐、宋之上。吏民習於寬大，故奸孽萌芽其間，宜大伸法以肅內外之政。珪言：天子當優有過大臣。惠言言：庸猥之輩，倖致通顯，復壞朝廷法度，惜全之當何所用？珪喜進淹雅之士，惠言言當進內治官府，外治疆埸者，與同縣編修洪亮吉於廣坐諍之。

惠言少為辭賦，擬司馬相如、揚雄之文。及壯，又學韓愈、歐陽修，篆書初學李陽冰，後學漢碑額及石鼓文。嘗奉命詣盛京篆列聖加尊號玉寶。惠言言於當事，謂舊藏寶不得磨治，又謂翰林奉命篆列聖寶，宜奏請馳驛，以格於例，不果行。

生平精思絕人，嘗從歙金榜問故，其學要歸六經，而尤深易、禮，著有周易虞氏義九卷、虞氏消息二卷。嘗謂自漢成帝時劉向校書，考易說，以為諸易家皆祖田何、楊叔、丁將軍，大義略同，惟京氏為異，而孟喜受易家陰陽，其說易本於氣，而後以人事明之。八卦六十四象，四正七十二候，變通消息，諸儒祖述之，莫能具。當漢之季年，扶風馬融作易傳，授鄭康成，作易注，而荊州牧劉表、會稽太守王朗潁川荀爽、南陽宋忠，皆以易名家，各有所述。惟翻傳孟氏學，既作易注，奏上之獻帝。翻之言易，以陰陽消息六爻發揮旁通，升降上下，歸於乾元用九而天下治，依物取類，貫穿比附，始若瑣碎，及其沉深解剝，離根散葉，暢茂條理，遂於大道，後儒罕能通之。自魏王弼以虛空之言解易，唐立之學官，而漢世諸儒之說微。獨資州李鼎祚作周易集解，頗采古易家言，而翻注為多。其後古書盡亡，而宋道士陳摶以意造為龍圖，其徒劉牧以為易之河圖洛書也。河南邵雍又為先天後天之圖，宋之說易者翕然宗之，以至於今，牢不可拔，而易陰陽之大義蓋盡晦矣。大清有天下，元和徵士惠棟始考古義，孟、京、荀、鄭、虞氏，作易漢學，又自為解釋，曰周易述。然掇拾於亡發之後，左右采獲，十無二三。其所述，大抵宗禰虞氏，而未能盡通，則旁徵他說以合之。蓋從唐、五代、宋、元、明，朽壞散亂，千有餘年，區區修補收拾，欲一旦而其道復明，斯固難也。翻之學既邃〔二〕，又具見馬、鄭、荀、宋氏書，考其是否，故其義為精。又古書亡，而漢、魏師說可見者十餘家，然惟鄭、荀、虞三家略有梗概可指說，而虞又較備。然則求七十子之微言，田何、楊叔、丁將軍之所傳者，舍虞氏之注，其何所自焉？故求其條貫，明其統例，釋其疑滯，信其亡闕，庶以探賾索隱，存一家之學。其所未寤，俟有道正焉耳。」又著虞氏易禮〔三〕二卷、虞氏易候一卷、虞氏易言二卷。

初，惠棟作周易述，大旨遵虞翻，補以鄭、荀諸儒，學者以未能專一少之。儀徵阮元謂漢人之易，孟、費諸家各有師承，勢不能合。惠言傳虞氏易，即傳漢孟氏易矣。孤經絕學也。惠言又著周易鄭氏義三卷、周易荀氏九家義一卷、周易鄭荀義三卷、易義別錄十四卷、易緯略義三卷、易圖條辨二卷。其易義別錄序謂不盡見其辭，而欲論其是非，猶以編言決獄也，不盡通各家，而欲處其優劣，猶援白而嘲黑也。故其所著，皆明儀禮氏易者，於禮有儀禮圖六卷，讀儀禮記二卷，皆特精審。又有茗柯文五卷、詞一卷。子成孫。

成孫，字彥惟，少時，惠言課以說文，令分六書譜之，成象形二卷。惠言著說文諧聲譜，未竟而卒，成孫後從莊述祖遊，得其大要，乃續成之。卷第篇例，多所增易，凡五十卷。其書分中、僮、蕘、林、巖、筐、榮、蓁、肆、揖、支、皮、絲、鳩、芼、蔞、岨二十部。此乃於毛詩中拈其最先出之字為建首，加以易韻、屈韻，而又以說文之聲分從之，犂然不紊。有各家所未及者。嘗以示儀徵阮元，元歎其超卓精細。後臨桂龍啟瑞見其稿，以為較段氏書為密，而不失之拘，古韻之書，此為集其大成。時啟瑞著古韻通說，因節錄之，以備考。遺亂稿佚，惟節本九卷存。成孫兼精天學，同里董祐誠歿，為較刊其遺書。又著有端虛勉一居文集。

江承之，字安甫，安徽歙縣人。學於惠言。時弟子從惠言受易、禮者十數，其甥董士錫受易，通陰陽五行家言。承之兼受儀禮，著有周易爻義、虞氏易變表、儀禮名物、鄭氏詩譜。

校記

〔一〕「徙」字誤，當作「圖」。詳見清史稿張惠言傳校記，下同。

〔二〕「邃」字當作「世」。

〔三〕「禮」字原作「理」，據清國史改。

〔四〕「榮」字誤，當作「縈」。

〔五〕「較」字，清國史同。宜改作「校」。

清史稿卷四百八十二

儒林三

郝懿行 王照圓

郝懿行〔一〕，字恂九，棲霞人。嘉慶四年進士，授戶部主事。二十五年，補江南司主事。道光三年〔二〕卒，年六十九。懿行為人謙退，訥若不出口，然自守廉介，不輕與人晉接。遇非素知者，相對竟日無一語。迨談論經義，則喋喋忘倦。所居四壁蕭然，庭院蓬蒿常滿，僮僕不備，懿行處之晏如。浮沉郎署，視官之榮悴若無與於己者，而一肆力於著述，漏下四鼓者四十年。所著有爾雅義疏十九卷，春秋說略十二卷，春秋比一卷〔三〕，山海經箋疏十八卷〔四〕，易說十二卷〔五〕，書說二卷。懿行嘗曰：「邵晉涵爾雅正義，蒐輯較廣，然聲音訓詁之原，尚多壅閡，故鮮發明。今余作義疏，於字借聲轉處，詞繁不殺，殆欲明其所以然。」又曰：「余田居多載，遇草木蟲魚有弗知者，必詢其名，詳察其形，考之古書，以徵其然否。今茲疏中，其異於舊說者，皆經目驗，非憑胸臆，此余書所以別乎邵氏也。」

懿行之於爾雅，用力最久，稿凡數易，垂殁而後成。於古訓同異，名物疑似，必詳加辨論，疏通證明，故所造較晉涵為深。高郵王念孫為之點閱，寄儀徵阮元刊行。元總裁會試時，從經義中識拔懿行者也。其箋疏山海經，援引各籍，正名辨物，事刊疏謬，辭取雅訓。阮元謂吳氏廣注徵引雖博，失之蕪雜；畢沅校本，訂正文字，尚多疏略；惟懿行精而不鑿，博而不濫。」

懿行妻王照圓，字瑞玉，博涉經史，當時著書家有高郵王父子、棲霞郝夫婦之目。著有詩說一卷[六]，列女傳補注八卷，附女錄一卷、女校一卷[七]。又與懿行以詩答問，懿行錄之為詩問七卷。其爾雅義疏，亦間取照圓說。他著有詩經拾遺一卷〔八〕、汲冢周書輯要一卷、竹書紀年校正十四卷〔九〕、荀子補注一卷〔十〕、晉宋書故一卷、補晉書刑法志一卷〔十一〕、食貨志一卷、文集十二卷〔十二〕。照圓又有列仙傳校正二卷〔十三〕。

校記：

〔一〕清史稿之郝懿行傳並附其妻王照圓傳，皆源自清國史，載儒林傳下卷卷二十四。惟篇題王照圓未署名，有失偏頗，故逕行增補。

〔二〕清史稿記郝懿行卒於道光三年，未審所據。據懿行摯友胡培翬撰郝蘭皋先生墓表及刻郝氏春秋二種序所記，懿行卒年皆爲道光五年。

〔三〕春秋比一卷，不確。據郝氏遺書著錄之道光七年刊本，春秋比當作二卷。清史稿藝文志亦作二卷。

〔四〕據前引郝氏遺書，山海經箋疏十八卷後，附有圖讚一卷、訂譌一卷、敘錄一卷。

〔五〕據前引郝氏遺書，易說十二卷後，附有便錄一卷。

〔六〕據前引郝氏遺書，詩說爲二卷，乃郝懿行著。又據前引胡培翬郝蘭皋先生墓表，王照圓所著爲詩經小記。

〔七〕女錄、女校，據郝氏遺書，當作敘錄、校正。

〔八〕詩經拾遺以下諸書，皆係郝懿行所著。史稿刪節清國史傳文不謹，致使含混不明。

〔九〕據郝氏遺書，竹書紀年校正十四卷後，附有通考一卷。

〔十〕據郝氏遺書，荀子補注當作二卷。清史稿藝文志不誤。

〔十一〕補晉書刑法志一卷，「晉」字誤。據郝氏遺書，當作「補宋書刑法志、食貨志各一卷」。

〔十二〕據郝氏遺書，當作曬書堂文集十二卷、外集二卷、別集一卷。

〔三〕據郝氏遺書，列仙傳校正二卷後，附有讚一卷。

清史列傳卷六十九

儒林傳下二

郝懿行　王照圓

郝懿行，字恂九，山東棲霞人。嘉慶四年進士，授戶部主事。二十五年，補江南司主事，道光三年卒，年六十九。懿行謙退，呐若不出口，然自守廉介，不輕與人晉接。遇非素知者，相對竟日無一語。迨談論經義，則喋喋忘倦。所居四壁蕭然，庭院蓬蒿常滿，僮僕不備。懿行處之晏如，浮沉郎署，視官之榮悴若無與於己者，而一肆力於著述，漏下四鼓者四十年。所著有爾雅義疏十九卷，春秋說略十二卷，春秋比一卷，山海經箋疏十八卷，易說十二卷，書說二卷，鄭氏禮記箋四十九卷。

懿行嘗曰：邵晉涵爾雅正義，蒐輯較廣，然聲音訓詁之原，尚多壅閡，故鮮發明。今余作義疏，於字借聲轉處，詞繁不殺，始欲明其所以然。又曰：余田居多載，遇草木蟲魚有弗知者，必詢其名，詳察其形，考之古書，以徵其然否。今兹疏中，其異於舊說者，皆經目驗，非憑胸臆，此余書所以別乎邵氏也。懿行之於爾雅，用力最久，稿凡數易，垂殁而後成。訓故同異，名物疑似，必詳加辨論，疏通證明，故所造較邵晉涵為深。高郵王念孫為之點閱，寄儀徵阮元刊行。元總裁會試時，從經義中識拔懿行者也。其著春秋說略，有十例：一曰說春秋不得褒貶天王，以明臣子之義。二曰說春秋不得妄生褒貶，春秋直書其事，褒貶自見。三曰說春秋者好於經說無處尋褒貶，春秋皆實錄，其多一字少一字，皆事實如此，非聖人意為增減。四曰春秋多闕文，然以義推之，皆大略可見。五曰春秋經文當從左氏，左氏闕誤，乃從公穀。六曰左氏深於經，公穀說經字字求褒貶，左氏但敘本事，褒貶自見，得聖人渾厚之旨。七曰說春秋者好緣傳生義，不顧經文。説經當以一經為主，范武子曰：「三傳殊説，擇善而從。」此言可為治經者法。八曰春秋刑書也，刑書之例，一成不移，故法必行而人知畏。九曰春秋聖人義理之書，本不待傳而明。十曰比事屬辭，春秋教也。事同相比，事異相比，辭同相屬，辭異相屬，其義自見。河間紀昀觀其書，以為能剗盡千秋藤葛。其箋疏山海經，援引各籍，正名辨物，刊疏謬辭，取雅訓。阮元謂吳氏廣注，徵引雖博，失之蕪雜；畢沅校本，訂正文字，尚多疏略；惟懿行精而不鑿，博而不濫。

懿行妻王照圓，字瑞玉，博涉經史。當時著書家，有高郵王父子、棲霞郝夫婦之目。照圓聰慧過人，每與懿行持論不合，諍辨竟日。著有詩説一卷，列女傳補注八卷，附女錄一卷，女校一卷。又與懿行以詩答問，懿行錄之為詩問七卷。其爾雅義疏，亦間取照圓説。光緒七年，倉場侍郎游百川進呈。懿行所著春秋、爾雅、山海經四種，奉旨：鄒懿行所著書，當交南書房翰林閱看。據稱鄒懿行學問淵博，經術湛深，嘉慶年間，海內推重，所著各書，精博邃密，足資考證。即著留覽。八年，府尹畢道遠等續進懿行及照圓所著書六種，奉旨著留覽。懿行所著未經進者，有詩經拾遺一卷、汲冢周書輯要一卷、竹書紀年校正十四卷、荀子補注一卷、晉宋書故一卷、補晉書刑法志一卷、食貨志一卷、宋瑣語一卷、寶訓八卷、蜂衙小紀、燕子春秋、海錯各一卷、證俗文十八卷、筆錄六卷、文集十二卷。懿行以養疴輟爾雅業，時瀏覽晉宋史，鈔晉文百數十首，謂王右軍虛談廢務，浮文妨要二語，切中當時之弊，所鈔屏黜虛浮，一以切實為主。其自作雜文，亦出入漢魏、晉宋之間。雜記數帙，旁徵稗說，間采時事，皆意主勸戒。照圓所著未經進者，又有列仙傳校正二卷、夢書一卷。

校記

〔一〕郝懿行卒年，據胡培翬撰墓表，當作道光五年。詳見前史稿諸校記。

清史稿卷四百八十二

儒林三

陳壽祺 子喬樅 謝震 何治運 孫經世 柯蘅

陳壽祺[二]，字恭甫，閩縣人。少能文，年十八，臺灣平，上福康安百韻詩並序，沉博絕麗，傳誦一時。嘉慶四年成進士，選翰林院庶吉士。散館，授編修，尋告歸。性至孝，不忍言仕，家貧無食，父命之入都。九年，充廣東鄉試副考官。十二年，充河南鄉試副考官。十四年，充會試同考官。京察一等，記名御史[三]。壽祺以不得迎養二親，常愀然不樂，將告歸矣，俄聞父歿，慟幾絕，奔歸。服除，乞養母。母歿，終喪，年五十三，有密薦於朝者，卒不出。

壽祺會試出朱珪、阮元門，乃專為漢儒之學。又及見錢大昕、段玉裁、王念孫、程瑤田諸人，故學益精博。解經得兩漢大義，每舉一義，輒有折衷。兩漢經師莫先於伏生，莫備於許氏、鄭氏。壽祺闡明遺書，著尚書大傳箋三卷、序錄一卷、訂誤一卷。附漢書五行志，綴以他書所引劉氏五行傳論三卷。序曰：伏生大傳，條撰大義，因經屬指，其文辭爾雅深厚，最近大小戴記七十子之徒所說，非漢諸儒傳訓之所能及也。康成百世儒宗，獨注大傳，其釋三禮每援引之；及注古文尚書洪範五事、康誥孟侯、文王伐崇、戡耆之義、周公克殷踐奄之年，咸據大傳以明事，豈非閎識博通、信舊聞者哉？且夫伏生之學，尤善於禮，其言巡狩、朝覲、郊尸、迎日、廟祭、族燕、門塾、學校、養老、擇射、貢士、考績、郊遂、采地、房堂、路寢之制，后夫人入御、太子迎問、諸侯之法，三正之統，五服之色，七始之素，八伯之樂，皆唐虞三代遺文，往往六經所不備，諸子百家所不詳。今其書散逸，十無四五，尤可寶重。宋朱子與勉齋黃氏纂儀禮經傳通解，據摭大傳獨詳，蓋有裨禮學不虛也。五行傳者，自夏侯始昌至劉

氏父子傳之，皆善推禍福，著天人之應。漢儒治經，莫不明
象數陰陽，以窮極性命。故易有孟京卦氣之候，詩有翼奉
五際之要，春秋有公羊災異之條，書有夏侯、劉氏、許商、李
尋洪範之論，班固本大傳，攬仲舒，別向、歆，以傳春秋，告往
知來，王事之表，不可廢也。是以錄漢書五行志，附於後，以
備一家之學云。」又著五經異義疏證三卷，左海經辨二卷，
左海文集十卷，左海駢體文二卷，絳跌堂詩集〔三〕六卷，東越
儒林文苑後傳二卷，東觀存稿一卷。

壽祺歸後〔四〕，阮元延課詁經精舍生徒。元纂羣經古義
為經郛，壽祺為撰條例，明所以原本訓辭，會通典禮，存家
法而析異同之意。後〔五〕主泉州清源書院十年，主鼇峰書院
十一年，與諸生言修身勵學，教以經術，作義利辨、知恥說、
科舉論，以示學者。規約整肅，士初苦之，久乃悅服。家居與
諸當事書，於桑梓利弊，蒿目痗心，雖觸忌諱，無所隱。明儒

黄道周孤忠絶學，壽祺搜輯遺文，爲之刊行，又具呈大吏乞疏請從祀孔廟，議上，如所請。道光十四年卒，年六十四。

子喬樅，字樸園，道光五年舉人，二十四年以大挑知縣分發江西，歷官分宜、弋陽、德化、南城諸縣，署袁州、臨江、撫州知府，以經術飾吏治，居官有聲。同治七年卒於官，年六十一。初，壽祺以鄭注禮記多改讀，又嘗稽考齊、魯、韓三家詩佚文佚義與毛氏異同者，輯而未就，病革，謂喬樅曰：「爾好漢學，治經知師法，他日能成吾志，九原無憾矣。」喬樅乃紬繹舊聞，勒爲定本，成禮記鄭讀考六卷、三家詩遺說考十五卷，又著齊詩翼氏學疏證二卷、詩緯集證四卷，謂齊詩之學宗旨有三，曰四始，曰五際，曰六情，皆以明天地陰陽終始之理，考人事盛衰得失之原，言王道治亂安危之故。齊先亡，最爲寡證，獨翼奉存其百一，且其學多出詩緯，察躔象，推曆數，徵休咎，蓋齊學所本也。詩緯亡而齊詩遂為絶學矣。又著今文尚書經說考三十四卷，歐陽夏侯經說考一卷，謂二十九篇今文具存，十六篇既無今文可考，遂莫能盡通其義。凡古文易、書、詩、禮、論語、孝經所以傳，悉由今文為之先驅，今文所無，輒廢。向微伏生，則萬古長夜矣。歐陽、大小夏侯各守師法，苟能得其單辭片義，以尋千百年不傳之緒，則今文之維持聖經於不墜者，豈淺尠哉！又有詩經四家異文考五卷，毛詩鄭箋改字說四卷，禮堂經說二卷。最後為尚書說。時宿學漸蕪，考據家為世訾謷，獨湘鄉曾國藩見其書，以為可傳。自元和惠氏、高郵王氏外，惟喬樅能修世業，張大其家法。

壽祺同里治古學者有謝震、何治運。

震原名在震，字甸男，侯官人。乾隆五十四年舉人，官順昌學教諭。震嘗與閩縣林一桂、甌寧萬世美俱精三禮，震尤篤學嗜古，然斷斷持漢學，好排擊宋儒，鑿空逃虛之說。壽祺與震同舉鄉試，少震六歲，視為畏友。震重氣誼，有志用世，而不遇於時，年四十卒（之）。弟子輯其遺著，有禮案二卷，精覈勝敖氏。又有四書小箋一卷、四聖年譜一卷，工詩，有櫻桃軒詩集二卷。

治運，字郊海，閩縣人。嘉慶十二年舉人。洽聞彊識，篤志漢學，學督阮元嘗聘纂廣東通志，後遊浙中，巡撫陳若霖為鋟其經解及論辨文字四卷，名何氏學。道光元年卒，年四十七。治運與壽祺友，及卒，壽祺以謂無與為質，不獲以輔成其學也。

孫經世，字濟侯，惠安人。壽祺弟子。壽祺課士不一格，遊其門者，若仙遊王捷南之詩、禮、春秋、諸史，晉江杜彥士之小學，惠安陳金城之漢易，將樂梁文之性理，建安丁汝恭、德化賴其煐、建陽張際亮之詩古文辭，皆足名家，而經世學成發世，世以儒林推之。經世少喜讀近思錄，後沉研經義，謂不通經學，無以為理學。不明訓詁，無以通經。不知聲音文字之原，無以明訓詁。著說文會通十六卷，爾雅音疏六卷，釋文辨證十四卷，韻學溯源四卷，十三經正讀定本八十卷，經傳釋辭續編八卷。又著春秋例辨八卷，孝經說二卷，夏小正說一卷，詩韻訂二卷，惕齋經說六卷，讀經校語四卷。〔六〕

柯蘅，膠州人。從壽祺受許、鄭之學。嘗以史、漢諸表為紀傳之綱領，而譌誤舛奪最為難治，乃條而理之。著漢書七表校補二十卷。為例十一：一曰辨事誤，二曰辨文字誤，三曰辨注誤，四曰辨諸家考證之誤，五曰以本書證本書之誤，六曰史、漢互證而知其誤，七曰漢書、前紀互證而知其誤，八曰漢書、水經注互證而知其誤，九曰據紀傳以補表之闕，十曰據今地以證表之誤。鉤稽隱賾，凡前人之說，皆取而辨其是非，至前人未及者，又得二三十〔七〕事，亦專門之學也。尤長於詩，著有聲詩闡微二卷，舊雨草堂詩集四卷。其說經、說史之作，門人集為舊雨草堂札記。

校記

〔二〕清史稿之陳壽祺傳及所附陳喬樅、謝震、何治運、孫經世、柯蘅諸傳，皆源出清國史，載儒林傳下卷卷二十五。

〔三〕清國史之陳壽祺傳，本自高澍然陳先生壽祺行狀。據該文記，嘉慶十四年京察一等，記名御史之後，壽祺又充國史館總纂，迄於翌年七月丁父憂歸，皆供職史館。又據陳壽祺左海文集卷五與方彥聞令君書稱，壽祺先於嘉慶十有四年充國史館總纂，專創儒林、文苑兩傳。尋以憂歸，明年，宮保儀徵公適在京師，當事延之，獨纂儒林傳。可見，壽祺之在史館，乃為創編清國史之儒林、文苑二傳。由於事關一代史書編纂，壽祺身爲先行者，此段經歷史書不當失記。

〔三〕據左海全集、陳壽祺詩集爲絳跗草堂詩集。史稿此處脱一「草」字。

〔四〕壽祺歸後，所指不確。此處乃係嘉慶六年，散館後之告假返鄉省親。

〔五〕此處之「後」字，乃指去官歸鄉之後，亦即嘉慶十五年之後。

〔六〕清國史之陳喬樅傳，本自謝章鋌左海後人樸園陳先生墓誌銘。誌文記喬樅卒年甚確，作「年六十一，同治己巳卒於撫州官舍」。己巳爲同治八年，清國史、清史稿皆誤作「同治七年」，當改。

〔七〕據前引左海文集卷九謝震傳，震長壽祺六歲，卒年當爲嘉慶九年。

〔八〕孫經世卒年，清國史記之甚確，作「道光十二年卒於京邸，年五十」。史稿刪而不録，失當。

〔九〕又得二三十事，「清國史、清史列傳皆作「二三千事」，疑誤。當依史稿所改爲宜。

清史列傳卷六十九

儒林傳下二

陳壽祺 子喬樅 謝震 何治運 孫經世 柯蘅

陳壽祺，字恭甫，福建閩縣人。父鶴書，歲貢生，以質行稱。壽祺少能文，年十八，臺灣平，撰上福康安百韻詩並序，沉博絕麗，時稱為才子。然壽祺自咎不能高行邃學，不可告人，乃從同縣孟超然遊，為宋儒之學，懔然以古君子自期。嘉慶四年，成進士，改翰林院庶吉士，散館，授編修，尋告歸。性至孝，不忍言仕，家貧無食，父命之入都。九年，充廣東鄉試副考官。十二年，充河南鄉試副考官。十四年，充會試同考官，旋記名御史。壽祺以不得迎養，常愀然不樂，將告歸，俄聞父憂，慟幾絕，奔歸。服除，乞養母。母歿，終喪，年五十三，有密薦於朝者，卒不出。

壽祺會試出朱珪、阮元之門，乃專為漢儒之學，與同年張惠言、王引之齊名。又及見錢大昕、段玉裁、王念孫、程瑤田諸人，故學益精博。解經得兩漢大義，每舉一義，輒有折衷。兩漢經師，莫先於伏生，莫備於許氏、鄭氏。壽祺闡明遺書，著尚書大傳箋三卷、序錄一卷、訂誤一卷，附漢書五行志，綴以他書所引劉氏五行傳論三卷。序曰：伏生大傳，條撰大義，因經屬指，其文辭爾雅深厚，最近大小戴記，七十子之徒所說，非漢諸儒傳訓之所能及也。康成百世儒宗，獨注大傳，其釋三禮，每援引之。及注古文尚書、洪範五事，康誥孟侯，文王伐崇，戡耆之歲，周公克殷踐奄之年，咸據大傳以明事，豈非閎識博通，信舊聞者哉？且夫伏生之學，尤善於禮。其言巡狩、朝覲、郊尸、迎日、廟祭、族燕、門塾、學校、養老、擇射、貢士、考績、郊遂、采地、房堂、路寢之制，后夫人入御，太子迎問諸侯之法，三正之統，五服之色，七始之素，八伯之樂，皆唐、虞三代遺文，往往六經所不備，諸子百家所不詳。今其書散逸，十無四五，尤可寶重。宋朱子與勉齋黄氏纂儀禮經傳通解，攟摭大傳，獨詳，蓋有裨禮學不虛也。五行傳者，自夏侯始昌至劉氏父子，傳之皆善推禍福，著天人之應。漢儒治經，莫不明象數陰陽，以窮極性命。故易有孟、京卦氣之候，詩有翼奉五際之要，春秋有公羊災異之條，書有夏侯、劉氏、許商、李尋洪範之論。班固本大傳，擥仲舒、劉向、歆以傳春秋，告往知來，王事之表，不可廢也。是以錄漢書五行志附於後，以備一家之學云。又著五經異義疏證三卷，序曰：「石渠議奏之體，先臚衆說，次定一尊，覽者得以考見家法。劉更生采之，為五經通義，惜皆散亡。白虎通義亦多闕佚，且經班固刪集，深沒衆家姓名，殊為疏失。不如異義所援古今百家，皆舉五經先師遺說，其體仿石渠論而詳贍過之。許君又著說文解字，綜貫萬原，當世未見尊用，獨鄭君注儀禮既夕記、小戴禮雜記、周禮考工記，嘗三稱之，所以推重之者至矣。鎮於異義爲之駁者，祭酒受業賈侍中，敦崇古學，故多從古文家說。司農囊括網羅，意在宏通，故兼從今文家說。此其判也。案張懷瓘書斷，叔重安帝末年卒，鄭君別傳，康成永建二年生，鄭氏於許爲後進，而纖糾是非，爲汝南之諍友。夫向、歆父子猶有左、穀之違，何、鄭同室，奚傷箴肓之作？聖道至大，百世莫殫，仁者見仁，智者見智，蘄於事得其實，道得其真而已。今許、鄭之學流布天下，此編雖略，然典禮之閎達，名物之章明，學者循是而討論焉，其於昔人所識國家將立辟雍巡守之儀，幽冥而莫知其原者，庶乎可免也。他著又有左海經辨二卷、左海文集十卷、左海駢體文二卷、絳跗堂詩集六卷、東粵儒林文苑後傳二卷、東觀存稿一卷。

壽祺歸後，阮元延課詁經精舍，趙坦、徐養原、嚴杰、洪頤煊等皆從問業。元纂群經古義，爲經郛，壽祺爲撰條例

明所以原本訓辭會通典禮存家法而析異同之意後主
泉州清源書院十年主鼇峰書院十一年與諸生言修身
勵學教以經術作義利辨知恥說科舉論以示學者規約
整肅士初苦之久乃悅服家居與諸當事書於桑梓利弊
蒿目痌心雖觸忌諱無所隱明儒黃道周孤忠絕學壽祺
搜輯遺文爲之刊行又具呈大吏乞疏請從祀孔廟議上
如所請道光十四年卒年六十四子喬樅

喬樅字樸園道光五年舉人二十四年以大挑知縣
分發江西歷官分宜弋陽德化南城諸縣署袁州臨江撫
州知府以經術飾吏治居官有聲同治七年卒於官年六
十一初壽祺以鄭注禮記多改讀又嘗鉤考齊魯韓三家
詩佚文佚義與毛氏異同者輯而未就病革謂喬樅曰爾
好漢學治經知師法他日能成吾志九原無憾矣喬樅乃
紬繹舊聞勒爲定本成禮記鄭讀考六卷三家詩遺說考

十五卷。又著齊詩翼氏學疏證二卷，詩緯集證四卷，謂齊詩之學，宗旨有三：曰四始，曰五際，曰六情，皆以明天地陰陽終始之理，考人事盛衰得失之原，言王道治亂安危之故。齊先亡，最爲寡證，獨翼奉存其百一，且其學多出詩緯，察躔象推曆數，徵休咎，蓋齊學所本也。詩緯亡而齊詩遂爲絶學矣。又著今文尚書經説考三十四卷，歐陽夏侯經説考一卷，謂二十九篇今文具存，十六篇既無今文可考，遂莫能盡通其義。凡古文易詩書禮論語孝經所以傳者，由今文爲之先驅，今文所無，輒廢，向微伏生則萬古長夜矣。歐陽大小夏侯各守師法，苟能得其單辭片義，以尋千百年不傳之緒，則今文之維持聖經於不墜者，豈淺尠哉。

喬樅撰述多準壽祺遺訓。又有詩經四家異文考五卷，毛詩鄭箋改字説四卷，禮堂經説二卷。少喜治三禮，撰東夾西夾考一篇，推勘精審，王引之亟稱之。最後爲尚書說時宿儒漸蕪，考據家爲世詬謷，獨湘鄉曾國藩見其書以爲可傳。國朝古學，元和惠氏、高郵王氏外，惟高縱能修世業，張大其家法。壽祺同里治古學者，有謝震、何治運。

謝震，原名在震，字甸男，福建侯官人。乾隆五十四年舉人，順昌學教諭。震嘗與閩縣林一桂、甌寧萬世美爲經會，與一桂、世美俱精三禮。震尤篤學嗜古，史傳、百家、篆隸、金石，靡不通曉。然斷斷持漢學，好排擊宋儒鑿空逃虛之說。壽祺與震鄉試同年，少震六歲，視爲畏友。震重氣誼，有志用世，而不遇於時。嘗過漢中，謂人曰：終南亘七百餘里，連跨數郡，秦、蜀門戶也，守險安可忽？鄖、庸以西，夔、巫以東，巴、閬之北，武都之南，大山老林，螘蝝其間。今將吏狃昇平而弛控馭，不數稔，難其作乎？及嘉慶初，邪教起，震言皆驗。年四十卒。弟子輯其遺著，有禮案二卷，精覈勝敖氏。又有四書小箋一卷、四聖年譜一卷。工詩，有櫻桃軒詩集二卷何治運字郘海福建閩縣人嘉慶十二年舉人治閩彊識篤志漢學粵督阮元嘗聘纂廣東通志後遊浙中巡撫陳若霖爲鋟其經解及論辨文字四卷名何氏學又著有公羊精義論語解詁孟子通義周書後定太玄經補注道光元年卒年四十七治運與壽祺友及卒壽祺以謂無與爲質不獲以輔成其學也

孫經世字濟侯福建惠安人壽祺弟子也壽祺課士不一格遊其門者若仙遊王捷南之詩禮春秋諸史晉江杜彥士之小學惠安陳金城之漢易將樂梁文之性理建安丁汝恭德化賴其煐建陽張際亮之詩古文辭皆足名家而經世學成早世世以儒林推之經世少喜讀近思錄後沉研經義謂不通經學無以爲理學不明訓詁無以通經不知聲音文字之原無以明訓詁著說文會通十六卷爾雅音疏六卷釋文辨證十四卷韻學溯源四卷十三經

正讀定本八十卷，經傳釋辭續編八卷。又著春秋例辨八卷，孝經說二卷，夏小正說一卷，詩韻訂二卷，惕齋經說六卷，讀經校語四卷。其四書集解十二卷，周易本義發明十二卷，則少作也。經世善事父母，居喪不御酒肉，不居內。泉俗好鬬訟，大姓為甚，孫氏族衆萬數，漸漬身教，竟為仁里。新城陳用光督學閩中，舉優行第一，嘗詫於涇縣包世臣曰：「吾歸裝得一濟侯，勝笥河三百石矣。」笥河，朱筠號。筠去閩時，士各饋一石，因積成山，建三百三十三士亭，故用光云然。經世又謂治經當體之身心，用之家國，嘗欲編定經義，纂集古今之言學言治以證明之，名曰通經略，書未竟。道光十二年，卒於京邸，年五十。

柯蘅，山東膠州人。從壽祺受許、鄭之學，嘗以史、漢諸表為紀傳之綱領，而譌誤舛奪，最稱難治，乃條而理之，著漢書七表校補二十卷，為例十一：一曰辨事誤，二曰辨文字誤，三曰辨注誤，四曰辨諸家考證之誤，五曰以本書證本書之誤，六曰史、漢互證而知其誤，七曰漢書、荀紀互證而知其誤，八曰漢書、水經注互證而知其誤，九曰據紀傳以補表之闕，十曰據今地以證表之誤。鈎稽隱賾，掇拾繁碎，凡前人之說，皆取而辨其是非。至前人之未及者，又得二三千事，亦專門之學也。尤長於詩，論者謂可配其鄉先輩王士禎、趙執信。著有聲詩閣微二卷、舊雨草堂詩集四卷。其說經說史之作，門人集為舊雨草堂札記。

校記

〔一〕「閣」字，據傳主尚書大傳定本自序及清國史所引，皆當作「門」。

〔二〕「東粵之」「粵」字誤，當作「越」。

〔三〕喬樅卒年，當為同治八年，詳見前史稿注。

無據。傳主今文尚書經說考自序，文中所述經典先後，當以書爲先，詩在其後。

清史稿卷四百八十二

儒林三

許宗彥

許宗彥字積卿，德清人。九歲能讀經史，善屬文。侍郎王昶愛其才，作積卿字說以贈。嘉慶四年進士，授兵部主事，就官兩月，以親老遽引疾歸。親歿，卒不出，居杭州杜門以讀書為事，其學無所不通，探賾索隱，識力卓然，發千年儒者所未發。考周五廟二祧，以為周制五廟之外別有二祧，為遷廟之殺，以厚親親之仁；宗廟之外別立祖宗，與禘郊同為重祭，以大尊尊之義。諸經無文武二廟不毀之說，誤始於韋玄成，而劉歆因之，鄭康成亦因之。祧者遷廟，乃謂為不遷之廟，名實乖矣。又考文武二世室以為周文武皆配於明堂太室，故有文武世室之號。孔穎達誤謂伯禽稱文世室，周公稱武世室，以公羊傳周公稱太廟，魯公稱世室，群公稱宮，證之外甚。又考禹貢三江，以為漢志言分江水首受江，東至餘姚入海，夫曰分江水，曰首受江，則非南江之正流可知。曰東至餘姚入海，則非在吳入海可知，與禹貢三江無與。又考太歲、太陰，以為太歲者歲星與日同次斗杓所建之辰也，太陰始寅終丑，太歲始子終亥。漢律志曰太初元年，歲前十一月朔旦冬至，歲在星紀婺女六度，歲名困敦。此太歲始子之確證。武帝詔曰年名焉逢攝提格。此太陰始寅之確證。漢書天文志始誤以甘石之言太陰者，繫之太歲，而與太初之太歲遂差兩辰，乃以為星有贏縮，非矣。

又說六書轉注，以為從偏旁轉相注。說文曰轉注者，建類一首，同意相受，考老是也。後序曰其建首也，立一為耑。即建類一首之謂也。如示為部首，从示之偏旁注為神祇等字，从神祇注為祠祀祭祝等字，展轉相注，皆同意為一類。戴震指爾雅詁訓為轉注，而不知詁訓出於後來，非制字時所豫有也。段玉裁引戴說，又言爾雅多假借，而不知假借者本無其字，今如初、哉、首、基之訓，非本無首字，[三]而假初、哉諸字以當之也。其他所著學說，能持漢宋儒者之平。禮論、治論諸篇，皆稽古證今，通達政體。尤精天文，得泰西推步秘法，自製渾全[四]球，別具神解。嘗援緯書四游，以疏本天高卑，而知不同心非渾圓之理。考周髀北極璿璣，以推古人測驗之法，七政皆統於天，而知東漢以前用赤道不用黃道，為得諸行之本。論月左右旋一理，以王錫闡解黃道右旋、赤道平行，戴震分黃極[五]為二行，其說頗不分明，為剖析之，洞徹微妙，皆言天家所未及。

性孝友，慎於交遊，體羸而神理澂淡，見者皆肅然敬之。儀徵阮元會試舉主也，重其學術行誼，以子女為婣家[六]。

校記

〔一〕清史稿之許宗彥傳，源出清國史，載儒林傳下卷卷二十四。

〔三〕「周公」誤，據清國史，本作「武公」。語出禮記明堂位：魯公之廟，文世室也。武公之廟，武世室也。鄭玄注云：此二廟象周有文王、武王之廟也。世室者，不毀之名也。魯公，伯禽也。武公，伯禽之玄孫也，名敖。又據史記魯周公世家，伯禽乃周公子，受封於魯，故稱魯公。清史稿不審，將武公臆改爲「周公」，大謬不然。

〔三〕清史稿及清國史引述許宗彥論六書轉注語，本自陳壽祺駕部許君宗彥墓誌銘。陳文原作「非本無始字」，二家皆擅將「始字」改作「首」，不明訓詁，臆改舊籍，殊不可取。

〔四〕「渾全球」，本自諸可寶疇人傳三編卷二許宗彥，當可信據。清國史、清史列傳皆作「渾全球」。

〔五〕據清國史黄極前尚脱「黄道」二字，當補。

〔六〕許宗彦卒年，清國史記之甚確，作「嘉慶二十三年卒，年五十一」。清史稿删而不録，無理。

清史列傳卷六十九

儒林傳下二

許宗彥

許宗彥，字積卿，浙江德清人。父祖京，乾隆三十四年進士，官至廣東布政使，著有詩經述八卷、詩四卷。宗彥九歲能讀經史，善屬文。侍郎王昶賞其才，作積卿字說以贈。嘉慶四年進士，是科得人最盛，總裁朱珪尤重宗彥，謂兼有張惠言、王引之、吳鼒諸子之長。授兵部主事，就官兩月，以親老遂引疾歸。親歿，卒不出。居杭州，杜門以讀書為事。其學無所不通，探賾索隱，發千年儒者所未發。考周五廟二祧，以為周制五廟之外別有二祧，為遷廟之殺，以厚親親之仁。宗廟之外別立祖宗，與禘郊同為重祭，以大尊尊之義。諸經無文武二廟不毀之文，誤始於韋玄成，而劉歆因之，鄭康成亦因之。祧者遷廟，乃謂為不遷之廟，名實乖矣。又考文武二世室，以為周文武皆配於明堂太室，故有文武世室之號。孔穎達誤謂伯禽稱文世室，武公稱武世室，以公羊傳周公稱太廟，魯公稱世室，群公稱宮證之，舛甚。又考禹貢三江，以為漢志言分江水首受江，東至餘姚入海。夫曰分江水，曰首受江，則非南江之正流可知；曰東至餘姚入海，則非在吳入海可知。與禹貢三江無與。又考太歲太陰，以為太歲者，歲星與日同次，斗杓所建之辰也。太陰始寅終丑，太歲始子終亥。漢律志曰：太初元年歲前十一月朔旦冬至，歲在星紀婺女六度，歲名困敦。此太歲始子之確證。武帝詔曰：年名焉逢攝提格。此太陰始寅之確證。漢書天文志始誤以甘石之言太陰者係之太歲，而與太初之太歲遂差兩辰，乃以為星有贏縮，非矣。

又說六書轉注，以為從偏旁轉相注。說文曰：轉注者，建類一首，同意相受，考老是也。後序曰：其建首也，立一為耑。即建類一首之謂也。如示為部首，从示之偏旁注為神祇等字，从神、祇注為祠、祀、祭、祝等字，䡴轉相注，皆同意為一類。戴震指爾雅詁訓為轉注，而不知詁訓出於後來，非制字時所豫有也。段玉裁引戴說，又言爾雅字多假借，而不知假借者本無其字。今如初、哉、首、基之訓，非本無首字，而假初、哉等字以當之也。其他所著學說，能持漢宗儒者之平。禮論、治論、諸篇，皆稽古證今，通達政體。尤精天文，得泰西推步秘法。自製渾全球，別具神解。嘗援緯書四游，以疏本天高卑，而知不同心非渾圓之理。考周髀北極璿璣，以推古人測驗之法，七政皆統於天，而知東漢以前周赤道不同黃道，為得諸行之本。又論日左右旋一理，以王錫闡解黃道右旋、赤道平行，戴震分黃道、黃極為二行，其說頗不分明，為剖析之，皆言天家所未及。

性孝友，慎於交遊。體羸而神理澂淡，見者皆肅敬之。

儀徵阮元會試舉主也重其學術行誼以子女爲婣家宗彥嘗訓諸子曰讀書人第一須使此心光明正大澄清如止水無絲毫苟且私曲乃可對人處故名所居曰鑑止水齋二十三年卒年五十一著有鑑止水齋集二十卷

清史稿卷四百八十二

儒林三

呂飛鵬

沈夢蘭　宋世犖

呂飛鵬（二）字雲里，旌德人。從寧國淩廷堪治禮，廷堪器之，以為能傳其學。山陽汪廷珍視學安徽，喜士通古經義，補飛鵬縣學附生。飛鵬少讀周禮，長而癖嗜，廷堪嘗著周官九拜九祭解、鄉射五物考，援據禮經，疏通證明，足發前人所未發。飛鵬師其意而變通之，成周禮補注六卷。其大旨以鄭氏為宗，自序曰：漢魏之治周禮者，如賈逵、張衡、孫炎、薛綜、陳劭、崔靈恩之注，遺文軼事，散見群籍，或與鄭義符合，或與鄭義乖違，同者可得其會通，異者可博其旨趣。是用廣搜眾說，補所未備，條系於經文之下，或旁采他經舊注，或兼取近儒經說，要於申明古義而已。又著周禮古今文義證六卷。（三）嘗考康成本治小戴禮，後以古經校之，取其於義長且順者為鄭氏學。又注小戴所傳禮記四十九篇，又嘗作毛詩箋，今取鄭氏之學證鄭氏之注，則辭易瞭然，即彼此互歧，前後錯出，亦不煩辭費而得失已明，故於三者刺取為多。至許氏說文解字徵引周禮，彼此互異，取以推廣鄭義，不嫌牴牾。其他史冊流傳，事系本朝禮遵周典，亦備采擇，用俟辯章，猶是鄭氏況以漢法之意也。

平居書齋閣自銘誡，粹然出於儒先道學。鄉饑，籌粟倡賑，人多德之。有爭辯，一言立釋。嘗戒其子賢基曰：成名易，成人難。又曰：言官不易為，毋陳利而昧大體，毋挾私而務高名。其本行如此。賢基卒以忠節著。道光二十九年卒，年七十三。子賢基，工部右侍郎，謚文節，自有傳。

有清為周禮之學者，有惠士奇、沈彤、莊存與、沈夢蘭、段玉裁、徐養原、宗世犖。

夢蘭，字古春，烏程人。乾隆四十八年舉人，官湖北宜都縣知縣。夢蘭博通諸經，實事求是，尤邃於周官，成周禮學一書。分溝洫、畿封、邦國、都鄙、城郭、宮室、職官、祿田、貢賦、軍旅、車乘、禮射、律度量衡十三門，取司馬法、逸周書、管子、呂覽、伏傳、戴記諸古書，參互考證，合之書、詩、禮記、三傳、孟子，先儒所病其牴牾者，無不得其會通。爲圖若干，並取經傳文之與周官相發明者，釋於篇。他著有易、書、詩、孟子學、五省溝洫圖說。其易學自序云："自輯周禮學，於易象得井、比、師、訟、同人、大有若干卦，錯綜參伍，知易之爲道，先王一切之治法於是乎在。"而孟子學，則又以疏證周官之故，彙其餘說以成帙者。其溝洫圖說，卷不盈寸，凡南北形勢、河道原委、歷代沿革、衆說異同，與夫溝遂經畛之體、廣深尋尺之數，以及蓄水、止水、蕩水、均水、舍水、瀉水之事，皆備，復證之周官，考究詳覈。官湖北時，奉檄襄築荊州隄工，上江隄埽工議及荊江論。沔陽水災，復奉檄會勘，作水利說，以

諭河民。原本經術，有裨實用，皆此類也。〔六〕

世榮〔七〕，字貞勗，臨海人。乾隆五十三年舉人，以教習官陝西扶風知縣。地當川、藏孔道，夫馬悉斂之民，計畝率錢〔八〕，名曰「公局」。世榮多所裁革，無妄取。時教匪初定，州縣多以獲盜遷擢。扶風民有持齋為怨家所訐者，大府飛檄至，捕而鞫之，皆良民，釋弗顧。罷歸，研求經訓，熟於諧聲、假借之例，著周禮故書疏證六卷、儀禮古今文疏證二卷。

校記：

〔一〕清史稿之呂飛鵬傳，源出清國史，載儒林傳下卷卷二十三，附見於汪德鉞傳。

〔二〕清史稿此處之大段引文，自「漢魏之治周禮者」起，至「猶是鄭氏況以漢法之意也」止，皆出傳主周禮補注自序。其中，惟「又著周禮古今文義證六卷」一語，乃史稿撰稿者所加。文意既斷，後世整理自然難以準確句讀，故而當年史稿諸點校專家，祗好將原引文一分為二，上半段止於「申明古義而已」，下半段則自「今取鄭氏之學」始。

〔三〕道光二十九年卒，誤。據梅曾亮《贈翰林院編修呂府君墓誌銘》，飛鵬卒於道光二十三年十二月二十六日。《清國史》據以入傳，確然無誤。《史稿》擅改，無據。

〔四〕「有清為《周禮》之學者」云云，係《清史稿》撰稿者所加。早期既不言萬斯大、李光坡、吳廷華，中葉亦不及方苞、江永；晚清更不見集大成之孫詒讓。大體不明，疏失顯然。且置沈夢蘭於段玉裁前，不惟錯亂長幼，又復乖違學術史之實際。率爾操觚，當引以為戒。

〔五〕《清史稿》之《沈夢蘭傳》，源出《清國史》，載《儒林傳》下卷卷二十。

〔六〕沈夢蘭卒年，《清史稿》、《清國史》皆失記。據吳承仕《絅

《易學提要》，沈夢蘭道光二年卒於宜都知縣任。

〔七〕《清史稿》之宗世犖傳，源出《清國史》載《儒林傳》下卷卷二十，附見於《沈夢蘭傳》。

〔八〕「宰」字，《清國史》作「索」。「宰」、「索」雖可通，結合上下文，當作「索」字更妥。

清史列傳卷六十九

儒林傳下二

呂飛鵬

呂飛鵬，字雲里，安徽旌德人。年十七，從寧國凌廷堪治禮，廷堪器之，以為能傳其學。山陽汪廷珍視學安徽，喜士通古經義，補飛鵬縣學附生。飛鵬少讀周禮，長而癖嗜。廷堪嘗著周官九拜、九祭解、鄉射五物考，援據禮經，疏通證明，足發前人所未發。飛鵬師其意而變通之，成周禮補注六卷。其大旨以鄭氏為宗，廣搜衆說，補所未備，或旁采他經舊注，或兼取近儒經說，要於申明古義。又著周禮古今文義證六卷。平居書齋閣自銘誡，粹然出於儒先道學。鄉饑，籌粟倡賑，人多德之。有爭辯，一言立釋。嘗戒其子賢基曰：「成名易，成人難。」又曰：「言官不易為，毋陳利而昧大體，毋挾私而務高名。」其本行如此。賢基卒以忠節著。道光二

十三年卒年七十三

清史列傳卷六十八

儒林傳下一

沈夢蘭 宋世犖

沈夢蘭字古春浙江烏程人乾隆四十八年舉人以大挑知縣分發湖北補宜都縣知縣夢蘭博通諸經實事求是尤邃於周官成周禮學一書分溝洫畿封邦國都鄙城郭宮室職官祿田貢賦軍旅車乘禮射律度量衡十三門取司馬法逸周書管子呂覽伏傳戴記諸古書參互考證合之書詩禮記三傳孟子先儒所病其牴牾者無不得其會通為之圖並取經傳文之與周官相發明者釋於篇他著有易書詩孟子學五省溝洫圖說其易學自序云自輯周禮學於易象得井比師訟同人大有若干卦錯綜參

伍知易之為道先王一切之治法於是乎在而孟子學則又以疏證周官之故彙其餘說以成帙者其溝洫圖說凡南北形勢河道原委歷代沿革衆說異同與夫溝遂經畛之體廣深尋尺之數以及蓄水止水蕩水均水舍水瀉水之事皆備復證之周官考究詳覈官湖北時奉檄襄築荊州隄工上江隄埽工議及荊州論沔陽水災後奉檄會勘作水利說以諭沔民原本經術有裨實用皆此類也

宗世舉字肖勛浙江臨海人乾隆五十三年舉人以教習官陝西扶風知縣地當川藏孔道夫馬悉斂之民計畝索錢名曰公句世舉多所裁革無妄取時教匪初定州縣多以獲盜遷擢扶風民有持齋為怨家所訐者大府飛檄至捕而鞫之皆良民釋弗顧罷歸研求經訓熟於諧聲假借之例著周禮故書疏證六卷儀禮古今文疏證二卷他著有確山駢體文四卷紅杏軒詩鈔十七卷

清史稿卷四百八十二

儒林三

嚴可均　嚴元照

嚴可均〔一〕，字景文，烏程人。嘉慶五年舉人，官建德縣教諭〔二〕，引疾歸〔三〕。可均博聞强識，精考據之學。與姚文田同治說文，為說文長編，亦謂之類考。有天文算術、地理類、草木鳥獸蟲魚類、聲類、說文引群書、群書引說文類，積四十五冊〔四〕。又輯鐘鼎拓本為說文翼十五篇〔五〕。將校定說文，撰為疏義，孫星衍促其成，乃撮舉大略，就毛氏汲古閣初印本別為校議三十篇〔六〕，專正徐鉉之失。又與丁溶同治唐石經，著校文十卷，自序云：余弱冠治經，稍見宋槧本。既又念若漢若魏若唐若孟蜀若宋嘉祐、紹興，各立石經。今僅嘉祐四石、紹興八十七石，皆殘本，而唐太和石壁二百二十八石，歸然獨存。此天地閒經本之最完最舊者也。夫唐代四部之富埒於梁、隋，而鄭覃、唐元度輩皆通儒，頗見古本，苟能刊正積非，歸於真是，即方駕熹平不難，而僅止於是，今也古本皆忘，欲復舊觀，已難為力，可慨也！然而後唐雕版實依石經，可度鈔寫，歷宋、元、明，轉刻轉誤。而石本幸存，纖不足與復古，以匡今繆有餘也。獨怪數百年來，學士大夫或過問者。間有一二好古之士，亦與冢碣寺碑同類而並道之。康熙初，顧炎武始略校焉。觀其所作九經誤字、金石文字記，刺取寥寥，是非寡當，又誤信王堯惠之補字以誣石經。顧氏且然，況其他乎？烏乎！石經者，古本之終，今本之祖。治經不及見古本，而並蔑石經，匪直蔑之，又交口誣之，豈經之幸哉！余不自揆，欲為今版本正其誤，為唐石經釋其非，為顧氏等祛其惑。隨讀隨校，凡石經之磨改者、旁增者、與今本互異者，皆錄出。輒據注疏、釋文，旁稽史傳及漢、唐人所徵引者，為之左證，而石臺孝經附其後焉。

嘉慶十三年，詔開全唐文館，可均以越在草茅，無能為役，慨然曰：「唐之文盛矣哉！唐以前要當有總集，斯事體大，是余之責也。」乃輯上古三代秦漢三國六朝文〔八〕，使與全唐文相接，多至三千餘家，人各系以小傳，足以考證史文，皆從蒐羅殘賸得之。覆檢群書，一字一句，稍有異同，無不校訂，一手寫定，不假衆力。唐以前文咸萃於此焉。又校輯諸經逸注及佚子書等數十種，合經、史、子、集，為四錄堂類集千二百餘卷〔九〕。

嚴元照〔十〕，字九能，歸安人。十歲能為四體書，補諸生。儀徵阮元、大興朱珪深賞之。熟於爾雅，作爾雅匡名八卷，旁羅異文軼訓，鉤稽而疏證之。著有悔菴文鈔、詩鈔、詞鈔、娛親雅言等書〔十一〕。

校記

〔二〕清史稿之嚴可均傳，源出清國史，載儒林傳下卷卷二十六。

〔三〕嚴可均何時官建德縣教諭？清史稿及清國史皆失記。據閔爾昌碑傳集補所輯烏程縣志之嚴可均傳，乃在道光二年，距嘉慶五年鄉舉，已然相去二十二年。

〔三〕嚴可均何時自建德引疾歸？不惟清史稿及清國史失記，前引烏程縣志亦含混不明，祇作在任數年，引疾歸。據嚴可均鐵橋漫稿卷三載傳主道光十三年六月十日致浙江學政陳用光書，已表示為繕錄全上古三代秦漢三國六朝文，請本亟宜謝病去官。翌年十二月八日答徐星伯同年書，即明確告友：十一月望，可均為繕寫清本地引疾去官。可見，嚴可均之引疾去官在道光十四年十一月，時年七十有三。

〔四〕清史稿及清國史所述說文長編，分類及卷帙皆未盡準確。據前引鐵橋漫稿卷三答徐星伯同年書所附四錄堂類集總目，說文長編七十卷，可均撰，凡四十七册，亦名類考，計分天文算術類二卷，地理類六卷，草木鳥獸蟲魚類十卷，聲類二卷，說文引群書類六卷，群書引說文類二十九卷，鐘鼎古籀文秦篆類十五卷。

〔五〕說文翼十五篇　篇字前引四錄類集總目作卷。

〔六〕校議三十篇　篇字前引總目作卷。

〔七〕清史稿及清國史所引唐石經校文序與清儒學案卷一百十九鐵橋學案文多有異同。史書於傳主論述刪節成文，體例使然，未可厚非。然若不護惜古人，隨意嫁接，以致乖違原意，則非良史所當為。此處之方駕叢平不難，學案所錄案主文則為然欲方駕叢平亦斷斷不能，二者之文意顯然相去甚遠。

〔八〕上古三代秦漢三國六朝文　上字前脫一全字，當補清國史不誤，係史稿不慎脫。
〔九〕嚴可均卒年，清國史記之甚確，作道光二十三年
卒，年八十二，清史稿刪而不錄，失之輕率。
〔十〕清史稿之嚴元照傳，源出清國史，載儒林傳下卷
卷二十六，附見於嚴可均傳。
〔十一〕嚴元照卒年，清史稿失記。清國史記作卒於嘉慶
二十二年，不誤。惟記元照終年三十五，誤。據嚴元照悔菴
學文卷五先考國子監生半菴先生行述，嚴元照乃生於
乾隆三十八年，迄於嘉慶二十二年故世，終年當為四十
五。

清史列傳卷六十九

儒林傳下二

嚴可均　嚴元照

嚴可均字景文浙江烏程人嘉慶五年舉人官建德縣教諭引疾歸可均博文強識精考據之學與姚文田同治說文遍索異同為說文長編亦謂之類考有天文算數地理類草木鳥獸蟲魚類聲類說文引群書類群書引說文類積四十五冊又輯鐘鼎拓本為說文翼十五篇將校定說文撰為疏異孫星衍促其成乃撮舉大略就毛氏汲古閣初印本別為校義三十卷專正徐鉉之失又與丁溶同治唐石經著校文十卷自序云余弱冠治經稍見宋槧本既又念若漢若魏若唐若孟蜀若宋嘉祐紹興各立石經今僅嘉祐四石紹興八十七石皆殘本而唐太和石壁二百二十八石巋然獨存此天地間經本之最完最舊者

夫唐代四部之富，埒於梁、隋，而鄭覃、唐元度輩皆通儒，頗見古本，苟能刊正積非，歸於真是，即方駕熹平不難，而僅止於是。今也古本皆亡，欲復舊觀已難為力，可慨也。然而後唐雕版，實依石經句讀鈔寫，歷宋、元、明轉刻轉誤。而石本幸存，縱不足與復古，以匡今謬有餘也。獨怪數百年來，學士大夫尠或過問者，間有一二好古之士，亦與冢碣寺碑同類而並道之。康熙初，顧炎武始略校焉。觀其所作九經誤字、金石文字記，刺取寥寥，是非寡當，又誤信王堯惠之補字以誣石經。顧氏且然，況其他乎！嗚呼！石經者，古本之終，今本之祖，治經不及見古本，而並荒石經，唯直荒之，又交口詆之，豈經之幸哉？余不自揆，欲為今版本正其誤，為唐石經釋其非，為顧氏等祛其惑，隨讀隨校，凡石經之磨改者、旁增者，與今本互異者，皆錄出，輒據注疏、釋文、旁稽史傳及漢、唐人所徵引者，為之左證，而石臺孝經附其

後焉

嘉慶十三年詔開全唐文館可均以越在草茅無能為役慨然曰唐之文盛矣哉唐以前要當有總集乃輯全上古三代秦漢三國六朝文使與全唐文相接多至三千餘家人各系以小傳足以考證史文皆從蒐羅殘賸得之覆檢群書一字一句稍有異同無不校訂一手寫定不假眾力唐以前文咸萃於此焉又校輯諸經逸注及佚子書等數十種合經史子集為四錄堂類集千二百餘卷又著有鐵橋漫稿十三卷其說文類考稿佚惟聲類二卷存道光二十三年卒年八十二

嚴元照字九能浙江歸安人諸生治經務實學尤熟於爾雅說文嘗曰說文古文家學爾雅今文家學也著爾雅匡名八卷旁羅異文佚訓鉤稽而疏證之又有悔菴文鈔八卷詩鈔詞鈔娛親雅言等書嘉慶二十二年卒年三

十五

校記：

〔一〕「疏異」「異」字誤，當爲「義」。詳見傳主鐵橋漫稿。下同。

〔二〕「校義」「義」字誤，當爲「議」。

〔三〕「太和」當依新舊唐書作「大和」。

〔四〕嚴元照終年爲四十五，詳見前史稿校文。

清史稿卷四百八十二

儒林三

焦循 子廷琥 顧鳳毛 鍾懷 李鍾泗

焦循，字里堂，甘泉人。嘉慶六年舉人。曾祖源，祖鏡，父蔥，世傳易學。循少穎異，八歲在阮賡堯家，與賓客辨壁上馮夷字，曰：此當如楚辭讀皮冰切，不當讀如縫。阮奇之，妻以女。既壯，雅尚經術，與阮元齊名。元督學山東、浙江，俱招循往游。性至孝，丁父及嫡母謝艱，哀毀如禮。一應禮部試，後以生母殷病愈而神未健，不復北行。殷歿，循毀如初服除，遂託足疾不入城市者十餘年。葺其老屋，曰半九書塾，復構一樓，曰雕菰樓，有湖光山色之勝，讀書著述其中。嘗歎曰：家雖貧，幸蔬菜不乏，天之疾我，福我也，吾老於此矣！嘉慶二十五年卒，年五十八。

循博聞強記，識力精卓，每遇一書，無論隱奥平衍，必

究其源，以故經史、曆算、聲音、訓詁，無所不精。幼好易，父問
小畜密雲二語，何以復見於小過？循反復其故，不可得。既
學洞淵九容之術，乃以數之比例求易之比例，漸能理解，
著易通釋二十卷。自謂所悟得者，一曰旁通，二曰相錯，三
曰時行。又以古之深通易理、深得羲文周孔之指者，莫如
孟子。生孟子後，能深知其學者，莫如趙氏。僞疏踳駁，未能
發明，著孟子正義三十卷。謂為孟子作疏，其難有十。然近
代通儒已得八九，因博采諸家之說，而下以己意，合孔孟
相傳之正指。又著六經補疏二十卷，以說漢易者每屏王
弼。然弼解箕子用趙賓說，讀彭為旁，借雍為甕，通孚為浮，
解斯為廝。蓋以六書通借其解經之法，未遠於馬、鄭諸儒。
為周易王注補疏二卷。以尚書僞孔傳說之善者，如金縢
我之不辟，訓辟為法；居東即東征，罪人即管、蔡；大誥周公
不自稱王而稱成王之命，皆非馬、鄭所能及，為尚書孔氏

傳補疏二卷。以詩毛鄭義有異同，正義往往雜鄭於毛，比毛於鄭，爲毛詩鄭氏箋補疏五卷。以左氏傳稱君君無道，稱臣臣之罪，杜預揭其詞而暢衍之。預爲司馬懿女婿，目見成濟之事，將以爲司馬飾，即用以爲己飾。萬斯大、惠士奇、顧棟高等未能摘姦而發覆，爲春秋傳杜氏集解補疏五卷。以禮以時爲大，訓詁名物亦所宜究，爲禮記鄭氏注補疏三卷。以論語一書，發明羲文周公之指，參伍錯綜，引申觸類，亦與易例同，爲論語何氏集解補疏三卷。合之爲二十卷。又錄當世通儒說尚書者四十一家，書五十七部，仿衛湜禮記之例，以時之先後爲序，得四十卷，曰書義叢鈔。又著禹貢鄭注釋一卷，毛詩地理釋四卷，毛詩鳥獸草木蟲魚釋十一卷，陸璣疏考證一卷，群經宮室圖二卷，論語通釋一卷。又著有雕菰樓文集二十四卷，詞三卷，詩話一卷。

循壯年即名重海内，錢大昕、王鳴盛、程瑤田等皆推敬之。始入都，謁座主英和，和曰：吾知子之字曰里堂，江南老名士，屈久矣。殁後，阮元作傳，稱其學精深博大，名曰通儒，世謂不愧云。

子廷琥，字虎玉，優廩生，性醇篤，善承家學，阮元稱為端士。循嘗與廷琥纂孟子長編三十卷，後撰正義，其廷琥有所見，亦本范氏穀梁之例，為之録存。循又以測圓海鏡、益古演段二書不詳開方之法，以常法推之不合，既得秦道古數學九章有正圓（六）開方法，為開方通釋，乃謂廷琥曰：汝可列益古演段六十四問，用正員（七）開方法推之。廷琥布策下算，一一符合，著益古演段開方補一卷。陽湖孫星衍不信西人地圓之說，以揚光先之斥地圓，比孟子之距楊墨。廷琥謂古之言天者三家，曰宣夜，曰周髀，曰渾天。宣夜無師承，渾蓋之說，皆謂地圓。泰州陳氏、宣城梅氏悉以東西測景有時差，南北測星有地差，與圖形合為說。且大戴有曾子之言，內經有岐伯之言，宋有邵子、程子之言，其說非西人所自創。因博搜古籍，著地圓說二卷。他著有蕊梅花館詩文鈔。

顧鳳毛，字超宗，江蘇興化人。乾隆四十九年，南巡召試，列二等。五十三年副榜貢生。父九苞，字文子，長於詩、禮。九苞母任氏，大椿祖姑，通經達史，九苞之學，母所教也。乾隆四十六年進士，歸時卒於路，著述不傳。鳳毛亦受經於祖母，年十一通五經。及長，與焦循同學，循就鳳毛問難，始用力於經。鳳毛又學音韻律呂於嘉定錢塘，撰楚辭韻考、入聲韻考、毛詩韻考，皆得塘旨。又撰毛詩集解、董子求雨考、三代田制考，未成而卒，年二十七。卒後，循理其喪，作招亡友賦哭之。

鍾懷、李鍾泗皆有名，均甘泉人。鍾懷，字保岐，優貢生。

與阮元、焦循相善，共為經學，旦夕討論，務求其是。居恆禮法自守，不與世爭名，交遊中稱為君子。嘉慶十年卒，年四十五。著有蔵厓考古錄四卷。其漢儒考，較陸德明所載增多十餘人。鍾泗，字濱石，嘉慶六年舉人。治經精左氏春秋，撰規規過一書，抑劉仲杜，焦循服其精博。

校記

〔一〕清史稿之焦循傳並所附焦廷琥、顧鳳毛、鍾懷、李鍾泗諸家傳，皆源出清國史載儒林傳下卷卷二十六。

〔二〕焦循祖父名，清國史、清史列傳及阮元通儒揚州焦君傳皆作「鏡」，惟清史稿作「饒」。鏡、饒二字形近而意異，清史稿所改，未詳所本。

〔三〕「循」字左側，點校本原標作書名號，偶誤，逕改。

〔四〕「正指」後，點校本誤作逗號，因句意已盡，故改句號。

〔五〕此處引文源出清國史本自傳主周易補疏敘及阮元揚州通儒焦君傳。惟其字係清國史所增，故與傳主原意略有異同。依周易補疏敘，當作「故猶之易以六書通借解經之法，尚未遠於馬鄭諸儒。」

〔六〕此處引文亦沿自清國史。惟「正圓之圓」字，兩家皆誤。據傳主開方通釋自序，當作「員」。

〔七〕「正負之負」字誤。依前引開方通釋自序，當作「員」。

〔八〕之前各傳記傳主籍貫，皆不書省名。獨此傳述及「江蘇」，實爲自亂體例。

〔九〕據清國史，任大椿本有專傳，載儒林傳下卷卷十三。故隨後之顧鳳毛傳語及任大椿，方可稱名。清史稿既刪任大椿傳，此處之大椿名，則成無源之水。當年清史稿之纂修粗疏，統籌無法，於此可見一斑。

清史列傳卷六十九

儒林傳下二

焦循 子廷琥 顧鳳毛 鍾懷 李鍾泗

焦循字里堂江蘇甘泉人嘉慶六年舉人曾祖源祖
鏡父蔥世傳易學循少穎異八歲在阮賡堯家與賓客辨
壁上馮夷字曰此當如楚辭讀皮冰切不當讀如縫阮奇
之妻以女既壯雅尚經術與阮元齊名元督學山東浙江
俱招循往遊性至孝丁父及嫡母謝艱哀毀如禮一應禮
部試後以生母殷病愈而神未健不復北行殷歿循毀如
初服除遂託足疾不入城市者十餘年葺其老屋曰半九
書塾復構一樓曰雕菰樓有湖光山色之勝讀書著述其
中嘗歎曰家雖貧幸蔬菜不乏天之疾我福我也吾老於
此矣嘉慶二十五年卒年五十八

循博聞彊記識力精卓每遇一書無論隱奧平衍必

究其源，以故經史、曆算、聲音、訓詁無所不精。幼好易，父問：「小畜密雲」二語何以復見於小過，循反復其故不可得。既學洞淵九容之術，乃以數之比例求易之比例，漸能理解，著通釋二十卷。自謂所悟得者：一曰旁通，二曰相錯，三曰時行。旁通者，在本卦初與四易，二與五易，三與上易。本卦無可易，則旁通於他卦，亦初通於四，二通於五，三通於上。先二五，後初四、三上，為當位；不俟二五而初四、三上先行，為失道。易之道，惟在變通，二五先行，而上下應之，此變通不窮者也。或初四先行，三上先行，則上下不能應。然能變而通之，仍大中而上下應，如乾四之坤初，而成小畜，復失道矣。變通之，小畜二之豫五，姤二之復五，復初不能應，姤初則能應。小畜四不能應，豫四則能應。坎三之離上成井，豐失道矣。變通之，井二之噬嗑五，豐五之渙二，豐上不能應，渙上則能應；井三不能應，噬嗑三則能應。此所謂時行也。比例之義，出於相錯，如睽二之五為无妄，井二之噬嗑五亦為无妄，故睽之噬嗑，即噬嗑之噬嗑；坎三之離上成豐，噬嗑上之三亦成豐，故豐之日昃，即離之日昃；豐之日中，即噬嗑之日中。漸上之歸妹三，歸妹成大壯，漸成蹇；蹇大壯相錯成需，故歸妹以須，須即需也。歸妹四之漸，初漸成家人，歸妹成臨，臨通遯，相錯為謙，履故眇能視，跛能履。臨二之五即履二之謙五之比例也。既復提其要為圖略八卷，又成章句十二卷，總名易學三書。

初，循以易學質王引之，引之以為鑿破混沌。年四十七，病危，以書未成為憾，後乃誓於先聖先師，盡屏他務，凡四易稿乃成。其學易時，隨筆記錄，有易餘籥錄二十卷，易話二卷，註易日記三卷，易廣記三卷。又以古之精通易理，深得羲、文、周、孔之恉者，莫如孟子。生孟子後，深知其學者，莫如趙氏。偽疏踳駁，未能發明，著孟子正義三十卷。謂為孟子作疏，其難有十，然近代通儒已得八九。因博采諸家之說，而下以己意，合孔孟相傳之正指。又著六經補疏，以說漢易者，每屏王弼，然弼解箕子用趙賓說，讀彭爲旁，借雍爲甕，通孚爲浮，解斯爲廝，蓋以六書通借解經之法，未遠於馬、鄭諸儒，爲周易王注補疏二卷。以尚書偽孔傳說之善者，如金縢「我之不辟」，訓辟爲法，居東即東征，罪人即管、蔡，大誥周公不自稱王，而稱成王之命，皆非馬、鄭所能及，爲尚書孔氏傳補疏二卷。以詩毛、鄭義有異同，正義往往雜鄭於毛，比毛於鄭，爲毛詩鄭氏箋補疏五卷。以左氏傳稱「君君無道，稱臣臣之罪」，杜預揚其辭而暢衍之，預爲司馬懿女婿，目見成濟之事，將以爲司馬飾，即用以爲己飾，萬斯大、惠士奇、顧棟高等未能摘姦而發覆，爲春秋傳杜氏集解補疏五卷。以禮「以時爲大」，訓詁名物亦所宜究，爲禮記鄭氏注補疏三卷。以論語一書發明羲、文、周公之恉參伍錯綜，引申觸類，亦與易例同，為論語何氏集解補疏三卷。合之為二十卷。又錄當世通儒說尚書者四十一家，書五十七部，仿衛湜禮記之例，以時之先後為序，得四十卷，曰書義叢鈔。又著禹貢鄭注釋一卷，毛詩地理釋四卷，毛詩鳥獸草木蟲魚釋十一卷，陸璣疏考證一卷，群經宮室圖二卷，論語通釋一卷。

循於天文算術，以梅文鼎弧三角舉要、環中黍尺，撰非一時，繁複無次，戴震句股割圜記，務為簡要，變易舊名，著釋弧三卷；又以弧線之生，緣於諸輪，輪之常明，法無從附，著釋輪二卷；又以雍正癸卯律書用橢圓法實測，隨時而差，則立法亦隨時而改，著釋橢一卷；又以九章不能盡加減乘除之用，而加減乘除可以通九章之窮，著加減乘除釋八卷。又得秦道古數學大略，因著天元一釋二卷，開方通釋一卷。吳縣李銳序之云：此書於帶分寄母同數相消之故發揮無餘蘊李欒城郭邢臺後為此學者未能如此妙也他著有北湖小志六卷揚州足徵錄一卷邗記六卷里堂道聽錄五十卷最愛柳柳州文習之不倦謂唐宋以來一人而已著有雕菰樓文集二十四卷又詞三卷詩話一卷循壯年即名重海內錢大昕王鳴盛程瑶田等皆推敬之始入都謁座主英和和曰吾知子之字曰里堂江南老名士屈久矣歿後阮元作傳稱其學精深博大名曰通儒世謂不愧云子廷琥

廷琥字虎玉優廩生性醇篤善承家學阮元稱為端士循嘗與廷琥纂孟子長編三十卷後撰正義其廷琥有所見亦本范氏穀梁之例為之錄存循又以測圓海鏡益古術段二書不詳開方之法以常法推之不合既得秦道古數學九章有正負開方法為開方通釋乃謂廷琥曰汝可列益古術段六十四問用正負開方法推之廷琥布策

下算，一一符合，蓋古術段開方補一卷。陽湖孫星衍不信西人地圓之說，以揚光先之斥地圓，比孟子之距楊、墨。廷琥謂古之言天者三家，曰宣夜，曰周髀，曰渾天。宣夜無師承，渾蓋之說皆謂地圓。泰州陳氏、宣城梅氏悉以東西測景有時差，南北測星有地差，與圓形合爲說。且大戴有曾子之言，內經有岐伯之言，宋有邵子、程子之言。其說非西人所自創。因博搜古籍，著地圓說二卷。他著有密梅花館詩文鈔。

顧鳳毛，字超宗，江蘇興化人。乾隆四十九年，高宗南巡，召試列二等。五十三年，副貢生。父九苞，字文子，長於詩、禮。九苞母任氏，大椿祖姑，通經達史。九苞之學，母所教也。四十六年進士，歸時卒於路，著述不傳。鳳毛亦受經於祖母，年十一，通五經，及長，傳九苞學，與焦循同學。循就鳳毛問難，始用力於經。鳳毛又學音韻、律呂於嘉定錢塘，撰楚辭韻考、入聲韻考、毛詩韻考、皆得塙旨。又撰毛詩集解、董子求雨考、三代田制考，未成而卒，年二十七。卒後，循理其喪，作招亡友賦哭之。

鍾懷字保岐，甘泉人。優貢生。與儀徵阮元同縣，焦循相善，共爲經學，旦夕討論，務求其是。居恆禮法自守，不與世爭名，交遊中稱爲君子。嘉慶十年卒，年四十五。所著有春秋考異、說書區別錄、祭法解、周官識小、論語考古、漢儒考等書，凡十三種。卒後，循刺其精華，編爲蔽廬考古錄四卷。其漢儒考較陸德明所載增多十餘人。

李鍾泗字濱石，亦甘泉人。嘉慶六年舉人。治經精左氏春秋，撰規規過一書，抑劉伸杜。焦循服其精博。

校記：

〔二〕「負」字原作「圓」，形近而誤，據傳主開方通釋自序改。

詳見前清史稿焦循傳校記。

〔二〕「員」字原作「圓」，形近而誤。故據傳主文改。

〔三〕「梅」字原脱，據傳主現存别集補。

清史稿卷四百八十二

儒林三

李富孫 兄超孫 弟遇孫

李富孫〔二〕，字既汸，嘉興人。嘉慶六年拔貢生。良年來孫，良年自有傳。從祖集，字敬堂，乾隆二十八年進士，官鄖縣知縣，精研經學，以漢、唐為宗，嘗為學規論以課窮經、課經濟，著有願學齋文鈔。富孫學有原本，與伯兄超孫、從弟遇孫有「後三李」之目。長遊四方，就正於盧文弨、錢大昕、王昶、孫星衍，飫聞緒論。阮元撫浙，肄業詁經精舍，邃湛深經術。尤好讀易，著易解賸義，謂：「易學三派，有漢儒之學，鄭、虞、荀、陸諸家精矣，有晉唐之學，王弼、孔穎達諸家，即北宋胡瑗、石介、東坡、伊川，猶是支流餘裔，至宗陳、邵之學出，本道學〔三〕之術，創為圖說，舉羲、文、周、孔之所未及，漢以後諸儒之所未言者，以自神其附會之說，理其理而非易之所謂理，數其數而非易之所謂數而前聖之易道晦矣唐李鼎祚所輯易解精微廣大聖賢遺旨略見於此然其於三十六家之說尚多未采其遺文賸義間見他書猶可蒐輯叢綴而錄之成書三卷又成校異二卷〔三〕

又著七經異文釋就經史傳注諸子百氏所引以及漢唐宋石經宋元槧本校其異同或字有古今或音近通假或沿襲乖舛悉據古誼而疏證之而前儒之論說並爲蒐輯使正其譌謬辨其得失折衷以求一是凡易六卷尚書八卷毛詩十六卷春秋三傳十二卷禮記八卷同里馮登府稱其詳核〔四〕奧博爲詁異義者集其大成又謂說文一書保氏六書之旨賴以僅存自篆變爲隸隸變爲真文字日繁譌僞錯出或有形聲意義太相區別亦有近似而其實異後人多混而同之或有一篆之形從某爲古籀爲或體後人竟析而二之經典文字往往時於音訓擅爲改易

甚與本義相近，亦字學之大變。夫假借通用，說〔五〕文自有本字，有得通借者，有不容通借而並為俗誤者。援據經典，以相證契，俾世之踵謬沿譌，焯然可辨，為說文辨字正俗八卷。同里錢泰吉謂其書大旨折衷段注，而亦有段所未及者，讀說文之津梁也。他著有漢魏六朝墓銘纂例四卷，鶴徵錄八卷，後錄十二卷，曝書亭詞注七卷，梅里志十六卷，校經廎文稿十八卷。

超孫，字引樹。嘉慶六年舉人，官會稽縣教諭。剖析經義，尤深於詩〔六〕。嘗以毛詩草木蟲魚則有疏，名物則有解，地理則有考，而詩中所稱之人則未有纂輯成書者，因取詩人之氏族、名字，博考經史諸子及近儒所著述，並列國之世次，洎其人之行事，搜羅薈集，為詩氏族考六卷。官會稽時，課諸生，依寧化雷鋐學規條約，士習日上。又著拙守齋集。

遇孫，字金瀾，集孫，優貢生，處州府訓導。幼傳祖訓，淹貫經史，著有尚書隸古定釋文八卷。漢孔安國以科斗文難知，取伏生今文次第之，爲隸古定。宋薛宣因之成古文訓。遇孫又以隸古文難知，引說文諸書疏通之，譌者是正，疑者則闕。性嗜金石，有芝省齋碑錄八卷、金石學錄四卷。官處州時，以處州地僻山遠，阮元兩浙金石志未免脫漏，乃搜輯數百餘種，爲括蒼金石志八卷。他著有日知錄補正一卷、校正一卷、古文苑拾遺十卷、天香錄八卷、隨筆六卷、詩文集十八卷。〔三〕

校記

〔二〕清史稿之李富孫傳，以及所附兄超孫、弟遇孫二家傳，皆源出清國史載儒林傳下卷卷二十八。

〔三〕道學之學字，清國史本作家，甚確。清史稿臆改，混

「道家」與「道學」為一，殊不可取。

〔三〕李氏集解校異，清國史及清史列傳皆作一卷，未確。據孫殿起販書偶記，該書道光十年校經廎刊本，即為二卷。清史稿所改有據。

〔四〕「詳核」之「核」字，據清國史本作「該」，謂詳實該備。清史稿臆改，似是而非。該、核二字，非同義，不可混用。

〔五〕據清國史，「援」字之前，尚脫一「因」字，當補。

〔六〕「詩」字，點校本漏標書名號，故逕補。

〔七〕據清國史，李氏兄弟之後，尚附有馮登府傳。登府與李氏兄弟同調共鳴，治經名家，尤以石經研究用力最勤，允稱承前啟後之集大成者。清史稿中竟未得留一席，難免後世學人訾議。

清史列傳卷六十九

儒林傳下二

李富孫 兄超孫 弟遇孫

李富孫，字既汸，浙江嘉興人。嘉慶六年拔貢生。良年來孫。從祖集，字敬堂，乾隆二十八年進士，官鄖縣知縣，精研經學，以漢唐為宗，嘗為學規論以課窮經，課經濟，著有願學齋文鈔。富孫學有原本，與伯兄超孫、從弟遇孫有後三李之目。長遊四方，就正於盧文弨、錢大昕、王昶、孫星衍，飫聞緒論。阮元撫浙，肄業詁經精舍，遂湛深經術，尤好讀易，所經眼者不下百餘種，深斥圖讖之說。著易解賸義，謂：「易學有三派：有漢儒之學，鄭、虞、荀、陸諸家精矣。有晉唐之學，王弼、孔穎達諸家，即北宋胡瑗、石介、東坡、伊川猶是支流餘裔。至宋陳、邵之學，出本道家之術，創為圖說，舉羲、文、周、孔之所未及，漢以後諸儒之所未言者，以自神其附會之說。理其理而非易之所謂理，數其數而非易之所謂數，而前聖之易道晦矣。因歎李鼎祚所輯易解，精微廣大，聖賢遺旨，略見於此。然其餘三十六家之說，尚多未采，其遺文賸義，間見他書，猶可蒐輯，爰綴而錄之，成書三卷，校異一卷。又著七經異文釋，就經史傳注諸子百氏所引，以及漢、唐、宋石經，宋元槧本，校其異同，辨其得失，折衷以求一是。凡易六卷，尚書八卷，毛詩十六卷，春秋三傳十二卷，禮記八卷。同里馮登府稱其詳該奧博，爲詁異義者集其大成。又謂說文一書，保氏六書之指，賴以僅存，自篆變爲隸，隸變爲真，文字日繁，譌僞錯出，或有形聲意義大相區別，亦有近似而其實異，後人多混而同之，或有一篆之形，從某爲古籀，爲或體，後人竟析而二之，經典文字，往往昧於音訓，擅爲改易，甚與本義相違。夫假借通用，說文自有本字，有得通借者，有不容通借而並爲俗誤者。因據經典，以相證契,俾世之踵謬沿譌,焯然可辨,為說文辨字正俗八卷。同里錢泰吉謂其書大旨,折衷段注,而亦有段所未及者,讀說文之津梁也。他著有漢魏六朝墓銘纂例四卷,鶴徵錄八卷、後錄十二卷,曝書亭詞注七卷,梅里志十六卷,校經廎文稿十八卷。

起孫,字引樹。嘉慶六年恩科舉人,會稽縣教諭。剖析經義,尤深於詩。嘗以毛詩草木蟲魚則有疏,名物則有解,地理則有考,而詩中所稱之人則未有纂輯成書者。因取詩人氏族名字,博考經史諸子及近儒所著述,並列國之世次,洎其人之行事,搜羅薈集,為詩氏族考六卷。官會稽時,課諸生依寧化雷鋐學規條約,士習日上。又著拙守齋集。

遇孫,字金瀾。嘉慶六年優貢生,處州府訓導。幼傳祖訓,淹貫經史,著有尚書隸古定釋文八卷。漢孔安國以科斗文難知，取伏生今文次第之，為隸古定。宋薛宣因之，成古文訓。過孫又以隸古文難知，引說文諸書疏通之，譌者是正，疑者則闕。性嗜金石，有芝省齋碑錄八卷、金石學錄四卷。官處州時，以處州地僻山遠，阮元兩浙金石志未免脫漏，乃搜輯百餘種，為括蒼金石志八卷。他著有日知錄補正一卷、校正一卷、古文苑拾遺十卷、天香錄八卷、隨筆六卷、詩文集十八卷。

校記：

〔二〕易解賸義校異當作二卷，詳見前史稿校文。

清史稿卷四百八十二

儒林三

胡承珙　胡東虔　朱珔

胡承珙[一]，字墨莊[二]，涇縣人。嘉慶十年進士，選翰林院庶吉士，散館，授編修。十五年，充廣東鄉試副考官，尋遷御史，轉給事中。自以身居言路，當周知天下利弊，陳之於上，方不負職。數年中，陳奏甚多，多見施行。而其最切中時病者，則有條陳虧空弊端各條[三]。一曰冒濫宜禁。司庫支發錢糧，向有扣除二三成之弊，故藩司書吏將不應借支之款，冒支濫借。此在領者便於急需，不敢望其足數，而在放者利於多扣，不復問其合宜，則雖應放而仍與浮冒無異。一曰抑勒宜禁。州縣交代，例限綦嚴，均不准充抵。近日仍多以議單欠票虛開實抵者，總由上司多方抑勒，逼令新任擔承。一曰糜費宜省。各省攤捐津貼名目，豈盡必不可省？閒州縣所解各上司衙門飯食手規等銀逐歲增加如郵報一事安徽省每年通派各屬萬金一省如此他省可知一事如此他事可知一曰升調宜慎部選人員多係初任或尚能不敢輕易接受惟佐雜題升及調補繁缺二者每多久歷仕途習成狡滑在題升者急於得缺明知此地之多累不復顧後而瞻前在調補者遷就一時轉因原任之有虧希圖挪彼以掩此究之接承彌補皆屬空名不過剜肉補瘡甚且變本加厲〔三〕其言深切著明二十四年授福建分巡延建邵道編查保甲設立緝捕章程八條匪徒斂跡調署臺灣兵備道緝獲洋盜張充等置於法旋乞假〔四〕回籍臺灣素稱難治承珙力行清莊弭盜之法民番安肅自承珙去後彰化淡水即以械鬭起釁矣道光十二年卒年五十七

承珙究心經學尤專意於毛詩傳歸里後鍵戶著書

與長洲陳奐往復討論不絶，著毛詩後箋三十卷。其書主於申述毛義，自注疏而外，於唐、宋、元諸儒之說及近人為詩學者，無不廣徵博引，而於名物訓詁及毛與三家詩文有異同，類皆剖析精微，折衷至當。而其最精者，能於毛傳本文前後會岀指歸，又能於西漢以前古書中反覆尋求，貫通詩義，證明毛旨。凡三四易稿，手自寫定。至魯頌泮水章而疾作，遺言囑陳奐校補，奐乃為續成之。又以鄭君注儀禮，參用古今文二本，撮其大例，有必用其正字者，有即用其借字者，有務以存古者，有兼以通今者，有因彼以決此者，有互見而並存者，闡意妙旨，有關於經實夥。遂取注中疊出之字並讀如、讀為、當為各條，排比梳櫛，考其訓詁，明其假借，參稽旁采，疏通而證明之，作儀禮古今文疏義十七卷。又謂惠氏棟九經古義未及爾雅，遂補撰數十條，成二卷。小爾雅原本不傳，今存孔叢子中，世多謂為偽書，作小爾雅義證十三卷，斷以爲真。復著有求是堂詩文集三十四卷[五]。

胡秉虔，字伯敬，績溪人。嘉慶四年進士，官刑部主事，改甘肅靈臺縣知縣，升丹噶爾同知，卒於官[六]。秉虔自幼嗜學，博通經史。嘗入都肄業成均，夜讀必盡燭二條。尤精於聲音訓詁，著古韻論三卷，辨江、戴、段、孔諸家之說，細入毫芒，塙不可易。說文管見三卷，發明古音古義，多獨得之見，末論二條書，有灼見語，蓋其所致力也。他著有周易、尚書、論語小識各八卷[七]，卦本圖考一卷，尚書序錄一卷，漢西京博士考二卷，甘州明季成仁錄四卷，河州景忠錄三卷。

朱珔，字蘭坡[八]，涇縣人。珔生三年而孤，祖命爲季父後。嗣母汪未婚守志，珔孝事之，與生母同。昆弟均相友愛。嘉慶七年，成進士，選翰林院庶吉士，與幸翰林院柏梁體聯句宴。散館，授編修，擢至侍讀[九]。與修明鑑，坐承纂官累，降編修。道光元年，直上書房，屢蒙嘉獎，有「品學兼優」之褒。升右春坊右贊善，告養歸〔十〕。植品敦俗，獎誘後進，歷主鍾山、正誼、紫陽書院。卒〔十一〕，年八十有二。珔愛書如命，學有本原，主講席幾三十年，教士以通經學古爲先。與桐城姚鼐、陽湖李兆洛並負儒林宿望，蓋鼎足而三云。著有說文假借義證二十八卷，經文廣異十二卷，文選集釋二十四卷，小萬卷齋詩文集七十卷。輯有國朝古文彙鈔二百七十二卷〔十二〕。又有詁經文鈔六十二卷〔十三〕，匯有清諸名家說經之文，依次標題，篇幅完善，尤足爲後學津逮云。

校記：

〔一〕清史稿之胡承珙傳及所附胡秉虔、朱珔二家傳，均源出清國史，惟非在同一傳中。二胡傳載儒林傳下卷卷二十九，朱珔則在同部卷二十七。

〔二〕據清國史，胡承珙字景孟，而非墨莊。本自胡培翬研六室文鈔卷十福建臺灣道胡君别傳，該别傳云：君姓胡氏，諱承珙，字景孟，號墨莊。清史稿不依清國史，改號為字，失之隨意。

〔三〕此處之大段引文，語出前引别傳，清國史不録，甚是得體。傳主既入儒林，理當以述學為主，兼及生平行事。史稿輕重不分，未免喧賓奪主。

〔四〕胡承珙何時乞假回籍，史稿失記，據前引别傳，當補「道光四年」四字。

〔五〕求是堂詩文集，清史稿之胡承珙傳記作「三十四卷」，而同書藝文志則記作「三十卷」，皆不確。據前引别傳及孫殿起販書偶記，當作「三十一卷」。偶記所述最確，道光十三年先刊求是堂詩集二十二卷，詩餘一卷。道光十七年再刊求是堂文集六卷，駢體文二卷，合之即為三十一卷。

〔六〕胡秉虔何時任丹噶爾同知？何時卒於官？清史稿皆失記。據趙之謙國朝漢學師承續記十七胡秉虔記傳主調任丹噶爾時當道光九年。又據胡蘊玉撰胡秉虔傳稱，乃未及三年，遽卒。故當為道光十一年。

〔七〕清史稿稱胡秉虔所著周易、尚書、論語三小識各八卷，不確。據清國史及上引趙、胡二家傳記，周易、論語二小識固皆八卷，而尚書小識則當為六卷。

〔八〕朱珔字蘭坡，不確。據李元度右春坊右贊善前翰林院侍講朱蘭坡先生傳，公諱珔，字玉存，學者稱蘭坡先生。故當為字玉存，號蘭坡。

〔九〕據清國史，傳主係由編修擢侍講，而非侍讀。

〔十〕朱珔何時告養歸，清史稿失記。據上引李元度撰傳，時當道光二年。清國史亦記之甚明，史稿竟刪而不錄。

〔十一〕朱珔卒於何年？清國史本記之甚確，作道光三十年卒年八十二，清史稿刪「三十年」不記，失誤。

〔十二〕清史稿及清國史之朱珔傳，皆記國朝古文彙鈔為二百七十二卷，不確。據前引販書偶記，當作初集一百七十六卷、二集一百卷，合之當為二百七十六卷。清史稿藝文志所記則不誤。

〔十三〕朱珔輯詁經文鈔，清史稿朱珔傳記作六十二卷，不確。據胡培翬研六室文鈔卷六國朝詁經文鈔序所記，「凡易八卷，書八卷，詩八卷，春秋八卷，周禮十卷，儀禮五卷，禮記五卷，三禮總義十卷，論語、孟子附群經義共五卷，爾雅一卷，說文一卷，音韻一卷，總七十卷。續鈔又已積二十卷。」清國史據以入朱珔傳，自然準確不誤。而清史稿竟視而不見，別出心裁，改作六十二卷，殊為無理。

清史列傳卷六十九

儒林傳下二

胡承珙

胡秉虔 朱珔[三]

胡承珙，字景孟，安徽涇縣人。嘉慶十年進士，改翰林院庶吉士。散館，授編修。十五年，充廣東鄉試副考官，尋遷御史，轉給事中。自以身居言路，當周知天下利弊，陳之於上，方不負職。故其數年中陳奏，多見施行，而其條陳虧空弊端一疏，尤為深切著名。二十四年，授福建延建邵道，尋調補臺灣道。臺灣素稱難治，承珙力行清莊弭盜之法，在臺三年，民番安肅。旋乞假歸里。道光十二年卒，年五十七。

承珙究心經學，尤專意於毛氏詩傳。歸里後，鍵戶著書，與長洲陳奐討論，不絕於月。著毛詩後箋三十卷。其書主於申述毛義，自注疏而外，於唐、宋、元、明諸儒之說及近人為詩學者，無不廣徵博引，而於名物訓詁及三家詩異同類皆剖析精微，析表至當，其最精者，能於毛傳本文前後會出指歸，又能於西漢以前古書中反復尋考，貫通詩義，證明毛旨。凡四易稿，手自寫定。至魯頌泮水章而疾作，遺言囑奐校補，奐乃為續成之。又以鄭君注儀禮參用古今文二本，撮其大例，有必用其正字者，有即用其借字者，有務以存古者，有兼以通今者，有因彼以決此者，有互見而並存者。闡意妙旨，有關於經實彰。遂取注中疊出之字，並讀如、讀為、當為各條，排比梳櫛，考其訓詁，明其假借，參稽旁采，疏通而證明之，作儀禮古今文疏義十七卷。又謂惠氏棟九經古義未及爾雅，遂補撰數十條，成二卷。小爾雅原本不傳，今存孔叢子中，世多謂為偽書，作小爾雅義證十三卷，斷以為真。復著有求是堂詩文集三十卷。

胡秉虔，字伯敬，安徽績谿人。嘉慶四年進士，官刑部主事，改甘肅靈臺縣知縣，升丹噶爾廳同知，卒於官。秉虔

自幼嗜學，博通經史。嘗入都，肄業成均，夜讀必盡燭二條，
應酬紛紜，課不少減。後出彭元瑞、朱珪、阮元之門，又與姚
文田、王引之、張惠言爲同年友，故其學有根柢，尤精於聲
音訓詁。著古韻論三卷，辨江、戴、段、孔諸家之説，細入毫芒，
確不可易。説文管見三卷，發明古音古義，多獨得之見。末
論二徐書，有灼見，語蓋其所致力也。他著有周易小識八
卷、尚書小識六卷、論語小識八卷、卦本圖考一卷、尚書序
録一卷、漢西京博士考二卷、甘州明季成仁録四卷、河州
景忠録三卷。又有經義聞斯録、槐南麗澤編、月令小識、四
書釋名、小學危言、對牀夜話、惜分齋叢録、消夏録、詩文集。

朱珔，字蘭坡，安徽涇縣人。生三歲而孤，祖命爲季父
後。珔事嗣母孝，與生母同。嘉慶七年成進士，改庶吉士。與
幸翰林院柏梁體聯句宴，賜什物，散館授編修。十二年充
山東鄉試副考官，尋擢贊善，遷侍講，與修明鑑，以事降編

修。二十五年，充會試同考官。道光元年，入直上書房，屢蒙宣宗嘉獎，有「品學兼優」之褒。二年，充會試同考官，尋以母病乞養歸。

珔愛書如命，治經蒐討古訓，不隅守一家之說，而必求心之所安。儀徵阮元稱其腓字、手弓諸解，徵實精碻。嘉興沈濤稱其言易象辭、爻辭皆用韻，乾三爻「終日乾乾」與田、人、天、淵韻；說文引「夕惕若厲」，厲亦韻；初九「潛龍勿用」，龍與用韻；上九「用九」，悔與首韻。又言詩鄭箋申毛非改毛，毛公訓詁用假借字，鄭所改字即傳之假借字，皆前人所未道。珔以我朝經學書散而不聚，因捃拾各家文集、札記，分典章、名物、訓詁、音韻四類，為詁經文鈔七十卷，續二十卷。告歸後，主鍾山、正誼、紫陽書院垂三十年，以實學造士，成就者眾。著有說文假借義證二十八卷，經文廣異十二卷，文選集釋二十四卷。古文宗桐城，有小萬卷齋詩文集七十卷。又輯有國朝古文彙鈔二百七十二卷。三十年卒，年八十二。

校記：

〔二〕依清國史、朱珔本自領一傳，並附胡世琦、左暄、包世榮三家。姑從清史稿編次，移附胡承珙傳。

清史稿卷四百八十二

儒林三

淩曙　薛傳均

淩曙〔一〕，字曉樓，江都人。國子監生。曙好學根性，家貧，讀四子書未畢，即去鄉雜作傭保，而績學不倦〔二〕。年二十，爲童子師。問所當治業於涇包世臣，世臣曰：「治經必守家法，專法一家，以立其基，則諸家漸通。」乃示以武進張惠言所輯四子書漢說數十事。曙乃稽典禮，考古訓，爲四書典故覈六卷，歙洪梧甚稱之。既治鄭氏學，得要領，又從吳沈欽韓問疑義，益貫穿精審。後聞武進劉逢祿論何氏公羊春秋，而好之。及入都〔三〕，爲儀徵阮元校輯經郛，盡見魏晉以來諸家春秋說，深念春秋之義，存於公羊，而公羊之學，傳自董子。董子春秋繁露，識禮義之宗，達經權之用，行仁爲本，正名爲先，測陰陽五行之變，明制禮作樂之原，體大思精，推見至隱，可謂善發微言大義者。然旨奧詞賾，未易得其會通，淺嘗之夫，橫生訾議，經心聖符，不絕如綫。乃博稽旁討，承意儀志，梳其章，櫛其句，為注十七卷。又病宋元以來學者空言無補，惟實事求是，庶幾近之，而事之切實無過於禮，著公羊禮疏十一卷〔四〕、公羊禮說一卷、公羊問答二卷。家居讀禮，以喪服為人倫大經，後儒外議，是非頗謬，作禮論百篇，引申鄭義。阮元延曙入學課諸子〔五〕，曙書〔六〕與元商榷，乃删合三十九篇為一卷。道光九年卒，年五十五。

曙有甥儀徵劉文淇，貧而穎悟，愛而課之，遂知名。其學實自曙出云〔七〕。

薛傳均，字子韻〔八〕，甘泉人。諸生。博覽群籍，強記精識，就福建學政陳用光聘。用光見所著書，恨相見晚。旋以疾卒於汀州試院，年四十一〔九〕。傳均於十三經注疏功力最深，大端尤在小學，於許君原書，鈎稽貫串，洞其義而熟其辭。嘉定。錢大昕文集內有說文答問一卷，深明通轉假借之義，傳均博引經史以證之，成說文答問疏證六卷。又以文選中多古字，條舉件繫，疏通證明，為文選古字通十二卷。

校記：

〔二〕清史稿之淩曙傳並所附薛傳均傳，皆源出清國史，載儒林傳下卷卷三十一，惟各自為傳，不相領附。

〔三〕清國史之淩曙傳，本自包世臣撰國子監生淩君墓表。包文原作「君生貧而居市，十歲就塾，年餘讀四子書未畢，即去香作，雜傭保，然停作輒默誦所已讀書」。文中之「香作」，乃謂製香之作坊。清國史改「香」為「鄉」，已屬誤讀。清史稿以訛傳訛，且擅將「作雜」二字顛倒順序，以致難成句讀。

〔三〕淩曙何時入都助阮元校經，鄂清史稿、清國史皆失記。據阮常生續編雷塘庵主弟子記，阮元在京編錄十三經經鄂時，當嘉慶十五年。翌年四月，成稿百餘卷。

〔四〕公羊禮疏，清國史作十卷，誤。據傳主公羊禮疏自序，當作十一卷。清史稿所改甚是。

〔五〕凌曙何時應阮元聘入粵，授阮氏子學？清史稿、清國史皆失記。據王章濤阮元年譜，時在嘉慶二十三年。二十五年冬，始離粵歸揚州。

〔六〕「書」字，清國史本作「出」，係清史稿誤改，當改回。

〔七〕劉文淇既亦入儒林傳，此處當依前例，增「文淇自有傳」數語。

〔八〕薛傳均何時應聘入陳用光學署？清史稿、清國史皆失記。據清國史陳用光傳，用光官福建學政時，始道光八年八月。

〔九〕薛傳均卒於何年？清史稿、清國史皆失記，且所記得年亦不確。據劉文淇撰文學薛君墓誌銘，傳均卒於道光九年八月二十日，得年四十有二。

清史列傳卷六十九

儒林傳下二

淩曙 薛傳均〔一〕

淩曙字曉樓，江蘇江都人。國子監生。曙好學根性，家貧，讀四子未畢，即去鄉〔二〕作雜傭保，而績學不倦。年二十，爲童子師，問所當治業於歟〔三〕包世臣。世臣曰：「治經必守家法，專法一家，以立其基，則諸家漸通。」乃示以武進張惠言所輯四子書漢說數十事。曙乃稽典禮，考故訓，爲四書典故覈六卷，歙洪梧甚稱之。既治鄭氏學，得要領，又從吳沈欽韓問疑義，益貫穿精審。後聞武進劉逢祿論何氏公羊春秋而好之。及入都，爲儀徵阮元校輯經郛，盡見魏晉以來諸家春秋說。深念春秋之義，存於公羊，而公羊之學，傳自董子。董子春秋繁露，識禮義之宗，達經權之用，行仁爲本，正名爲先，測陰陽五行之變，明制禮作樂之原，體大思精，推見至隱，可謂善發微言大義者。然旨奧詞賾，未易得其會通，淺嘗之夫，橫生訾議，經心聖符，不絕如綫。乃博稽旁討，承意儀志，梳其章，櫛其句，爲注十七卷。又病宋、元以來學者，空言無補，惟實事求是，庶幾近之，而事之切實無過於禮，著公羊禮疏十卷〔四〕、公羊禮說一卷、公羊問答二卷。家居讀禮，以喪服爲人倫大經，後儒外議，是非顛謬，作禮論百篇，引申鄭義。阮元延曙入粵，課諸子。曙與元商榷，乃删合爲三十九篇，爲一卷。道光九年卒，年五十五。

曙有甥儀徵劉文淇，貧而穎悟，愛而課之，遂知名。其學實自曙出云。

薛傳均，字子韻，江蘇甘泉人。諸生。少工駢文，爲麗冠儕輩。後博覽群籍，強記精識，然沉潛謙退，不以所能自高。十赴鄉試，輒報罷。以家貧，就福建督學陳用光聘。用光見所著書，恨相見晚。旋以疾卒於汀州試院，年四十一〔五〕。傳均於十三經注疏及資治通鑑，功力最深，注疏本手自校勘，旁行斜上，朱墨爛然。於先儒訓詁，抱殘守闕，實事求是，未嘗以臆竄改。讀史則研究治亂得失之故，於遺文瑣事，亦記誦靡遺。嘉定錢大昕說文答問，深明通轉假借之義，傳均博引經史以證之，成疏證六卷。又以文選中多古字，條舉件繫，疏通證明，為文選古字通十二卷。

校記：

〔一〕薛傳均本另領一傳，姑依史稿編次，移附凌曙。

〔二〕「鄉」字誤，當作「香」。詳見前史稿校文。

〔三〕「歙」字誤。包世臣乃安徽涇縣人，當作「涇」。

〔四〕公羊禮疏非十卷，當作十一卷。詳見前史稿校文。

〔五〕薛傳均得年，當為四十二。詳見前史稿校文。

清史稿卷四百八十二

儒林三

劉逢祿　宋翔鳳　戴望

劉逢祿，字申受，武進人。祖綸，大學士，謚文定，自有傳。外王父莊存與，舅莊述祖，並以經術名世，逢祿盡傳其學。嘉慶十九年進士，選翰林院庶吉士，散館改禮部主事。二十五年，仁宗大事，逢祿搜集大禮，創爲長編，自始事至奉安山陵，典章具備。道光三年，通政司參議盧浙請以尚書湯斌從祀文廟，議者以斌康熙中在上書房獲譴。乾隆中嘗奉駁難之，逢祿攬筆書曰：「后夔典樂，猶有朱均；呂望陳書，難匡管蔡。」尚書汪廷珍善而用之，遂奉俞旨。四年，補儀制司主事。越南貢使陳請爲其國王母乞人葠，得旨賞給，而諭中有「外夷貢道」之語，其使臣欲請改爲「外藩」。部中以詔書難更易，逢祿草牒復之曰：「周官職方王畿之外分九服、夷服去王國七千里，藩服九千里，是藩遠而夷近。說文羌、狄、蠻、貊字皆從物旁，惟夷從大從弓。孝東方大人之國，夷俗仁，仁者壽，有東方不死之國，故孔子欲居之。且乾隆間奉上諭，申飭四庫館不得改書籍中夷字作彝(三)。舜東夷之人，文王西夷之人，我朝六合一家，盡去漢、唐以來拘忌嫌疑之陋，使者無得以此為疑。越南使者遂無辭而退。逢祿在禮部十二年，恆以經義決疑事，為衆所欽服，類如此。

其為學務通大義，不專章句。由董生春秋闚六藝家法，由六藝求觀聖人之志。嘗謂：「世之言經者，於先漢則古詩毛氏，後漢則今易虞氏，文詞稍為完具。然毛公詳古訓而略微言，虞翻精象變而罕大義。求其知類通達、微顯闡幽者，則公羊在先漢有董生，後漢有何劭公氏；子夏喪服傳有鄭康成氏而已(四)。先漢之學務乎大體，故董生所傳非章句訓詁之學也。後漢條理精密，要以何劭公、鄭康成氏為宗，然喪服於五禮，特其一端。春秋文成數萬，其旨數千，天道浹，人事備。以之貫群經，無往不得其原；以之斷史，可以決天下之疑；以之持身治世，則先王之道可復也。於是尋其餘〔五〕貫，正其統紀，為公羊春秋何氏釋例三十篇。又析其疑〔六〕滯，彊其守衛，為箋一卷，答難二卷。又推原穀梁氏、左氏之得失，為申何難鄭四卷。又博徵諸史刑禮之不中者，為儀〔七〕禮決獄四卷。又推其意，為論語述何、夏時經傳箋、中庸崇禮論、漢紀述例各一卷，別有緯略二卷、春秋賞罰格一卷。愍時學者說春秋，皆襲宗儒直書其事，不煩褒貶之辭，獨孔廣森為公羊通義，能扶其藏，然尚不能信三科九旨為微言大義所在，乃著春秋論上下篇，以張聖權。又成左氏春秋考證二卷，知者謂與閻惠之辯古文尚書等。

逢祿於易主虞氏，於書匡馬鄭，於詩初尚毛學，後好三家。有易虞氏變動表、六爻發揮旁通表、卦象陰陽大義、虞氏易言補各一卷，又為易象賦、卦氣頌，提其指要。尚書今古文集解三十卷，書序述聞一卷，詩聲衍二十七卷〔八〕。所為詩賦、連珠、論、序、碑記之文，約五十篇。道光九年卒，年五十有六〔九〕。弟子潘準、莊繽樹〔十〕、趙振祚〔十一〕，皆從學公羊及禮，有名。

宋翔鳳，字于庭，長洲人。嘉慶五年舉人，官湖南新寧縣知縣。亦莊述祖之甥。述祖有「劉甥可師，宋甥可友」之語，劉謂逢祿，宋謂翔鳳也。翔鳳通訓詁名物，志在西漢家法，微言大義，得莊氏之真傳。著論語說義十卷，序曰：「論語說曰：子夏六十四人共撰仲尼微言，以當素王。微言者，性與天道之言也。此二十篇，尋其條理，求其指趣，而太平之治、素王之業備焉。自漢以來，諸家之說，時合時離，不能畫一。〔十二〕嘗綜覈古今，有纂言之作。其文繁多，因別錄私說，題為說義。」又有論語鄭注十卷，大學古義說二卷，孟子趙注補正六卷，孟子劉熙注一卷，四書釋地辨證二卷，卦氣解一卷，尚書說一卷，尚書譜一卷，爾雅釋服一卷，小爾雅訓纂六卷，五經要義一卷。五經通義一卷，過庭録十六卷。咸豐九年重賦鹿鳴，踰年卒，年八十二[十三]。

戴望，字子高，德清人。諸生。始好詞章，繼讀博野顏元書，爲顏氏學。最後謁長洲陳奐，通聲音訓詁，復從翔鳳授公羊春秋，遂通公羊之學，著論語注二十卷，用公羊家法，演逢禄論語述何[十四]之微言。他著有管子校注二十四卷、顏氏學記十卷、謫麐堂遺集四卷[十五]。

校記

[一] 清史稿之劉逢禄傳並所附宋翔鳳、戴望二家傳，皆源出清國史載儒林傳下卷卷二十九。

[二] 修史行文，當以曉暢通達、取便讀者爲要義。不宜片面追求典雅，棄通行語不用，而改取生僻。外王文雖即

「外祖」，清國史既以「外祖」行文，則史稿大可不必改作「外王父」。

〔三〕據清國史，「彝」字之下，尚脫一「裔」字。謂不得將舊籍中之「夷」字，改作「彝」或「裔」。

〔四〕清史稿、清國史之此段引文，語出劉逢祿公羊春秋何氏解詁箋自序，「董生」二字，傳主文原作「董仲舒氏」，其後方簡作「董生」。清國史引述不誤，惟清史稿擅改。

〔五〕「尋其餘貫」，「餘」字誤。當依清國史，作「條」。

〔六〕「析其疑滯」，「疑」字誤。當依清國史，作「凝」。傳主春秋公羊經何氏釋例自序，即作「凝」。

〔七〕「儀禮決獄」，「儀」字誤。當依清國史，作「議」。傳主文並諸家傳狀，皆作「議禮決獄」。

〔八〕據傳主詩聲衍自序稱，「劉子成詩聲衍，條例一卷，表一卷，長編二十六卷。」故全書當為二十八卷。清史稿之劉逢禄傳作二十七卷，不確。同書藝文志作一卷，則大誤。

〔九〕劉逢禄卒年，清史稿、清國史皆誤作「五十六」。據李兆洛禮部劉君傳，逢禄生於乾隆四十一年（一七七六），卒於道光九年（一八二九），則終年五十有四。戴望撰故禮部儀制司主事劉先生行狀，亦稱道光九年八月十六日丁丑卒於官，春秋五十有四。逢禄子承寬撰先府君行述記之最確，生於乾隆四十一年六月十二日，卒於道光九年八月十六日，享年五十有四。

〔十〕莊縯樹，「縯樹」二字不確，依清國史當作「濱澍」。

〔十一〕祈字誤，依清國史，當作「祚」。

〔十二〕清史稿此處引文語出宋翔鳳論語說義自序，「當」字之前尚脫一「蒙」字。

〔十三〕宋翔鳳卒年，清史稿、清國史皆作「八十二」，江慶柏清代人物生卒年表據傳主過庭錄自序作「八十四」，可信。

〔十四〕「麟」字，《清國史》作「麐」，二字同。惟傳主自稱及諸家所記，皆作《謫麐堂集》。

〔十五〕戴望卒年，《清國史》記之甚明，作「同治十一年卒」，年三十七。《清史稿》刪而不錄，失當。

清史列傳卷六十九

儒林傳下二

劉逢祿　宋翔鳳　戴望

劉逢祿字申受江蘇武進人祖綸大學士謚文定自
有傳外祖莊存與舅莊述祖並以經術名世逢祿盡傳其
學嘉慶十九年進士改翰林院庶吉士散館授禮部主事
二十五年仁宗睿皇帝大事逢祿搜集大禮創為長編自
始事至奉安山陵典章具備道光四年補儀制司主事時
河南學政請以尚書湯斌從祀文廟議者以斌康熙中在
上書房獲譴乾隆中嘗奉駁難之逢祿攬筆書曰后夔典
樂猶有朱均呂望陳書難匡管蔡尚書汪廷珍善而用之
遂奉俞旨是年越南貢使陳請為其國王母請人葠得旨
賞給而諭旨有外夷貢道之語其使臣欲請改為外藩部
中以詔書難更易逢祿草牒復之曰周官職方王畿之外

分九服夷服去王國七千里藩服九千里是藩遠而夷近說文羌狄蠻貊字皆從物旁唯夷從大從弓東方大人之國夷俗仁仁者壽有東方不死之國故孔子欲居之自乾隆間奉上諭申教四庫館不得改書籍中夷字作彝裔舜東夷之人文王西夷之人我朝六合一家盡去漢唐以來拘忌嫌疑之陋使者無得以此為疑越南使者遂無詞而退逢祿在禮部十二年恆以經義決疑事為衆所欽服類如此

其為學務通大義不專章句由董生春秋闚六藝家法由六藝求觀聖人之志嘗謂世之言經者於先漢則古詩毛氏後漢則今易虞氏文辭稍為完具然毛公詳故訓而略微言虞翻精象變而罕大義求其知類通達微顯闡幽者則公羊在先漢有董仲舒氏後漢有何劭公氏子夏喪服傳有鄭康成氏而已先漢之學務乎大體故董生所

傳非章句訓詁之學也。後漢條理精密，要以何劭公、鄭康成氏爲宗。然喪服於五禮特其一端，春秋文成數萬，其旨數千，天道浹，人事備，以之貫群經，無往不得其原；以之斷史，可以決天下之疑；以之持身治世，則先王之道可復也。於是尋其條貫，正其統紀，爲公羊春秋何氏釋例三十篇。又析其凝滯，彊其守衛，爲箋一卷，答難二卷。又推原穀梁氏、左氏之得失，爲申何難鄭四卷。又博徵諸史刑禮之不中者，爲議禮決獄四卷。又推其意，爲論語述何、夏時經傳箋、中庸崇禮論、漢紀述例各一卷，別有緯略二卷，春秋賞罰格一卷。愍時學者說春秋，皆襲宗儒直書其事、不煩褒貶之說，獨孔廣森爲公羊通義，能扶其蔽，然不能信三科九旨爲微言大義所在，乃著春秋論上下篇，以張聖權。

逢祿論春秋左氏傳，據太史公書本名左氏春秋，若晏子春秋、呂氏春秋比，自王莽時國師劉歆增設條例，推衍事迹彊以爲傳春秋冀奪公羊博士師法所當以春秋歸之春秋左氏歸之左氏而刪其書法凡例及論斷之謬於大義孤章斷句之依附經文者庶以存左氏之本真俾攻左者不得爲口實更成左氏春秋考證二卷知者謂與閻惠之辯古文尚書等逢祿於易主虞氏於書匡馬鄭於詩初尚毛學後好三家有易虞氏變動表六爻發揮旁通表卦象陰陽大義虞氏易言補各一卷又爲易象賦卦氣頌撮其指要尚書今古文集解三十卷書序述聞一卷詩聲衍二十七卷又以其餘力取史記天官書及甘石星經爲之疏證成書數卷又著說文衍聲記以舉分韻之要又仿經典釋文之例存異文古訓爲五經考異已就兩經而未成他著石渠禮論一卷詩文集八卷道光九年卒年五十六弟子潘準莊繽澍趙振祚皆從學公羊及禮有名

宋翔鳳字于庭江蘇長洲人嘉慶五年舉人湖南新

寧縣知縣。亦莊述祖之甥。述祖有劉甥可師、宋甥可友之語。劉謂逢祿，宋謂翔鳳也。翔鳳通訓詁名物，志在西漢家法，微言大義，得莊氏之真傳。著論語說義十卷，序曰：「論語說曰：子夏六十四人共撰仲尼微言，以當素王。微言者，性與天道之言也。此二十篇，尋其條理，求其恉趣，而太平之治、素王之業備焉。自漢以來，諸家之說時合時離，不能盡一。嘗綜覈古今，有纂言之作，其文繁多，因別錄私說，題爲說義。」又有論語鄭注十卷，大學古義說二卷，孟子趙注補正六卷，孟子劉熙注一卷，四書釋地辨證二卷，卦氣解一卷，尚書說一卷，尚書譜一卷，爾雅釋服一卷，小爾雅訓纂六卷，五經要義一卷，五經通義一卷，過庭錄十六卷，論語發微、經問、樸學齋札記。咸豐九年重賦鹿鳴，次年卒，年八十二。

戴望，字子高，浙江德清人。諸生。望始好辭章，繼讀博野顏元書，爲顏氏學。最後謁長洲陳奐，通聲音訓詁，復從宋翔鳳授公羊春秋，遂通公羊之學，著論語注二十卷，用公羊家法，演劉逢祿論語述何之微言。他著有管子校注二十四卷，顏氏學記十卷，讁麐堂遺集四卷。望性倨傲，門戶之見持之甚力，生平作書，點畫悉本小篆，見者以爲江聲復生。同治十一年卒，年三十七。

校記：

〔二〕「篆」字後，原點校本據耆獻類徵誤增一「說」字，不從。

〔三〕劉逢祿終年當爲「五十四」。詳見前史稿校文。

清史稿卷四百八十二

儒林三

雷學淇 王萱齡 崔述

雷學淇，字瞻叔，順天通州人。父鐏，字宗彝，乾隆二十七年舉人，選江西崇仁縣知縣。道光初元，詔天下臣民嚴冠服之辨，鐏著古今服緯，以中古義抑奢侈。至九年書成，年九十矣。學淇，嘉慶十九年進士，任山西和順縣知縣，改貴州永從縣知縣。生平好討論之學，每得一解，必求其會通，務於諸經之文無所牴牾，以父鐏著古今服緯，爲之注釋。附以釋問一篇、異同表二篇。又以夏小正一書備三統之義，究心參考二十餘年，以堯典中星、諸經曆數，采廣史伯夷之說，據周公垂統之文，檢校異同，訂其譌誤，網羅放失，尋厥指歸，著夏小正經傳考二卷，又考定經傳之文，爲之疏證，成夏小正本義四卷。

每慨竹書紀年自五代以來頗多殘闕，爰博考李唐以前諸書所稱引者，積以九年之蒐輯，頗復舊觀。嘗謂孟子先至梁，後至齊，此經之明文，即無他左驗，亦當從之為說，況竹書紀年曰：梁惠成王後元十五年，齊威王薨，十七年，惠成王卒。然則惠王後元十六年，齊宣王始即位，孟子至梁，當即在後元十六年王卒之前一歲也。史記誤謂惠王立三十六年即卒，故云三十五年孟子至梁，而以惠王改元之後十六年為襄王之世。今據竹書稱梁惠會諸侯於徐州，改元稱王，故孟子呼之曰王。史謂孟子至梁之二年，惠王卒，襄王立，以本經考之，其言可信。但卒於改元後之十七年，非三十六年也。襄王既立，孟子見其不似人君，乃東至齊。據竹書，即齊宣即位之二年也。梁至齊千數百里，故曰千里而見王。若孟子先見齊宣王，由鄒之齊六百餘里，不得云千里矣。齊人取燕，孟子明謂宣王時事，史記於齊，失載悼子、侯剡二代，將威、宣之立皆移前二十二年。於齊人伐燕事，不知折表孟子，而年表謂在湣王十年。司馬温公終求其說而不得，乃將宣之即位下移十年，以遷就孟子。自後說者疑信各半，實皆未有定論。今據紀年，則伐燕在宣王七年，實周赧王之元年。凡孟子書所記古人年歲，以史記、漢書之說推之皆不合者，以紀年推之，無不合。且以竹書長曆推驗列宿之歲差，歷代之日蝕，自唐虞以來，無有差貸。嘗自云[三]：傳箋注疏，取舍多殊，非敢訾議前賢，期於事理之合云爾。他著有校輯世本二卷，古今[四]天象考十二卷，附圖說二卷，亦囂囂齋經義考及文集三十二卷。[五]

王萱齡，字北堂，昌平人。道光元年副貢，旋舉孝廉方正，官新安、柏鄉兩縣教諭。嗜漢學，精訓詁，受業於高郵王引之。經義述聞中時引其說。著有周秦名字解詁補一卷，即補引之所闕疑者。

崔述，字武承，大名人。乾隆二十七年舉人，選福建羅源縣知縣[六]。武弁多藉海盜邀功，誣商船為盜，述平反之。未幾，投劾[七]歸。著書三十餘種，而考信錄[八]一書，尤生平心力所專注。凡考古提要二卷，上古考信錄二卷，唐虞考信錄四卷，夏商考信錄四卷，豐鎬考信錄八卷，豐鎬別錄三卷，洙泗考信錄四卷，洙泗餘錄三卷，孟子事實錄二卷，考古續說二卷，附錄二卷。又有王政三大典考三卷，讀風偶識四卷，尚書辨偽二卷，論語餘說一卷，讀經餘論二卷，右考古異錄[九]。其著書大旨，謂不以傳注雜於經，不以諸子百家雜於傳注。以經為主，傳注之合於經者著之，不合者辨之，異說不經之言，則闢其謬而削之。「如謂易傳僅溯至伏羲，春秋傳僅溯至黃帝，不應後人所知反多於古人。凡緯書所言十紀，史所云天皇、地皇、人皇，皆妄也。」「謂戰國楊墨橫議，常非堯、舜，薄湯、武，以快其私，毀堯則託諸許由，毀禹則託諸子高，毀孔子則託諸老聃，毀武王則託諸伯夷。太史公尊黃、老，故好采異端雜說，學者但當信論、孟，不當信史記。謂夏、商、周未有號為某公者，公亶父相連成文，猶所謂公劉也，古公亶父猶言昔公亶父也。謂匡為宋邑，似畏匡、過宋本一事，匡人其如予何，桓魋其如予何，似一時一事之言，記者小異耳。其說皆為有見。

述之為學，考據詳明，如漢儒而未嘗墨守舊說而不求其心之安；辨析精微，如宋儒而未嘗空談虛理而不核乎事之實。然勇於自信，任意軒輊者亦多。他著有易卦圖說一卷，五服異同彙考三卷，大名水道考一卷，聞見雜記四卷，知味錄二卷，知非集三卷，無聞集五卷，小草集五卷。嘉慶二十一年卒，年七十七。

校記：

〔一〕清史稿之雷學淇傳，並所附王萱齡、崔述二家傳，皆源出清國史儒林傳。雷學淇並附王萱齡，載下卷卷三十；崔述則載下卷卷十五。

〔二〕清史稿儒林傳所記傳主籍貫，例不及行省，逕述縣名。而雷學淇傳因避南北二通州之混淆，乃記及順天府名。雖事出有因，亦難免自亂體例之譏。

〔三〕雷學淇官永從知縣，究竟終老其職，抑或中途離任，清史稿失記。據徐世昌清儒學案卷一百九十五諸儒學案一，當為「不久，即以親老告歸」。

〔四〕「古今天象考」「今」字誤，當為「經」。清國史不誤。據孫殿起販書偶記，古經天象考十二卷、圖說一卷，刊行於道光十九年。

〔五〕清史稿雷學淇傳，於傳主之治竹書紀年，既云「積以九年之蒐輯，頗復舊觀，則當有著述傳世，而傳中竟失載著述名。據上引販書偶記，學淇治竹書紀年，有書二種傳世：一為亦囂囂齋考訂竹書紀年十四卷，約嘉慶間刊；一為竹書紀年義證四十卷、補遺一卷，乃底稿本。

〔六〕崔述何時選授福建羅源縣知縣，清史稿失記。據傳主門人陳履和撰崔東壁先生行略，時在嘉慶元年正月，四月乃挈眷赴任。

〔七〕「未幾，投劾歸」句失誤有二：一是「未幾」所指時間不確，二是據清國史，「劾」字乃「効」字之訛。實則依前引行略，崔述辭官離閩乃在嘉慶六年十月，距上任整整六年，似不可稱之為「未幾」。又辭官並非遭彈劾，乃係上官掣肘，早有退志，會捐例開，始得以捐主事離任。

〔八〕據前引行略及顧頡剛先生編崔東壁遺書，上古考信錄書名尚脫首字，補當為補上古考信錄。

遺法」。

〔九〕「考古異録」依上引行略、遺書」「異字誤」當作「翼」。

〔十〕「聞見雜記」依上引行略」當作見聞雜記」，又右一消

清史列傳卷六十九

儒林傳下二

雷學淇　王萱齡　崔述

雷學淇，字瞻叔，順天通州人。父鑄，字宗彝，乾隆二十七年舉人，江西崇仁縣知縣。道光初元，詔天下臣民嚴冠服之辨，鑄著古今服緯，以申古義，抑奢侈。至九年書成，年九十矣。學淇，嘉慶十九年進士，任山西和順縣知縣，改貴州永從縣知縣。生平好討論之學，每得一解，必求其會通，務於諸經之文無所牴牾。以父鑄著古今服緯，為之注釋，附以釋問一篇、異同表二篇。又以夏小正一書備三統之義，究心參考二十餘年，以堯典中星、諸經曆數，采虞史伯夷之說，據周公垂統之文，檢校異同，訂其譌誤，網羅放失，尋繹指歸，著夏小正經傳考二卷，又考定經傳之文，為之疏證，成夏小正本義四卷。

每慨竹書紀年自五代以來頗多殘闕，最博考李唐以前諸書所稱引者，積以九年之蒐輯，頗復舊觀，著考定竹書紀年十四卷。謂孟子先至梁，後至齊，此經之明文，即無他左驗，亦當從之為說。況竹書曰梁惠成王後元十五年齊威王薨，十七年惠成王卒，然則惠王後元十六年齊宣王始即位，孟子至梁當即在後元十六年王卒之前一歲也。史記誤謂惠王立三十六年即卒，故云三十五年孟子至梁，而以惠王改元之後十六年為襄王之世。今據竹書稱梁惠會諸侯於徐州改元稱王，故孟子呼之曰王。史謂孟子至梁之二年惠王卒，襄王立，以本經考之，其言可信。但卒於改元後之十七年，非三十六年也。襄王既立，孟子見其不似人君，乃東至齊，據竹書即齊宣即位之二年也。梁至齊千數百里，故曰千里而見王。若孟子先見齊宣王，由鄒之齊六百餘里，不得云千里矣。齊人取燕，孟子明謂宣王時事。史記於齊失載悼子、侯剡二代，將威宣之立皆移前二十二年。於齊人伐燕事，不知折衷孟子，而年表謂在湣王十年。司馬溫公終求其說而不得，乃將宣之即位下移十年，以遷就孟子。自後說者疑信各半，皆未有定論。今據紀年，則伐燕在宣王七年，實周赧王之元年。凡孟子書所記古人年歲，以史記、漢書之說推之，皆不合者，以紀年推之無不合。且以竹書長曆推驗列宿之歲差，歷代之日蝕，自唐虞以來無有差貸。嘗自云：傳箋注疏，取舍多殊，非敢訾議前賢，期於事理之合云爾。他著校輯世本二卷、古經天象考十二卷、附圖說二卷，亦囂囂齋經義考及文三十二卷。

王萱齡，字北堂，順天昌平人。道光元年副貢，旋舉孝廉方正，官新安、柏鄉兩縣教諭。嗜漢學，精訓詁，受業於高郵王引之。經義述聞中時引其說。著有周秦名字解詁補一卷，即補引之所闕疑者。

崔述，字武承，直隸大名人。乾隆二十七年舉人，選授福建羅源縣知縣。時武弁多藉海盜邀功，過漳泉商船，索賄不與，遂誣為盜。述平反之。調上杭，關稅向贏數千金，述悉解充緝盜公費。未幾，投劾歸，卜居相州，閉門著述，著書三十餘種，而考信錄一書，尤為生平心力所專注。凡考古提要二卷、上古考信錄〔三〕二卷、唐虞考信錄四卷、夏商考信錄四卷、豐鎬考信錄八卷、洙泗考信錄四卷、豐鎬別錄三卷、洙泗餘錄三卷、孟子事實錄二卷、考古續說二卷、附錄二卷，又有王政三大典考三卷、讀風偶識四卷、尚書辨偽二卷、論語餘說一卷、讀經餘論二卷、名考古異〔三〕錄。其自敘著書大旨，謂：不以傳注雜於經，不以諸子百家雜於傳注。以經為主，傳注之合於經者著之，不合者辨之，異說不經之言，則闢其謬而削之。如謂：易傳僅溯至伏羲，春秋傳僅溯至黄帝，不應後人所知反多於古人。凡緯書所云十紀、史所云天皇、地皇、人皇，皆妄也。謂戰國時楊、墨横議，常非堯、舜，薄湯、武，以快其私。毀堯則託諸許由，毀禹則託諸子高，毀孔子則託諸老聃，毀武王則託諸伯夷。太史公尊黄老，故好采異端雜説。學者但當信論、孟，不當信史記。謂夏商周未有號爲某公者，公亶父相連成文，猶所謂公劉也。古公亶父，猶言昔公亶父也。謂匡爲宋邑，似畏匡過宋本一事，匡人其如予何，桓魋其如予何，似一時一事之言。記者小異耳，其説皆爲有見。

然述學主見聞，勇於自信，雖有考證，而從横軒輊，任意而爲者亦多有之。所著有易卦圖説一卷、五服異同彙考三卷、大名水道考一卷、荍田賸筆二卷、雜録二卷、瑣記二卷、綴語二卷、大恠談一卷、涉世雜談一卷、聞見雜記四卷、知味録二卷、知非集三卷、無聞集五卷、小草集五卷。嘉慶二十一年卒，年七十七。弟子石屏陳履和，爲刊其遺書。

校記：

〔一〕清史列傳之崔述傳，原獨自立傳，載儒林傳下一。姑依清史稿編次，移置於此。

〔二〕「上」字之前，尚脱一「補」字。詳見前史稿校文。

〔三〕「異」字誤，當作「翼」。詳見前史稿校文。

清史稿卷四百八十二

儒林三

胡培翬 楊大堉

胡培翬〔一〕，字載平〔二〕，績溪人。祖匡衷〔三〕，字樸蘇〔四〕，歲貢生。於經義多所發明，不苟與先儒同異。著有三禮劄記、周禮井田圖考、井田出賦考、儀禮釋官等書。其於井田多申鄭義，而授田一事，以遂人所言是鄉遂制，大司徒所言是都鄙制，鄭注自相違戾，作畿內授田考實一篇，積算特精密。其釋官則以周禮、禮記、左傳、國語與儀禮相參證，論據精確，足補注疏所未及。又著有周易傳義疑參十二卷、左傳翼服、論語古本證異、論語補箋、莊子集評、離騷集注、樸齋文集。年七十四卒。

培翬，嘉慶二十四年進士，官內閣中書、戶部廣東司主事。居官勤而處事密，時人稱其治官如治經。一字不肯放過，絕不受財賄，而扶隱指弊，骨吏咸憚之。假照案發，司〔五〕員失察者數十人，惟培翬及蔡紹江無所污，然猶以隨同畫諾鐫級歸里。後主講鍾山、雲間，於涇川一再至，並引翼後進為己任。去涇川日，門人設飲餞者，相望於道，篤友誼，郝懿行、胡承珙遺書，皆賴培翬次第付梓。道光二十九年卒，年六十八。

績溪胡氏自明諸生東峰以來，世傳經學，培翬涵濡先澤，又學於歙凌廷堪，邃精三禮，初著燕寢考三卷，王引之見而喜之。〔六〕既為儀禮正義，上推周公、孔子、子夏垂教之旨，發明鄭君、賈氏得失，旁逮鴻儒經生之所議，張皇幽渺，闡揚聖緒，二千餘載絕學也。其旨見與順德羅惇衍書，曰：「培翬撰正義，約有四例：一曰疏經以補注，二曰通疏以申注，三曰彙各家之說以附注，四曰采他說以訂注。書凡四十卷，至賈公彥之疏，或解經而違經旨，或申注而失注意，不可無辨，別為儀禮貫疏訂疑一書。宮室制度，今以朝制、廟制、寢制為綱，以天子、諸侯、大夫、士為目。學制則分別庠、序、館制則分別公、私，皆先將宮室考定，而以十七篇所行之禮條繫於後，名宮室提綱。陸氏經典釋文於儀禮頗略，擬取各經音義及集釋文以後各家音切，挨次補錄，名曰儀禮釋文校補。培翬覃精是書，凡四十餘年，晚歲患風痺，猶力疾從事。尚有士昏禮、鄉飲酒禮、鄉射禮、燕禮、大射儀五篇未卒業而歿。門人江寧楊大堉從學禮，為補成之。他著有禘祫問答、研六室文鈔。

大堉字雅輪。諸生。篤學寡交，研窮經訓。初從元和顧廣圻、吳縣鈕樹玉遊，備聞蒼雅闓奧。著說文重文考六卷，純以聲音求假借，以偏旁繁省求古籀異同之變。又作五廟考，專駁王肅之失。江督陶澍以防海議試諸生，大堉洋洋千言，大略謂中國官恃客氣，居上臨下，視洋人若小貢販顧彼雖好利，而越數萬里海洋至此，此必非無所扶持者。國蕃行之，必生邊隙。時承平久，人習附和之談，獨大堉卓識正論，侃然無忌諱。若豫卜有義律、璞鼎查之事〔七〕，讀者色變。他著論語正義、毛詩補注、三禮義疏辨正，皆佚。

校記：

〔一〕清史稿之胡培翬傳，並所附楊大堉傳，源出清國史，載儒林傳下卷卷三十二。

〔二〕胡培翬字，史稿作載平，清國史同。汪士鐸撰戶部主事胡先生墓誌銘則作載屏。

〔三〕祖匡衷下，清國史僅書「已有傳」三字，緣匡衷傳已附見於儒林傳下卷卷十之江永傳。

〔四〕匡衷之字，依清國史當作「樸齋」，清史稿改作「樸蘇」顯誤。

〔五〕「假照案發」，發於何時？清史稿失記。據清宣宗實錄，嘉、道間之户部捐生假照案，自嘉慶二十一年肇始，至道光十年閏四月破案，歷時十餘載。吏胥營私舞弊，堂官瀆職貪贓，乃一時吏治敗壞之縮影。又據清儒學案卷九十四樸齋學案下，胡培翬於道光十一年，以失察鐫級，未久，奉旨准捐復原官，而先生以親老不復出。

〔六〕「王引之見而喜之」，據清國史，「喜」字本作「善」，係清史稿臆改。

〔七〕據清國史，楊大堉之所議，於「必生邊隙」後，尚有八字，即「將來之患，不可勝言」。清史稿擅删此八字，竟將大堉所憂坐實，昌言若豫卜有「義律、璞鼎查之事」。視修史若占卜，殊非良史之筆。

清史列傳卷六十九

儒林傳下二

胡培翬 楊大堉

胡培翬，字載平，安徽績溪人。嘉慶二十四年進士，官內閣中書、戶部廣東司主事。居官勤，而處事密，時人稱其治官如治經，一字不肯放過。絕不受胥吏財賄，而抉隱指弊，胥吏咸憚之。假照案發，司員失察者數十人，惟培翬及蔡紹江無所污。然猶以隨同畫諾鐫級。歸里後，立東山書院，又主講鍾山、雲間、於涇川。一再至蕪，引翼後進為己任。去涇川日，門人設飲餞者，相望於道。篤友誼，郝懿行、胡承珙遺書，皆賴培翬次第付梓。道光二十九年卒，年六十八。門人祀之鍾山書院。

績溪胡氏自明諸生東峰以來，世傳經學。培翬涵濡先澤，又學於歙淩廷堪，尤邃精三禮。官京師時，嘗與新城陳用光、涇朱珔、胡承珙、桐城徐璈、光聽諧、武進張成孫、元和蔣廷恩、太倉陳奐、陳兆熊、鶴山馮啓蓁、邵陽魏源參訂鄭康成之生為永建二年七月五日，公祀之萬柳堂。初著燕寢考三卷，王引之見而善之。既為儀禮正義，上推周公、孔子子夏垂教之旨，發明鄭、賈得失，旁逮鴻儒經生之所議，張皇幽渺，闡揚聖緒，二千餘歲絕學也。其旨見與順德羅惇衍書，曰：「培翬撰正義，約有四例：一曰疏經以補注，二曰通疏以申注，三曰彙各家之說以附注，四曰采他說以訂注。書凡四十卷。至賈氏公彥之疏，或解經而違經旨，或申注而失注意，不可不辨別，為儀禮賈疏訂疑一書。宮室制度，以朝制、廟制、寢制為綱，以天子、諸侯、大夫、士為目。學制則分別庠、序、館制，則分別公、私，皆先將宮室考定，而以十七篇所行之禮〔一〕，條系於後，名曰宮室提綱。陸氏經典釋文於儀禮頗略，擬取各經音義及集釋文以後各家音切，挨次補錄，名曰儀禮釋文校補。培翬覃精是書，凡四十餘年，晚歲患風痺，猶力疾從事。尚有士昏禮、鄉飲酒禮、鄉射禮、燕禮、大射儀五篇未卒業，而歿。門人江寧楊大堉從學禮，爲補成之。他著有禘祫問答、研六室文鈔。

楊大堉，字雅輪，江蘇江寧人。諸生。篤學寡交，研窮經訓。初從元和顧廣圻、吳縣鈕樹玉遊，備聞蒼、雅閒奧。著說文重文考六卷，純以聲音求假借，以偏旁繁省求古籀異同之變。又作五廟考，專駁王肅之失。江督陶澍以防海議試諸生，大堉洋洋千言，大略謂中國官恃客氣，居上臨下，視洋人若小負販，顧彼雖好利，而越數萬里海洋至此，此必非無所挾持者。國家行之，必生邊釁，將來之患不可勝言。時承平久，人習附和之談，讀者變色。他著論語正義、毛詩補注、三禮義疏辨正，經亂皆散失。

校記：

〔二〕「禮」字，原誤作「體」，據清國史改。

〔三〕「問」字原脫，據清國史補。

清史稿卷四百八十二

儒林三

劉文淇 子毓崧 孫壽曾 方申

劉文淇，字孟瞻，儀徵人。嘉慶二十四年優貢生。父錫瑜，以醫名世。文淇稍長，即研精古籍，貫串群經，於毛、鄭、賈、孔之書，及宋、元以來通經解誼，博覽冥搜，折衷一是，尤肆力春秋左氏傳。嘗謂左氏之義，為杜注剝蝕已久，其稍可觀覽者，皆係襲取舊說。爰輯左傳舊注疏證一書，先取賈、服、鄭三君之注，疏通證明。凡杜氏所排擊者，糾正之；所勦襲者，表明之。其沿用韋氏國語注者，亦一一疏記。他如五經異義所載左氏說，皆本左氏先師；說文所引左傳，亦是古文家說；漢書五行志所載劉子駿說，實左氏一家之學；經疏、史注、御覽等書所引左傳注，不載姓名而與杜注異者，皆賈、服舊說。凡若此者，皆稱為舊注而加以疏證。其顧患補注及近人專釋左氏之書說有可采咸與登列末始下以己意定其從違上稽先秦諸子下考唐以前史書旁及雜家筆記文集皆取為證佐期於實事求是俾左氏之大義炳然著名草創四十年長編已具然後依次排比成書為左氏舊注疏證又謂左傳義疏多襲劉光伯述議隋經籍志及孝經疏云述議者述其義疏議之然則光伯本載舊疏議其得失其引舊疏必當錄其姓名孔穎達左傳疏序祇云據以為本初非故襲其說至永徽中諸臣詳定乃將舊注姓氏削去襲為己語因細加剖析成左傳舊疏考正八卷

又據史記秦楚之際月表知項羽曾都江都核其時勢推見割據之迹成楚漢諸侯疆域志三卷據左傳吳越春秋水經注等書謂唐宋以前揚州地勢南高北下且東西兩岸未設隄防與今運河形勢迥不相同成揚州水道

記四卷，又讀書隨筆二十卷，文集十卷，詩一卷。

文淇事親純孝，父年篤老目眚，侍起居，朝夕扶掖，寒夜足凍，侍親以溫其足。舅氏淩曙極貧，遺孤毓瑞（五），文淇收育之，延同里方申為其師，並補諸生。申通虞氏易，皆其教也。卒年六十有六（六）。

子毓崧，字伯山，道光二十年舉優貢生。從父受經，長益致力於學，以文淇故治左氏，纘述先業，成春秋左氏傳大義二卷。以文淇考證左傳舊疏，因承其義例，著周易、尚書、毛詩、禮記舊疏考正各一卷。又謂六藝未興之先，學各有官，惟史官之立為最古，不獨史家各體各類並史裔之小說家出於史官，即經、子、集三部及後世之幕客、書吏，淵源所仿（七），亦出於史官。班氏之志藝文，論述史官，尚未發斯旨。其敘九流，以明諸子所出之官，必有所授，而其中仍有分省失當者。既析九流中小說家流歸入史官，又辨道家非專出於史官，改爲出於醫官。又增益者凡三家，曰名家出於司士之官，兵家出於司馬之官，藝術家出於考工之官。統爲十一家，博稽載籍，窮極根要，成史乘諸子通義各四卷，又經傳通義十卷，王船山年譜二卷，彭城獻徵錄十卷，舊德錄一卷，通義堂筆記十六卷，文集十六卷，詩集一卷，卒年五十〔八〕。

孫壽曾，字恭甫。同治三年、光緒二年兩中副榜。毓崧主金陵書局，爲曾國藩所重。毓崧卒後，招壽曾入局中，所刊群籍多爲校定。初，文淇治左氏春秋長編，晚年編輯成疏，甫得一卷而文淇沒〔九〕。毓崧思卒其業，未果。壽曾乃發憤以繼志述事爲任，嚴立課程，至襄公四年而卒，年四十五〔十〕。又讀左劄記、春秋五十凡例表，皆治左疏時旁推交通，發明古誼者。他著昏禮重别論對駁義、南史校義集評、傳雅堂集、芝雲雜記，各若干卷。

方中孚，字端齋。少孤，受學於文淇，通易，著諸家易象別錄、虞氏易象彙編、周易卦象集證、周易互體詳述、周易卦變舉要。[十二]

校記：

[一]清史稿之劉文淇傳，並所附劉毓崧、劉壽曾、方中孚三家傳，皆源出清國史載儒林傳下卷卷三十二。

[二]史稿述劉文淇早年學行，既不及少小起步，逕接以「稍長」二字，文意突兀，顯屬删削失當。據繆荃孫先生儒林傳稿，於「父錫瑜以醫名世」之後，所接文字爲「文淇孝養承志，能得歡心，稍長，即研精古籍，貫串群經。」繆先生文本自丁晏皇清優貢生候選訓導劉君墓誌銘。丁文「能得歡心」下尚有「幼而穎異」四字。

[三]通經解誼之「經」字，史稿係沿用儒林傳稿及清國

史舊文。據前引丁晏劉君墓誌銘，當作「通儒解誼」。據以上下文意，丁銘所用「儒」字甚確，改「儒」爲「經」，背離原意，似是而非，當引以爲戒。

〔四〕據孫殿起販書偶記，左傳舊疏考正八卷，乃先成書，於道光十八年刊行。而左氏舊注疏證，迄於文淇逝世，亦未成書。故史稿記傳主治左傳之經歷，當先考正而後疏證。

〔五〕凌曙遺孤毓瑞，不確。據劉文淇青溪舊屋文集卷八文學方君傳，凌曙遺孤名鏞。

〔六〕劉文淇卒於何年？清史稿、清國史皆失記。據前引丁晏劉君墓誌銘，文淇生於乾隆五十四年十月二十三日，卒於咸豐四年九月二十一日，享年六十有六。

〔七〕「淵源所仿」，「仿」字誤。依清國史，當作「淵源所昉」。昉、仿非同意，不可混用。

〔八〕劉毓崧卒於何年？清史稿、清國史皆失記。據劉恭冕撰清故優貢生劉君墓誌銘，毓崧生於嘉慶二十三年二月二十三日，卒於同治六年八月初九日，得年五十歲。

〔九〕「甫得一卷而文淇沒」，據清國史本作「甫得一卷而歿」。清史稿改「歿」為「沒」，復增「文淇」二字，實嫌多此一舉。

〔十〕劉壽曾卒於何年？清史稿、清國史皆失記。據汪士鐸撰清故副榜貢生候選知縣劉君墓誌銘、劉恭冕撰劉君恭甫家傳，壽曾生於道光十八年七月初一，卒於光緒八年七月十六日，得年四十有五。

〔十一〕方申卒於何年？清史稿失記，清國史記為道光二十年辛丑，年五十。未盡準確。據前引劉文淇撰文學方君傳，方申卒於道光二十年十一月三日，年僅五十有四。

清史列傳卷六十九

儒林傳下二

劉文淇 子毓崧 孫壽曾 方申

劉文淇，字孟瞻，江蘇儀徵人。嘉慶二十四年優貢生。父錫瑜，以醫名世。文淇研精古籍，貫串群經，於毛、鄭、賈、孔之書及宋、元以來通經解誼，博覽冥搜，實事求是，尤肆力春秋左氏傳。嘗謂：左氏之義，爲杜注剝蝕已久，其稍可觀覽者，皆係襲取舊說。爰輯左傳舊注疏證一書，先取賈、服、鄭三君之注，疏通證明。凡杜氏所排擊者，糾正之；所勦襲者，表明之；其沿用韋氏國語注者，亦一一疏記。他如五經異義所載左氏說，皆本左氏先師；說文所引左傳，亦是古文家說；漢書五行志所載劉子駿說，實左氏一家之學；經疏、史注、御覽等書所引左傳，不載姓名而與杜注異者，皆賈、服舊說。凡若此者，皆稱爲舊注，而加以疏證。其顧、惠補注及近人專釋左氏之書，說有可采，咸與登列，末始下以己意定其從違。上稽先秦諸子，下考唐以前史書，旁及雜家筆記、文集，皆取爲證佐，俾左氏之大義炳然著明。草創四十年，長編已具，然後依次排比成書，爲左氏舊注疏證八十卷。

又謂左傳義疏多襲劉光伯述議，隋經籍志及孝經疏云：述議者，述其義疏議之。然則光伯本載舊疏，議其得失，其引舊疏，必當錄其姓名。孔穎達左傳疏序祇云據以爲本，初非故襲其說。至永徽中諸臣詳定，乃將舊注姓氏削去，襲爲己語。因細加剖析，成左傳舊疏八卷。又據史記秦楚之際月表知項羽曾都江都，覈其時勢，推見割據之迹，成楚漢諸侯疆域志三卷。又據左傳、吳越春秋、水經注等書，謂唐、宋以前揚州地勢南高北下，且東西兩岸未設隄防，與今運河形勢迥不相同，成揚州水道記四卷。又讀書隨筆二十卷，文集十卷，詩一卷。

文淇事親純孝，父年篤老，目眚，侍起居，朝夕扶掖，寒夜侍寢以溫其足。舅氏凌曙極貧，遺孤毓瑞，文淇收育之，延同里方申爲其師，遂補諸生。卒年六十六。子毓崧，孫壽曾，能世其學。

毓崧，字伯山。道光二十年優貢生。從父受經，長益致力於學，以文淇故治左氏，纘述先業，成春秋左氏傳大義二卷。又以文淇考證左傳舊疏，因承其義例，著周易、尚書、毛詩、禮記舊疏考正各一卷。又謂六藝未興之先，學各有官，惟史官之立爲最古。不獨史家各體各類，並支裔之小說家出於史官，即經、子、集三部，及後世之幕客、書吏，淵源所昉，亦出於史官。班氏之志藝文，論述史官，尚未發斯旨。其叙九流，以明諸子所出之官，必有所授，而其中仍有分省失當者。既析九流中小說家流歸入史官，又辨道家非專出於史官，改爲出於醫官，又增益者凡三家，曰右家出於司土之官，兵家出於司馬之官，藝術家出於考工之官，統爲十一家。博稽載籍，窮極根要，成史乘諸子通義各四卷，又經傳通義十卷，王船山年譜二卷，彭城獻徵録十卷，舊德録一卷，通義堂筆記十六卷，文集十六卷，詩集一卷，卒年五十。

壽曾字恭甫，同治三年、光緒二年兩中副榜。父毓崧主金陵書局，爲江督曾國藩所重。毓崧卒後，招壽曾入局中，所刊群籍，多爲校定。初，文淇爲左氏春秋長編，晚年欲編輯成疏，甫得一卷而殁。毓崧思卒其業，未果。壽曾乃發憤以繼志述事爲任，嚴立課程，孜孜罔懈。至襄公四年而卒，年四十五。其讀左劄記、春秋五十凡例表，皆治左疏時旁推交通，發明古義者，屬草亦未竟。他著有昏禮[二]别論對駁義、南史校議、集平、博[三]雅堂集、芝雲雜記。

方申，字端齋〔四〕，本出自申，爲舅氏後，故姓方。亦儀徵人。諸生。性至孝，少孤，奉母甘旨，備盡色養。受學於文淇，通虞氏易。自言幼年讀宋易注，怪其舍實象而言虛理。及長，博考古注，參閱諸緯與春秋內外傳，然後知易之有卦象，猶詩之有比興。箋詩者不言比興，則美刺之意不彰；述易者不言卦象，則吉凶之理不著。著周易卦象集證一卷。又以易家言象，虞氏最密，惠棟所述凡三百三十則，張惠言所述凡四百五十六則，顧其所引仍屬未備，且間有字誤，乃縷析條分，一一羅列，共得逸象千二百八十一則，著虞氏易象彙編一卷。又以諸家易象雖與虞氏未盡符合，然揆其宗旨所在，則固不甚相遠，著諸家易象別錄一卷。又著周易互體詳述一卷、周易卦變舉要一卷〔五〕。道光二十年卒，年五十〔六〕。

校記：

〔一〕左傳舊疏下尚脫孝正二字，當據清國史補。

〔二〕昏禮二字下尚脫一重字，當為昏禮重別論對駁義。清國史亦誤。

〔三〕博字誤，當作傳。清國史亦誤。書名當作博雅堂集。

〔四〕瑞字誤，當作端。詳見史稿前校文。

〔五〕據劉文淇撰文學方君傳，方中所著當為周易卦變舉要。

〔六〕據上引劉文，方中卒於道光二十年，終年當為五十有四。

清史稿卷四百八十二

儒林三

丁晏

丁晏〔一〕字柘堂〔二〕，江蘇山陽人。阮元為漕督〔三〕，以漢易十五家發策，晏條對萬餘言，精奧為當世冠。道光元年舉人。晏以顧炎武云〔四〕梅賾偽古文雅密非賾所能為。考之家語後序及釋文、正義，而斷為王肅偽作。蓋肅雅才博學，好作偽以難鄭君。鄭君之學昌明於漢，肅為古文孔傳以駕其上，後儒誤信之。近世惠棟、王鳴盛頗疑肅作，而未能暢其旨，特著論申辨之，撰尚書餘論二卷〔五〕。又以胡渭禹貢錐指能知偽古文，而不能信好古學，踵謬沿譌，自逞臆見，後之學者何所取正？既為正誤〔六〕以匡其失，復采獲古文，甄錄舊說，砭俗訂譌，斷以己意，期於發揮經文，無取泥古。引用前人說，各繫姓氏於下，輯禹貢集釋三卷。

生平篤好鄭學，於詩箋、禮注研討尤深。以毛公之學得聖賢之正傳，其所稱道與周、秦諸子相出入，康成申暢毛義，修敬作箋，孔疏不能尋繹，誤謂破字改毛，援引疏漏，多失鄭旨，因博稽互考證之故書雅記，義若合符，撰毛鄭詩釋四卷。康成詩譜，宋歐陽氏補亡，今通志堂刊本譌脫踳駁，爰據正義排比重編，撰鄭氏詩譜考正一卷。以康成兼采三家詩，王應麟有三家詩考，附刊玉海之後，舛謬錯出，世無善本，乃蒐采原書，校讐是正，撰詩考補注二卷、補遺一卷。

鄭氏注禮至精，去古未遠，不爲憑虛臆說，迄今可考見者，如儀禮喪服注多依馬融師說，士虞記「中月而禫」注二十七月，依戴禮喪服變除；周禮大司樂鼓鼗注依許叔重說，與先鄭不同；小胥縣鐘磬注「二八十六枚在一虡」，依劉向五經要義；射人注稱今儒家，依賈侍中注；考工記山以章注作獐，依馬季長注。《禮記·檀弓》「瓦不成味」注當作沫，依班固《白虎通·王制》。大綬、小綬注當作綏，依劉子政《說苑》。玉藻「元端朝日」鄭讀為冕，依《大戴禮·朝事義》。《祭法》「幽宗雩祭」鄭讀為禜，依許氏《說文》。鄭君信而好古，原本先儒，確有依據。凡此釋義，補孔之遺闕，皆前人未發之秘，疏通證明，灼若燿火。撰《三禮釋注》共八卷。又輯《鄭康成年譜》，署其堂曰「六藝」，取康成《六藝論》以深仰止之思。然晏治經學不剖擊宗儒，嘗謂「漢學、宋學之分，門户之見也。漢儒正其詁，詁正而義以顯。宋儒析其理，理明而詁以精。二者不可偏廢。」其於《易》，述程子之《傳》，撰《周易述傳》二卷。於《孝經》，集唐玄宗、宋司馬光、范祖禹之注，撰《孝經述注》一卷。尤熟於《通鑑》，故經世優裕。嘗與人論《鈔幣》，謂「輕錢行鈔，必有利而無害」。論禁洋煙，謂「不禁則民日以弱，中國必疲。禁則利在所爭，外夷必畔。且禁煙當以民命為重，不當計利。立法當以中國為先，不當擾夷。後悉如其言。在籍時，辦隄工，司賬務，修府城，浚市河，開通文渠中支，均有功於鄉里。

咸豐三年〔九〕，粵匪蔓延大江南北。督撫檄行府縣練勇積穀，為守禦計。淮安以晏主其事，旋以事為人所劾，奉旨遣戍黑龍江，繳費免行。十年，捻匪擾淮安北關，晏號召團練，分布要隘，城以獲全。十一年，以團練大臣晏端書薦敘前守城績，由侍讀銜內閣中書加三品銜。晏少多疾病，迨長，讀書養氣，日益強固。治一書畢，方治他書，手校書籍極多，必徹終始。光緒元年卒，年八十有二。所著書四十七種，凡一百三十六卷，其已刊者，為頤志齋叢書。

校記：

〔一〕清史稿之丁晏傳，源出清國史，載儒林傳下卷卷三十三。

〔二〕清史稿本清國史記丁晏字作柘堂然傳主子丁壽恆等輯柘唐府君年譜弟子丁一鵬輯丁柘唐先生歷年紀略皆作柘唐據年譜稱晏字儉卿號柘唐晚號石亭居士。

〔三〕阮元何時任漕督又何時以漢易十五家發策問諸生清史稿清國史皆失記據阮常生等續編雷塘庵主弟子記阮元接漕督印時當嘉慶十七年九月又據前引柘唐府君年譜阮元以漕督舉觀風試於淮安則在嘉慶十八年二月時阮元年屆五十丁晏則二十未滿。

〔四〕晏以顧炎武云係清史稿清國史誤讀丁晏文以致張冠李戴乖違史實丁晏撰尚書餘論自叙有云鄉先生閻潛邱徵君著尚書古文疏證抑黜僞書灼然如晦之見明今與吳澄書纂言梅鷟尚書考異並著錄於四庫古文之僞至我朝而大著於世晚進後生皆知古文之爲贋

鼎矣。顧徵君每云，梅賾作僞古文雅密，非梅氏所能爲也。愚考之《家語後序》及《釋文》、《正義》諸書，而斷其爲王肅僞作。」揆其前後文意，晏文此處之所謂「顧徵君」本與顧炎武毫不相干。「徵君」乃專指叙首所稱閻若璩，而「顧」字在此不可作姓氏讀，係句首發語詞，當訓作「惟」，亦可訓作「但」。

〔五〕「《尚書餘論》二卷」不確。據前引《歷年紀略》及《年譜》，皆當作一卷。《清史稿·藝文志》即記作一卷，不誤。

〔六〕「正誤」乃書名，即傳主道光五年所撰《禹貢錐指正誤》一卷。《史稿》點校本未加書名號，故逕補。

〔七〕「補亡」乃書名，專指歐陽修《詩譜補亡》。《史稿》點校本未加書名號，故逕補。

〔八〕「元端朝日」之「元」字，係清人避諱改字，當作「玄」。

〔九〕「咸豐三年」係《清史稿》臆改，《清國史》本作「咸豐二年」，不誤。據前引《歷年紀略》咸豐二年壬子五十九歲條記，冬十二月制府檄行府縣以粵歷直下楚鄂蔓延豫章大江南北一律防堵府縣延先生主其事。

清史列傳卷六十九

儒林傳下二

丁晏

丁晏字柘堂，江蘇山陽人。性嗜典籍，勤學不輟。阮元爲漕督，以漢易十五家發策，晏條對萬餘言，江藩稱其摭群籍之精，闡漢易之奧。好學深思，爲當世冠。道光元年舉人。晏以顧炎武云梅賾僞古文雅密，非賾所能爲，考之家語後序及釋文、正義，而斷爲王肅僞作，謂肅雅才好博，好作僞以難鄭君。鄭君之學昌明於漢，肅爲古文孔傳以駕其上。後儒遂誤信之，而皆莫能發其覆。近世惠棟、王鳴盛頗疑肅作，而未能暢明其旨。特著論以申辨之，謂尚書餘論二卷。又以胡渭禹貢錐指能知僞古文，而不能信好古學，既爲正誤以匡其失，復采獲古文甄録舊說，斷以己意，自史、漢、水經注及許、鄭古學，傳以後儒之解，證以地志，輯

禹貢集釋三卷

生平篤好鄭學於詩箋禮注研討尤深以毛公之學得聖賢之正傳其所稱道與周秦諸子相出入康成申暢毛義修敬作箋孔疏不能尋繹謂破字改毛援引疏漏多失鄭旨因博稽互考證之故書雅記義若合符撰毛鄭詩釋四卷康成詩譜宋歐陽氏補亡今通志堂刊本訛脫踳駁爰援正義排比重編撰鄭氏詩譜考正一卷以康成兼采三家詩王應麟有三家詩考附刊玉海之後舛繆錯出世無善本適蒐采原書校讐是正撰詩考補注二卷補遺一卷鄭氏注禮至精去古未遠不爲憑虛臆説迄今可考見者如儀禮喪服注多依馬融師説士虞記中月而禫注二十七月依戴禮喪服變除周禮大司樂鼓鼗注依許叔重説與先鄭不同小胥縣鐘磬注二八十六枚在一虡依劉向五經要義小宗伯注五精帝依劉向五經通義射

人注稱今儒家依賈侍中注孝工記山以章注作樟依馬季長注禮記禮弓瓦不成味注當作沫依班固白虎通王制大綏小綏注當為緌依劉子政說苑玉藻元端朝日鄭讀為冕依大戴禮朝事義祭法幽宗雩祭鄭讀為禜依許氏說文鄭君信而好古原本先儒確有依據凡此釋義補孔之遺闕皆前人未發之秘疏通證明燭若燿火撰三禮釋注共八卷又輯鄭康成年譜署其堂曰六藝取康成六藝論以深仰止之思。

然晏治經學不掊擊宋儒嘗謂漢學宋學之分門戶之見也漢儒正其詁詁正而義以顯宋儒析其理理明而詁以精二者不可偏廢其於易述程子之傳撰周易述傳二卷於孝經集唐玄宗宋司馬光范祖禹之注撰孝經述注一卷尤熟於通鑑故經世優裕嘗與人論鈔幣謂輕錢行鈔必有利而無害論禁洋煙謂不禁則民日以弱中國

必應禁則利在所爭外夷必畔且禁煙當以民命為重不當計利立法當以中國為先不當擾夷後悉如其言在籍時辦堤工司賑務修府城浚市河開通文渠中支均有功於鄉里

咸豐二年粵匪蔓延大江南北兩江總督檄行府縣教練鄉勇廣積穀米為守禦計以晏主其事旋以事為人所劾奉旨遣戍捐繳臺費部議免行十年捻匪擾淮安北關晏號召團練分部要隘城以獲全十一年以團練大臣晏端書薦奉旨隨同差遣委用敘前守城績以侍讀銜內閣中書加三品銜花翎同治十一年重讌泮林晏少多疾病迨長讀書養氣日益強固治一書畢方治他事手校書籍極多必徹終始光緒元年卒年八十二所著書四十七種凡一百三十六卷其已刊者為頤志齋叢書

校記

〔一〕以「顧炎武云」誤，當出校記。詳見史稿前校文。

〔二〕當作一卷。詳見史稿前校文。

〔三〕「元」字誤，當改「玄」。詳見史稿前校文。

〔四〕「事」字誤，據清國史當作「書」。

清史稿卷四百八十二

儒林三

王筠

王筠〔一〕字貫山，安丘人。道光元年舉人，後官山西鄉寧縣知縣〔二〕。鄉寧在萬山中，民樸事簡，暇則抱〔三〕一編不去手。權徐溝〔四〕，再權曲沃〔五〕，地號繁劇，二縣皆治，然亦未嘗廢學。

筠少喜篆籀，及長，博涉經史，尤長於說文。說文之學，世推桂、段兩家，嘗謂：「桂氏專臚古籍，取足達許說而止，不下己意。惟是引據失於限斷，且泛及藻績之詞。段氏體大思精，所謂通例，又前人所未知。惟是武斷支離，時或不免。」又謂：「文字之奧，無過形、音、義三端。古人之造字也，正名百物，以義為本，而音從之，於是乎有形。後人之識字也，由形以求其音，由音以考其義，而文字之說備。六書以指事、象形為首，而文字之樞機即在乎此。其字之為事而作者〔六〕，即據事以審字，由字以生事。其字之爲物而作者〔五〕，即據物以察字，由泥字以造物。且由假他事以成此事之意，由假他物以爲此物之形，而後可與蒼頡、籀、斯相質於一堂也。今説文之詞，足从口，木从屮，鳥、鹿足相似从匕，苟非後人所竄亂，則許君之意〔六〕荒矣。」乃標舉分別，疏通證明，著説文釋例二十卷〔九〕。「釋例」云者，即許書而釋其條例，猶杜元凱之於春秋也。又以二徐書多涉草略，加以李燾亂其次第，致分別部居之脈絡不可推尋。段玉裁既創爲通例，而體裁所拘，未能詳備。乃采桂、段諸家之説，著説文句讀三十卷〔十〕。「句讀」云者，用張爾岐儀禮鄭注句讀之名，謂「漢人經説，率名章句。此書疏解許説，無章可言，故曰句讀也。」

筠治説文之學垂三十年，其書獨闢門徑，折衷一是，不依傍於人。論者以爲許氏之功臣，桂、段之勁敵。又有説文繫傳校録三十卷，文字蒙求四卷。他著有毛詩重言一卷附毛詩雙聲疊韻說一卷夏小正正義四卷弟子職正音一卷正字略二卷〔十一〕蛾術編禹貢正字讀儀禮鄭注句讀刊誤〔十二〕四書說略。咸豐四年卒年七十一。

校記

〔一〕清史稿之王筠傳源出清國史載儒林傳下卷卷三十三。

〔二〕王筠何時官山西鄉寧知縣清史稿失記據鄭時輯王菉友先生年譜時當道光二十四年譜主已六十有一。而之前經歷史稿幾無一字記及。據清國史之王筠傳官山西前尚有如下記載遊京師三十年與漢陽葉志詵道州何紹基晉江陳慶鏞日照許瀚商榷今古。史稿顯然刪削失當。

〔三〕抱字係史稿改。清國史據劉耀椿王菉友先生墓誌銘本作把，即暇則把一編不去手。

〔四〕王筠何時權徐溝，史稿失記。據前引年譜，時當道光二十七年。

〔五〕傳主再權曲沃，史稿亦不記何時。據前引年譜，初權曲沃在道光二十五年冬，再署則為咸豐二年夏。

〔六〕此處點校本句讀偶誤，逗號加於事字下，即其字之為事。故逗改移置者字後。

〔七〕此處點校本句讀亦誤，故逗將逗號由其字之為物下移置而作者後。

〔八〕許君之意荒矣之意字誤，據王筠說文釋例自序，當作志。

〔九〕王筠撰說文釋例成書時間，史稿行文含糊不明。據前引年譜，乃成於道光十七年，在為官山西前。

〔十〕說文句讀成書，史稿亦不記時間。據前引年譜，同樣在為官山西前之道光二十三年。

〔十一〕正字略卷數，不確。據前引年譜，當作一卷。清史稿藝文志所記不誤，即作一卷。

〔十二〕讀儀禮鄭注句讀刊誤，係史稿倉促成書，以致混兩書為一而致誤。據劉耀椿王菉友先生墓誌銘，當為禮記讀、儀禮鄭注句讀刊誤。而何紹基撰菉友王君墓表則作儀禮讀、儀禮鄭注句讀刊誤。

清史列傳卷六十九

儒林傳下二

王筠

王筠，字貫山，山東安丘人。道光元年舉人。遊京師三十年，與漢陽葉志詵、道州何紹基、晉江陳慶鏞、日照許瀚商榷今古。後官山西鄉寧縣知縣。鄉寧在萬山中，民樸事簡，訟至立判，暇則把一編不去手。權徐溝，再權曲沃，地號繁劇，二縣皆治，然亦未嘗廢學。

少喜篆籀，及長，博涉經史，尤長於說文。嘗謂桂馥書專臚古籍，取足達許說而止，不下己意，惟是引據失於限斷，且泛及藻績之詞；段玉裁書體大思精，所謂通例，又前人所未知，惟是武斷支離，時或不免。又謂文字之奧，無過形、音、義三端，古人之造字也，正名百物，以義為本，而音從之，於是乎有形；後人之識字也，由形以求其音，由音以考義，而文字之說備。六書以指事、象形為首，而文字之樞機即在乎此。其字之為事而作者，即據事以審字，勿由字以生事；其字之為物而作者，即據物以察字，勿泥字以造物。且勿假他事以成此事之意，勿假他物以為此物之形，而後可與蒼頡、籀、斯相質於一堂也。今說文之詞，足以口，木从少，鳥鹿足相似以匕，苟非後人所竄亂，則許君之意荒矣。乃標舉分別，疏通證明，著說文釋例二十卷。釋例云者，即許書而釋其條例，猶杜元凱之於春秋也。又以二徐書多涉草略，加以李燾亂其次第，致分別部居之脈絡不可推尋。段玉裁既創為通例，而體裁所拘，未能詳備；乃采桂、段諸家之說，著說文句讀三十卷。句讀云者，用張爾岐儀禮鄭注句讀之名，謂漢人經說率名章句，此書疏解許說，無章可言，故曰句讀也。

筠治說文之學垂三十年，其書獨闢門徑，折衷一是，云依傍於人，論者以爲許氏之功臣，桂段之勁敵。其後吳縣潘祖蔭見其書，謂筠書晚出，乃集厥成，補弊救偏，爲功尤鉅云。又有說文繫傳校錄三十卷、文字蒙求四卷。他著有毛詩重言一卷，附毛詩雙聲疊韻說一卷、夏小正正義四卷、弟子職正音一卷、正字略二卷、蛾術編、禹貢正字讀〔三〕、儀禮鄭注句讀刊誤、四書說略。咸豐四年卒，年七十一。同治四年，子彥侗由禮部進呈所著釋例、句讀二書，奉旨覽。

校記

〔二〕「意」字誤，當作「志」，詳見前史稿校文。

〔三〕「讀」字衍，詳見前史稿校文。

清史稿卷四百八十二

儒林三

曾釗　林伯桐　李黼平

曾釗字敏修南海人道光五年拔貢生官合浦縣教諭調欽州學正釗篤學好古讀一書必校勘譌字脫文遇秘本或雇人影寫或懷餅就鈔積七八年得數萬卷自是研求經義文字則考之說文玉篇訓詁則稽之方言爾雅雖奧晦難通而因文得義因義得音類能以經解經確有依據入都時見武進劉逢祿逢祿曰篤學若冕士吾道東矣冕士釗號也儀徵阮元督粵震澤任兆麟見釗所校字林以告元元冀異延請課子後開學海堂以古學造士特命釗為學長獎勸後進嘗因元說日月為易為合朔之辨在朔易更發明孟喜卦氣引繫辭懸象莫大乎日月死魄會於壬癸日上月下象未濟為晦時元以為足發古義宜

再暢言之，以明孟氏之學。因著周易虞氏義箋七卷。他著有周禮注疏小箋四卷〔五〕，又詩說二卷，又詩毛鄭異同辨一卷〔六〕、毛詩經文定本小序一卷、考異一卷〔七〕、音讀一卷〔八〕、虞書命義和章解一卷、論語述解一卷、讀書雜志五卷、西城樓集十卷。

劉好講經濟之學。二十一年，英人焚掠海疆，以祁𡎴還督兩粵，番禺舉人陸殿邦獻議，填大石、獵德、瀝滘河道，以阻火船。𡎴舉以問劉，劉言：易稱設險者，不恃天塹，不藉地利，在人相時設之而已。入省河道三，獵德、瀝滘皆淺，由大石至大黃滘水深數丈。三四月，夷船從此入，當先事防之，以固省城。城固然後由內達外，𡎴甚韙之，委劉相度堵塞形勢。劉以大石為第一要區，糾南海、番禺二縣團勇三萬六千，晝夜演練，防務遂密。二十三年，𡎴謀修復虎門礮臺，劉進礮臺形勢議十條。已而廉洋賊起，𡎴以劉習知廉

州情形委剳與軍事海賊投首〔九〕咸豐四年卒於家

林伯桐字桐君番禺人嘉慶六年舉人生平好為孝據之學宗主漢儒而踐履則服膺朱子無門户之見事親孝道光六年試禮部歸父已卒悲慟不欲生居喪悉遵古禮蔬食不入內者三年自是不復上公車一意奉母與兩弟友愛教授生徒百餘人咸敦內行勉實學粵督阮元鄧廷楨皆敬禮之元延為學海堂學長廷楨聘課其二子二十四年以選授德慶州學正閱三年〔十〕卒於官年七十伯桐於諸經無不通尤深於毛詩謂傳箋不同者大抵毛義為長孔疏多以王肅語為毛意又往往混鄭於毛為毛詩學者當分別觀之庶幾不失家法因考鄭箋異義為毛詩通考三十卷又著毛詩傳例二卷又綴其碎義瑣辭著毛詩識小三十卷皆極精覈他著有易象釋例十二卷易象雅訓十二卷三禮注疏考異二十卷冠昏喪祭儀考十二卷

左傳風俗二十卷，古音勸學三十卷，史學蠡測三十卷，供冀小言二卷，古諺箋十一卷，兩粤水經注四卷，粤風四卷，修本堂稿四卷，詩文集二十四卷。[十二]

李黼平，字繡子，嘉應州人。幼穎異，年十四，精通樂譜。及長，治漢學，工考證。嘉慶十年進士，選翰林院庶吉士，散館，改昭文縣[十三]知縣。蒞事一以寬和慈惠為宗，不忍用鞭朴。獄隨至隨結。公餘，即手一編。民間因有「李十五書生」之目。以虧挪落職，繫獄數年，乃得歸。會粤督阮元開學海堂，聘閱課藝，遂留授諸子經[十三]。所著毛詩紬義二十四卷，道光十二年卒，年六十三。他著有易刊誤二卷，文選異義二卷，讀杜韓筆記二卷。

校記：

[二]清史稿之曾釗傳並所附林伯桐、李黼平二家傳，

皆源出清國史載儒林傳下卷卷三十四。

〔三〕曾釗何時入都，清史稿、清國史皆失記。據清國史所本之繆荃孫儒林傳稿，此一史實乃出陳奂師友淵源記，時當嘉慶二十三年。細審所記劉逢祿語，可知曾釗是時尚在青年，遊學京城，問學於前輩劉逢祿。逢祿喜得傳人，方才欣然道出篤學若冕士，吾道東矣。而此時之李黼平已先於嘉慶十年成進士，林伯桐亦於嘉慶六年中舉人，就年輩論，皆屬前輩。若就於一方學術之影響言，曾釗亦遠不及林伯桐。因此，史稿以曾釗入正傳，而附見林、李二家，則未免失當。稍後徐世昌主編清儒學案，以林伯桐領正案，李、曾依次入附案，則可謂編次有法。

〔三〕阮元何時出任兩廣總督，清史稿、清國史皆失記。據阮福續編雷塘庵主弟子記，元於嘉慶二十二年八月奉旨調補，十月蒞任。

〔四〕曾釗何時任學海堂學長，清史稿、清國史皆失記。據前引雷塘庵主弟子記，道光六年六月十三日接部咨，奉上諭調補雲貴總督，行前阮元頒學海堂章程，明令本部堂酌派出學長吳蘭修、趙均、林伯桐、曾釗、徐榮、熊景星、馬福安、吳應逵共八人同司課事。因此容肇祖先生早年撰學海堂考，記曾釗於道光六年任學海堂學長，當可信據。

〔五〕周禮注疏小箋，據前引學海堂考，當為五卷。

〔六〕據前引學海堂考，詩毛鄭異同辨當為二卷。

〔七〕據前引學海堂考，考異當為二卷。

〔八〕據前引學海堂考，音讀當為二卷。

〔九〕曾釗道光二十一年後之經歷，清史稿所記尚有闕略。前引學海堂考，據西城樓文鈔序、南海縣志記，為道光二十一年祁𡎴任兩廣總督時，英人擾粵，釗為之贊勷一切經畫周密議叙即用知縣加知州銜祁𡋯在粤修碉築壩募勇團守旋已議款撤兵不至而所支帑不能報銷者至三十萬二十四年五月祁𡋯卒於廣州後任以劍爲督府向用之人免劍官罷官後以耕讀爲業老年藏書數萬卷亦質於人

〔十〕閱三年卒於官閱三年三字係清史稿清國史誤讀文獻所致據張維屏林伯桐小傳君辛酉舉於鄉道光甲辰選授德慶州學正卒於官年七十又云道光丁未孟夏其弟伯棠茂才奉先生柩葬於白雲山雨花臺之原可見林伯桐乃卒於道光二十四年二十七年方下葬又據前引學海堂考容肇祖先生本林伯桐弟子金錫齡撰林月亭先生傳記伯桐卒年爲（道光）二十四年選授德慶州學正三月之官十一月尚能作冠婚喪祭考自序十二月卒年七十

〔十二〕林伯桐著述之存供情況，前引學海堂考記之最詳，請參考。又清儒學案卷一百三十二之月亭學案亦記云：「咸豐中，邑人重修番禺縣志，徵集各稿本，輯其序文載入藝文略內。會志局失慎，原稿悉燬於火，惟諸書中有自訂凡例者，爲弟子金錫齡鈔存一卷，以見梗概。其家有刻本通行於世者，則爲冠昏喪祭儀考十二卷、史記蠡測一卷、供冀小言二卷、古諺箋十一卷、學海堂志一卷、公車見聞錄一卷、修本堂稿四卷、月亭詩鈔一卷，總名爲修本堂叢書云。」

〔十三〕昭文縣，前清國史本有「江蘇」二字，清史稿擅刪省名，無理無據，殊不可取。

〔十三〕清史稿記李黼平晚年學行，止於在廣州授粵督阮元諸子經，闕略亦甚。據考，道光六年六月，阮元已奉調雲南，至遲之前一年，黼平即因病離開阮氏家塾，應聘東莞主持寶安書院講席，直至十二年逝世，歷時八年之久。所以蘭平弟子梁廷枏撰昭文縣知縣李君墓誌銘，則會稱吾師之主講寶安書院也，凡此八易寒暑矣。清儒學案以蘭平入月亭學案之附案，亦云「會粵督阮文達開學海堂，因聘閱課藝。後主東莞寶安書院，課士一本諸經，人咸愛重之。」

清史列傳卷六十九

儒林傳下二

曾釗 林伯桐 李黼平

曾釗，字敏修，廣東南海人。道光五年拔貢生，官合浦縣教諭，調欽州學正。釗篤學好古，讀一書必校勘譌字脫文，過祕本或雇人影寫，或懷餅就鈔，積七八年，得數萬卷。自是研求經義，文字則考之說文、玉篇，訓詁則稽之方言、爾雅，雖奧晦難通，而因文得義，因義得音，類能以經解經，確有依據。入都時，見武進劉逢祿。逢祿曰：「篤學若冕士，吾道東矣。」冕士，釗號也。儀徵阮元督粵，震澤任兆麟見釗所校字林，以告元，元驚異，延請課子。後開學海堂，以古學造士，特命釗為學長，獎勸後進。嘗因元說日月為易，為合朔之辨在朔易，更發明孟喜卦氣，引繫辭懸象莫大乎日月，死魄會於壬癸，日上月下，象未濟，為晦時。元以為足發古義宜再暢言之以明孟氏之學因著周易虞氏義箋七卷他著有周禮注疏小箋四卷謂惟王建國國謂諸侯國賈馬說是引左傳師服曰天子建國注立諸侯祭法天下有王分地建國注建國封諸侯為證又引詩周頌序賚大封於廟也樂記武王未及下車而封黃帝之後於薊封帝堯之後於祝封帝舜之後於陳以駁賈疏王國未立先建諸侯之說謂辨方正位鄭司農云正君臣之位其說不可破鄭君引召誥謂定宗廟失之周營洛原以均諸侯貢道非有遷都之意故周未東遷以前宗廟皆在豐鎬詩振鷺潛及黍離序可證漢書韋玄成傳禮廟在大門內不敢遠其親也五行志董仲舒災異對曰高廟不當居遼東識原廟也荀洛立宗廟是原廟不始於漢矣如斯之類皆特精審又詩說二卷長洲陳奐詩疏中往往采其說又詩毛鄭異同辨一卷毛詩經文定本小序一卷考異一卷音讀一卷

虞書命羲和章解一卷，論語述解一卷，讀書雜志五卷，西城樓集十卷。其輯古書有揚議郎著書一卷，異物志一卷，交州記二卷，始興記一卷。歙程恩澤典試粵東，耳釗名，欲取作榜首，適釗持服未預試。榜發後，恩澤邀釗飲於蒲澗，作詩云：「我求明珠向南海，離朱喫詬驚愚頑。昆侖第一未即得，羊鬚首擇緣希慳。」謂釗也。

釗好講經濟之學。二十一年，洋人焚掠海疆，以祁𡎴還督兩粵，番禺舉人陸殿邦獻議填大石，攔德瀝滘河道，以阻火船。𡎴舉以問釗。釗言：「易稱設險者不恃天塹，不藉地利，在人相時設之而已。入省河道三：攔德、瀝滘皆淺，由大石至大黃滘水深數丈，三四月夷船從此入。當先事防之，以固省城。城固然後由內達外。」𡎴甚韙之，委釗相度堵塞形勢。釗以大石為第一要區，糾南海、番禺二縣團勇三萬六千晝夜演練，防務遂密。二十三年，𡎴謀修復虎門礮臺，劍進《臺形勢議》十條。已而廉洋賊起，填以劍習知廉州情形，委劍以軍事，海賊投首。咸豐四年，卒於家。

林伯桐，字桐君，廣東番禺人。嘉慶六年舉人。生平好爲考據之學，宗主漢儒，而踐履則服膺朱子，無門戶之見。事親孝。道光六年，試禮部歸，父已卒，悲慟不欲生，居喪悉遵古禮，蔬食，不入內者三年。自是不復上公車，一意奉母，與兩弟友愛。教授生徒百餘人，咸敦內行，勉實學。嘗言：「內行者，默而成之，不言而信者也。行之著於外，非其人之意，鶴鳴九皋，聲聞於天，不自知也。」又曰：「篤行君子，無所慕於外，而有所得於己，非學則不能，故稱人必曰學行也。」學督阮元、鄧廷楨皆敬禮之，元延爲學海堂學長，廷楨聘課其二子。然伯桐以道自重，絕不預外事。二十四年，選授德慶州學正，閱三年，卒於官，年七十三。

伯桐於諸經無不通，尤深於《毛詩》，謂傳、箋不同者，大抵毛義為長。孔疏多以王肅語為毛意，又往往混鄭於毛，為毛詩學者當分別觀之，庶幾不失家法。因考鄭箋異義，為毛詩通考三十卷。又著毛詩傳例二卷。又綴其碎義瑣辭，著毛詩識小三十卷，皆極精覈。他著有易象釋例十二卷、易象雅訓十二卷、三禮注疏考異二十卷、冠昏喪祭儀考十二卷、左傳風俗二十卷、古音勸學三十卷、史學蠡測三十卷、供冀小言二卷、古諺箋十一卷、兩粵水經注四卷、粵風四卷、修本堂稿四卷、詩文集二十四卷。

李黼平，字繡子，廣東嘉應州人。幼穎異，年十四，精通樂譜。及長，治漢學，工考證。嘉慶十年進士，改翰林院庶吉士，散館，授江蘇昭文縣知縣。蒞事一以寬和慈惠為宗，不忍用鞭扑。獄隨至隨結。公餘即手一編。民間因有李十五書生之目。以虧挪落職，繫獄數年，乃得歸。會粵督阮元開學海堂，聘閱課藝，遂留授諸子經。所著毛詩紬義二十四卷，元爲刻入皇清經解中。後主東莞寶安書院，課士一本諸經，人咸愛重之。道光十二年卒，年六十三。他著有易刊誤二卷，文選異義二卷，讀杜韓筆記二卷。其論詩謂心聲所發，含宮嚼羽，與象簫骨鼓相應，故所爲詩專講音韻，能得古人不傳之秘。有著花菴集八卷、吳門集八卷、南歸集四卷、續集四卷。

校記：

〔二〕林伯桐卒年有誤，詳見史稿前校文。

清史稿卷四百八十二

儒林三

柳興恩

弟榮宗　許桂林　鍾文烝　梅毓

柳興恩，原名興宗，字賓叔，丹徒人。道光十二年舉人。受業於儀徵阮元，初治毛詩，以毛公師荀卿，荀卿師穀梁，穀梁春秋千古絕學，元刻皇清經解，公羊、左氏俱有專家，而穀梁缺焉，乃發憤沉思，成穀梁春秋大義述三十卷，以鄭六藝論云穀梁子善於經，遂專從善經入手，而善經則以屬辭比事為據，事與辭則以春秋日月等名例定之，其書凡例謂聖經既以春秋定名，而無事猶必舉四時之首月，後儒謂日月非經之大例，未為通論。穀梁日月之例，況則難通，比則易見，與其議傳而轉謂經誤，不若信經而併存傳說。述日月例第一，謂春秋治亂於已然，禮乃防亂於未然，穀梁親受子夏，其中典禮猶與論語夏時周冕相表褢述禮例第二。謂穀梁之經，與左氏、公羊異者以百數，漢書儒林傳云：「穀梁魯學，公羊乃齊學也。」此或由齊魯異讀音轉，而字亦分，述異文第三。謂穀梁親受子夏，故傳中用孔子、孟子說，其他暗合者更多，述古訓第四。謂自漢以來，穀梁師授鮮有專家，要不得擯諸師說之外，述師說第五。謂漢儒師說之可見者，惟尹更始、劉向二家，然搜獲寥寥，其說已亡而名僅存者，自漢以後併治三傳者，亦收錄焉。述經師第六。謂穀梁之屬孤經，兹於載籍之涉穀梁者，猶次摘錄，附以論斷，並著本經發興源流。述長編第七。番禺陳澧嘗為穀梁箋及條例，未成，後見興恩書，歎其精博，遂出其說備采，不復作。

他著有周易卦氣輔四卷，虞氏逸象考二卷，尚書篇目考二卷，毛詩注疏糾補三十卷，續王應麟詩地考二卷，群經異義四卷，劉向年譜二卷，儀禮釋宮考辨二卷，史記漢書、南齊書校勘記、說文解字校勘記、宿壹〔三〕齋詩文集。光緒六年卒，年八十有六。

弟榮宗，字翼南，著有說文引經考異十六卷。同時為穀梁之學者，有南海侯康、海州許桂林、嘉善鍾文烝、江都梅毓。侯康自有傳。

許桂林，字同叔，海州人。嘉慶二十一年舉人。少孤，孝於母及生母，無間言。家貧，不以厚幣易遠遊，日以詁經為事。道光元年，丁內艱，以毀卒，年四十三。桂林於諸經皆有發明，尤篤信穀梁之學，著春秋穀梁傳時月日書法釋例〔二〕四卷。其書有引公羊而互證者，有駁公羊而專主者。陽湖孫星衍嘗以條理精密論辨明允許之。又著易確二十卷，大旨以乾為主，謂全易皆乾所生，博觀約取，於易義實有發明。別有毛詩後箋八卷、春秋三傳地名考證六卷、漢世別本禮記長義四卷、大學中庸講義二卷、四書因論二卷。

嘗以其餘力治六書九數，著許氏說音十二卷，以配說文。又以岐伯言地大氣舉之，氣外無穀，其氣將散，氣外有穀，此穀何依？思得一說以補所未及，蓋天實一氣，而其根在北，北極是也。北極不當為天樞，而當為氣母。因采集宣夜遺文，以西法通之，著宣西通三卷。又以算家以簡為貴，乃取欽定數理精蘊，撮其切於日用者，著算牖四卷。生平所著書四十餘種，凡百數十卷。甘泉羅士琳從之遊，後以西〔五〕算名世。

鍾文烝，字子勤，嘉善人。道光二十六年舉人，候選知縣。於學無所不通，而其全力尤在春秋。困沉潛反覆三十餘年，成穀梁經傳補注二十四卷。其書網羅眾家，折衷一是。其未經人道者，自比於梅鷟之辨偽書〔六〕、陳第之談古韻，略引其緒以待後賢。文烝兼究宋元諸儒書，書中若釋禘祫、祖禰、謚法，以及心志不通、仁不勝道、以道受命等，皆能提要挈綱，實事求是。又著論語序詳正一卷。卒年六十〔乂〕。

梅毓，字延祖，江都人。同治九年舉人，候選教諭。著有穀梁正義長編一卷。

校記

〔二〕清史稿之柳興恩傳並所附柳榮宗、許桂林、鍾文烝三家，皆源出清國史，載儒林傳下卷卷三十六。

〔三〕據清國史續王應麟詩地考「地」字下尚脫一「理」字，當補。

〔三〕據清國史宿壹齋詩文集「壹」字誤，當作「臺」。

〔四〕據考清國史之許桂林傳本源自桂林弟子羅士琳所撰傳，載疇人傳卷五十一。依士琳之所記，其師著春秋穀梁傳時日月書法釋例，清史稿誤將「日月」二字顛倒，當作「時月日」。

〔五一〕西算之西字，據清國史當作四。清史稿擅改四作西，大誤。據考清國史之羅士琳傳，本自諸可寶所撰傳，載疇人傳三編卷四。依可寶記，羅士琳係以精於天元四元之術卓然名家，並非以西算名世。可寶於士琳傳末有論曰：羅明經之學卓然名家，其始也頗習西法，幾以比例借根爲止境矣。既而周遊京國，連獲佚書，遂爾幡然改轍，盡發其少壯所業，殫精乎天元四元之術，著作等身，墨守終老，惟以興復古學、昌明中法爲宗旨。當年之清史館以羅士琳入疇人傳，即據可寶傳述士琳之學云：初精西法，後見四元玉鑒，服膺歎絶，遂壹意專精四元之術。同樣一部清史稿，儒林傳之各自爲陣，不與他傳照應，以致釀成大誤，於此可見一斑。

〔五二〕據清國史，鍾文烝之卒年記之甚明，作光緒三年卒，年六十。清史稿擅删光緒三年，以致卒年不明，顯屬失誤。

〔七〕此處之「僞書」並非泛指古書真僞，乃係專指僞古文尚書，故當加一書名號。

清史列傳卷六十九

儒林傳下二

柳興恩　許桂林　鍾文烝

柳興恩原名興宗字賓叔江蘇丹徒人道光十二年舉人貧而好學敦實行受業於儀徵阮元初治毛詩以毛公師荀卿荀卿師穀梁穀梁春秋千古絕學元刻皇清經解公羊左氏俱有專家而穀梁缺焉乃發憤沉思成穀梁春秋大義述三十卷以鄭六藝論云穀梁子善於經遂專從善經入手而善經則以屬辭比事為據事與辭則以春秋日月等名例定之其自序曰烏乎穀梁之學之微也久矣乃今而知春秋託始於隱之旨獨在此矣何言之公羊予桓公以宜立穀梁罪桓以不宜立宜立則罪在桓不宜立則罪在隱傳曰先君之欲與桓非正也邪也探先君之邪志以與桓是則成父之惡也如傳意則隱在惠公為賊

子傳曰為子受之父為諸侯受之君廢天倫忘君父如傳意則隱於周室為亂臣孟子曰孔子成春秋而亂臣賊子懼夫所謂賊者豈待剸之刃乃為賊哉成父之惡即賊子矣所謂亂者豈但犯上作逆乃為亂哉廢倫忘君即亂臣矣烏乎以輕千乘之國者而不能逃亂賊之誅然則千秋萬世臣子之懼心必自隱公始矣況傳曰先君既勝其邪心以與隱是惠公未失正也明其不必託始於惠也傳曰讓桓不正見桓之弒逆隱實啓之也然則隱之元年尤邪正絶續之交春秋之託始於此即以不書公即位見之孔子志在春秋故知我罪我之言亦出於不得已此春秋之微言亦即春秋之大義也其書凡例謂聖經既以春秋定名而無事尤必舉四時之首月後儒謂日月非經之大例未為通論穀梁日月之例泥則難通比則易見與其議傳而轉謂經誤不若信經而併存傳說述日月例第一謂春

秋治亂於已然，禮乃防亂於未然。穀梁親受子夏，其中典禮尤與論語、夏時、周易相表裏。述禮例第二。謂穀梁之經與左氏、公羊異者，以百數。漢書儒林傳云：「穀梁魯學，公羊乃齊學也。」此或由齊、魯異讀，音轉而字亦分。述異文第三。謂穀梁親受子夏，故傳中用孔子、孟子說，其他暗合者更多。述古訓第四。謂自漢以來，穀梁師授鮮有專家，要不得擯諸師說之外。述師說第五。謂漢儒師說之可見者，惟尹更始、劉向二家，然搜獲寥寥，其說已亡，而名僅存者，自漢以後，併治三傳者，亦收錄焉。述經師第六。謂穀梁久屬孤經，茲於載籍之涉穀梁者，循次摘錄，附以論斷，并著本經之廢興源流。述長編第七。書甫成，就正於元。元惜其見之之晚，番禺陳澧嘗為穀梁箋，凡條例未成，後見興恩書，歎其精博，遂定交焉，并出其說備采，不復作。

他著有周易卦氣輔四卷、虞氏逸象考二卷、尚書篇目考二卷，毛詩注疏糾補三十卷，續王應麟詩地理考二卷，群經異義四卷，劉向年譜二卷，儀禮釋宮考辨二卷，史記漢書南齊書校勘記，說文解字校勘記，宿臺齋詩文集。光緒六年卒，年八十有六。

弟榮宗，字翼南，著有說文引經考異十六卷。同時為穀梁之學者，有許桂林、鍾文烝。

許桂林，字同叔，江蘇海州人。嘉慶二十一年舉人。少孤，孝於母及生母，無間言。家貧，不以厚幣易遠遊。體素弱不耐勞，惟讀書始精神煥發，故日以詁經為事。道光元年，丁內艱，以毀卒，年四十三。桂林於諸經皆有發明，尤篤信穀梁之學，著春秋穀梁傳時月日書法釋例四卷。其書有引公羊互證者，有駁公羊而專主者。陽湖孫星衍嘗以條理精密、論辨明允許之。又著易確二十卷，大旨以乾為主，謂全易皆乾所生，博觀約取，於易義實有發明。別有毛詩後箋八卷、春秋三傳地名考證六卷、漢世別本禮記長義四卷、大學中庸講義二卷、四書因論二卷。嘗以其餘力治六書、九數，著許氏說音十二卷，以配說文，又著說文後解十卷。又以岐伯言地大氣舉之，氣外無殼，其氣將散，氣外有殼，此殼何依？思得一說，以補所未及。蓋天實一氣，而其根在北，北極是也。北極不當為天樞，而當為氣母，因彙集宣夜遺文，以兩法通之，著宣西通三卷。又以算家以簡為貴，乃取欽定數理精蘊，撮其切於日用者，著算牖四卷。生平所著書四十餘種，凡百數十卷。儀徵阮元嘗手書談天秘，欲傳宣夜學，海深須到鬱州句贈之。甘泉羅士琳從之遊，後以四算名世。

鍾文烝，字殿才，浙江嘉善人。道光二十六年舉人。文烝於學無所不通，而其全力尤在春秋穀梁經傳補注一書。嘗謂春秋一書，非記人事，乃記人心也。凡人事皆人心之所爲也，惟穀梁子獨得此意。又謂穀梁解春秋，似疏而密，甚約而該。經固難知，傳亦難讀。學者既潛心於茲，又必熟精他經，融貫二傳，備悉周秦諸子及二千年說者之得失，然後補苴張皇，可無遺憾。因沉潛反覆三十餘年，成書二十四卷。序曰：魯之春秋，魯所獨也；孔子之春秋，孔子所獨也。故梁、鄭正其名，石鷁盡其辭，正隱治桓，皆卓然出於周初典策之上。夫梁、鄭舊文也，而名有所必正，則其加損舊文者可知矣。石鷁微物也，而辭必有所盡，則大焉者可知矣。正隱治桓，揭兩字於卷首，則全書悉可知矣。然而斯義也，左氏、公羊不能道，獨穀梁子稱述而發明之，實爲十一卷大指，總要之處，推之千八百年無所不通。故穀梁傳者，春秋之本義也。其書網羅衆家，折衷一是，其亦經人道者，自比梅鷟之辨僞書，陳第之談古韻，略引其緒，以待後賢。文烝兼究宋元諸儒書，書中若釋禘祫、祖禰、謚法，以及心志不通，仁不勝道，以道受命等。皆能提要挈綱，實事求是。又著論語序說詳正一卷。光緒三年卒，年六十。

清史稿卷四百八十二

儒林三

陳澧 侯康 侯度 桂文燦

陳澧〔一〕，字蘭甫，番禺人。道光十二年舉人，河源縣訓導〔二〕。澧九歲能文，復問詩學於張維屏，問經學於侯康〔三〕。凡天文、地理、樂律、算術、篆隸，無不研究。中年讀諸經注疏、子、史及朱子書，日有課程。初著聲律通考十卷〔四〕，謂周禮六律六同，皆文之以五聲；禮記五聲六律十二管還相為宮；今之俗樂有七聲而無十二律，有七調而無十二宮，有工尺字譜而不知宮商角徵羽。懼古樂之遂絕，乃考古今聲律為一書。又切韻考六卷、外篇三卷〔五〕，謂孫叔然、陸法言之學存於廣韻，宜明其法，而不惑於沙門之說。又漢志水道圖說七卷〔六〕，謂地理之學當自水道始，知漢水道，則可考漢郡縣。其於漢學、宋學能會其通，謂漢儒言義理，無異於宋儒，宋儒輕蔑漢儒者非也。近儒尊漢儒而不講義理，亦非也。著漢儒通義七卷〔七〕。晚年尋求大義及經學源流正變得失所在，而論贊之，外及九流諸子、兩漢以後學術，爲東塾讀書記二十一卷〔八〕。

其教人不自立說，嘗取顧炎武論學之語而申之，謂：博學於文，當先習一藝。韓詩外傳曰：好一則博，多好則雜也，非博也。讀經、史、子、集四部書，皆學也，而當以經爲主，尤當以行己有恥爲主。爲學海堂學長數十年〔九〕，至老，主講菊坡精舍〔十〕，與諸生講論文藝，勉以篤行立品，成就甚衆。光緒七年，粵督張樹聲、巡撫裕寬以南海朱次琦與澧皆耆年碩德，奏請褒異，給五品卿銜。八年卒，年七十三。他著有說文聲表十七卷、水經注提綱四十卷、水經注西南諸水考三卷、三統術詳說三卷、弧三角平視法一卷、琴律譜一卷、申范一卷、摹印述一卷、東塾集六卷。

侯康，字君謨，亦番禺人。道光十五年舉人。少孤，事母孝。家貧，欲買書，母稱貸得錢，買十七史讀之，卷帙皆敝。遂通史學。及長，精研注疏，湛深經術，與同里陳澧交最久〔十二〕。嘗謂漢志載春秋古經十二篇者，左經也；經十一卷者，公、穀經也。今以三傳參校之，大要古經為優。穀梁出最先，其誤尚寡；公羊出最晚，其誤滋甚。乃取其義意可尋者，疏通證明之，著春秋古經說二卷。又治穀梁，以證三禮，以公羊雜出眾師，時多偏駁，排詆獨多，著穀梁禮證，未完帙，僅成二卷。又仿裴松之注三國志例注史，嘗曰：注古史與近史異。注近史者，群書大備，注古史者，遺籍罕存，當日為唾棄之餘，今日皆見聞之助，宜過而存之。因為後漢書補注續一卷，三國志補注一卷。後漢稱續者，以有惠棟注；三國志，杭世駿注未完善，故不稱續也。又補後漢、三國藝文志各成經、史、子四卷，餘未成。又考漢、魏、六朝禮儀，貫串三禮，著書數十篇，澧嘗歎以為精深浩博。十七年卒，年四十。

弟度，字子琴，與康同榜舉人，以大挑知縣分發廣西，署河池州知州。廣西賊起，度伐木為柵，因山勢聯絡，堅固可守，賊退。以病告歸，至家遂卒，年五十七。〔十二〕度治熟經傳，尤長禮學，時稱二侯。嘉興錢儀吉嘗稱其研覈傳注，剖析異同，如辨懿伯、惠伯之為父子，三老五更之為一人，證明鄭義，皆有據依。所著書為夷寇所焚，其說經文刻學海堂集中。

桂文燦，字子白，文燿之弟。〔十三〕道光二十九年舉人。同治二年正月，應詔陳言：曰嚴甄別以清仕途，曰設幕職以重考成，曰分三途以勵科甲，曰裁孱弱以節糜費，曰鑄銀錢以資利用。若津貼京員、製造輪船、海運滇銅，先後允行。光緒九年，選湖北鄖縣知縣，善治獄，以積勞卒於任。〔十四〕文燦守阮元遺言，謂周公尚文，範之以禮；尼山論道，教之以孝；苟博文而不能約禮，明辨而不能篤行，非聖人之學也。鄭君、朱子皆大儒，其行同，其學亦同。因著朱子述鄭錄二卷。他著四書集注箋四卷、毛詩釋地六卷、周禮通釋六卷、經學博采錄十二卷。

校記

〔二〕清史稿之陳澧傳，並所附侯康、侯度、桂文燦三家，皆源自清國史澧及所附二侯傳，載儒林傳下卷卷三十五，文燦則獨領一傳，載儒林傳下卷卷三十八。

〔三〕陳澧何時選授河源縣訓導？清史稿失記。據汪宗衍先生大著陳東塾先生年譜，譜主屢上春官不第，於道光二十九年正月，選授河源縣學訓導。明年春，會試再挫，遂於是年十一月赴任。在任僅兩月，即於咸豐元年正月，以病告歸。

〔三〕陳澧何時問學於張維屏侯康清史稿失記據前引汪先生年譜皆在道光七年譜主時年十八

〔四〕清史稿陳澧傳記傳主著述及為學主張先後倒置部次失當以致含混不清有乖信史矩矱傳中既云初著聲律通考十卷則是書當係傳主早年為學初始時期之著述其實不然陳澧之著聲律通考始自咸豐七年時年已四十有八該書原稱燕樂考源箋後改題聲律通考八年十月撰聲律通考自序史稿引述之主張即摘自該文序中陳澧言之甚明是書之作乃緣於為淩廷堪著燕樂考源補闕訂誤時已老之將至

〔五〕切韻考六卷外篇三卷並非同時之作據前引汪先生年譜切韻考初名切韻表始撰於道光十七年二十二年成切韻表自序外篇初名等韻通該書自序撰於道光二十三年同治七年刻切韻考五卷九年續刻切韻考

通論一卷，六卷之切韻考遂成。而其外篇自序撰於光緒五年，至三卷之書刻竣，乃在光緒六年，傳主時已七十有一。故而澧之切韻考外篇自序云「少日爲此，迄今數十年。舊稿叢雜，爲我審定者門人廖澤群，編修通聲韻之學者也。」

〔六〕據傳主自記，道光十四年，始著漢地理圖，時年二十有五。道光二十五年以後，再著漢地理志水道圖說，二十八年，撰漢書地理志水道圖說自序。咸豐三年，全書七卷成，傳主已然四十有四。

〔七〕據汪先生年譜引傳主自記，漢儒通義始著於咸豐四年，六年六月撰該書自序，八年，全書刻成，傳主時年四十有九。

〔八〕據前引年譜，東塾讀書記原題學思錄，始撰於咸豐八年。同治十年以後，改題今名。至光緒六年，東塾讀書記刻成九卷。汪宗衍先生有按語云：東塾讀書記凡廿五卷，爲先生生平大著作，卷一孝經，卷二論語，卷三孟子，卷四易，卷五書，卷六詩，卷七周禮，卷八儀禮，卷九禮記，卷十春秋三傳，卷十一小學，卷十二諸子，卷十五鄭學，卷十六三國，卷廿一朱子，計十五卷，皆先生手定付刊。又稱其卷十三西漢一卷，則先生易簀前數月所寫定，後門人廖廷相等取遺稿付刻。其餘卷十四東漢，卷十七晉，卷十八南北朝，卷十九唐、五代，卷二十宋，卷廿二遼、金、元，卷廿三明，卷廿四國朝，卷廿五通論，均未成。據此，汪先生於年譜末附陳東塾先生著述考略記東塾讀書記凡二十五卷，已刻成十六卷。又於東塾雜俎條稱：先生逝世時，所著東塾讀書記，刻成十五卷。其未成之稿十卷，遺命兒子及門人編錄，題曰東塾雜俎，殆未編成，故未見傳本也。東塾讀書記、東塾雜俎二書，清國史皆記入陳澧傳中，稱所著讀書記已成十五卷，又稿本十卷，遺命名曰《東塾雜俎》。《清史稿》刪而不錄，別出心裁，記《東塾讀書記》作二十一卷，根據何在？今讀史之後學訝然瞠目！

〔九〕陳澧何時始任學海堂學長？《清史稿》失記。據前引《陳東塾先生年譜》，時為道光二十年十月，年三十有一。

〔十〕陳澧何時掌教菊坡精舍？《清史稿》失記。據容肇祖先生《菊坡精舍考略》，時為同治六年秋，運使方濬頤創菊坡精舍，聘陳澧為院長，光緒八年正月，澧卒，自後不設院長，仿學海堂例，公舉學長四人，分任評校。

〔十一〕《清國史·侯康傳》記康與同里陳澧之交，有云：「與同里陳澧交最久，澧嚴事之，在師友之間。」《清史稿》擅刪「澧嚴事」以下文字，以致紊亂師友之誼。據侯康兄弟相繼去世之後，澧所撰《二侯傳》曰：「余與二侯君情好最密，計自弱冠，得交君模（《史稿》作謨——引者），始知治經，是吾師也。子琴則同志，曰友者也。君模死，余為傳，哭甚殯而焚之。子琴死，乃為合傳。

〔十二〕侯度卒於咸豐五年，清國史本記之甚明，作「至家遂卒，時咸豐五年，年五十七。」清史稿擅刪「時咸豐五年」五字，殊屬無理。

〔十三〕桂文燦之籍貫，清國史記之甚明，作「廣東南海人」。清史稿故弄玄虛，改「廣東南海人」五字，作「文燿之弟」。桂文燿既未立傳，則以「文燿之弟」四字言文燦籍貫，遂失去依託，甚是荒唐。

〔十四〕清國史之桂文燦傳，記有「光緒十年，海上事起，長江戒嚴」之後，傳主在江夏之治績，稱「未及期年，以積勞卒於任」。清史稿隨意斧鉞，擅刪傳主光緒十年經歷及「未及期年」四字，致使傳主卒年含混不明。

清史列傳卷六十九

儒林傳下二

陳澧　侯康　侯度　桂文燦

陳澧，字蘭甫，廣東番禺人。道光十二年舉人，河源縣訓導。澧九歲能為詩文，及長，與同邑楊榮緒、南海桂文耀為友，復問詩於張維屏，問經學於侯康，凡天文、地理、樂律、算術、古文、駢文、填詞、篆隸、真行書，無不研究。中年讀諸經注疏、子、史及朱子書，日有課程，遂輟作詩。初，著聲律通考十卷，謂周禮六律、六同，皆文之以五聲，禮記五聲、六律、十二管，還相為宮。今之俗樂，有七聲而無十二律，有七調而無十二宮，有工尺字譜而不知宮、商、角、徵、羽。懼古樂之遂絕，乃考古今聲律為一書。自周禮三大祭之樂，為千古疑義。今考唐時三大祭，各用四調，而周禮乃可通。以此知古樂十二宮本有轉調。又據隋書及舊五代史，而知梁武帝、萬寶常皆有八十四調。宋姜夔謂，八十四調出於蘇祇婆琵琶。近時淩廷堪燕樂考原，遂沿其誤。至唐、宋俗樂，淩氏已披尋門徑。然二十八調之四韻，實爲宮、商、角、羽，其四韻之第一聲，皆名爲黃鐘。淩氏於此未明，其說亦多不合。且宋人以工尺配律呂，今人以工尺代宮商，此今人失宋人之法，律呂由是而亡。淩氏乃以今人之法駁宋人，尤不可不辨。若夫古今樂聲高下，則有隋志所載歷代律尺，皆以晉前尺爲比。而晉前尺則有王厚之鐘鼎款識，傳刻尚存。今依尺以製管，隋以前樂律皆可考見。宋史載王朴律準尺，亦以晉前尺爲比。又可以晉前尺求王朴樂，求唐、宋、遼、金、元、明樂高下異同，史籍具在，可排比而稽，而盡得之。至於晉泰始之笛，可仿而造，唐開元之譜，可按而歌，古器古音，千載未泯。又切韻考六卷、外篇三卷，謂孫叔然、陸法言之學，存於廣韻，宜明其法，而不惑於沙門之說。又漢志水道圖說七卷，謂地理之學，當自水道始。知漢水道，則可考漢郡縣。湘鄉曾國藩見聲律、水道二書，服其精博，南海鄒伯奇亦謂所考切韻超越前人。

其於漢學、宋學，能會其通。謂漢儒言義理，無異於宋儒，宋儒輕蔑漢儒者，非也。近儒尊漢儒而不講義理，亦非也。著漢儒通義七卷。晚年尋求大義，及經學源流正變得失所在，而論贊之，外及九流諸子、兩漢以後學術，為東塾讀書記。謂孝經為道之根源，六藝之總會。謂論語為五經之管鑰。謂中庸肫肫其仁，此語最善形容，可據以增成朱注愛之理、心之德之說。愛是肫懇，心德亦是肫懇。論語言仁者五十八章，以愛與心德解之，而猶覺未密合者，以肫懇之意增成之，則無不合。謂孟子所謂性善者，人人之性皆有善，荀、楊輩所未知。程、朱謂論性不論氣，不備，然孟子言性，非不兼氣質。性中有仁義禮智者，乃所謂善，本無不圓備之病。其論治經之法，謂說詩者解釋辨駁，然不可無紬繹詞意之功。謂讀禮者既明禮文，尤明禮意，而禮意則鄭注最精。謂鄭氏諸經注有宗主，復有不同，中正無弊，勝於許氏異義、何氏墨守之學。時惠棟、張惠言、孔廣森、劉逢祿之書盛行於世，謂虞氏易注多不可通，所言卦象，尤多纖巧。惠棟易學有存古之功，然當分別觀之。又謂漢書儒林傳云，費直以彖、象、系辭十篇文言解說上下經，此千古治易之準的。謂公羊以叔術為賢者，此公羊之謬，不宜墨守。謂何劭公注有穿鑿之病。謂孔廣森通義序云，春秋重義不重事，以宋伯姬為證。然若公羊不詳記此事，則伯姬死於火耳，何以見其賢？又謂三傳各有得失，知三傳之病，而後可以治春秋。知杜、何、范注，孔、徐、楊疏之病，而後可以治三傳。三傳注疏之病，動關聖人之褒貶，宜棄其所滯，擇善而從。其論漢以後諸儒，謂魏晉以後，天下大亂，聖人之道不絶，惟鄭學是賴。謂國朝考據之學源出朱子，不可反詆朱子。嘗曰：吾之書但論學術，非無意於天下事也。以爲政治由於人才，人才由於學術，吾之意專明學術，幸而傳於天下，此其效在數十年後。故於論語之四科，學記之小成、大成，孟子之取狂狷、惡鄉原，言之尤詳，則意之所在也。

其教人不自立說，嘗取顧炎武論學之語而申之，謂：博學於文，當先習一藝。韓詩外傳曰，好一則博。多好則雜也，非博也。讀經、史、子、集四部書，皆學也，而當以經爲主，尤當以行己有恥爲主。爲學海堂學長數十年，至老主講菊坡精舍，與諸生講論文藝，勉以篤行立品，成就甚衆。邵陽魏源著海國圖志，初成，中有可議者，澧論辨之。後源至粤，見而大悅，遂與定交，並改其書。寶應劉寶楠著論語正義，未成而卒，命子恭冕成之，並言當就正於澧。恭冕後寄書

至粵道意光緒七年粵督張樹聲巡撫裕寬以南海朱次
琦與澧皆耆年碩德奏請褒異奉旨朱次琦陳澧均著加
恩賞給五品卿銜八年卒年七十三卒後門人請於大吏
祀其主菊坡精舍所著讀書記已成十五卷又稿本十卷
遺命名曰東塾雜俎他著有說文聲表十七卷水經注提
綱四十卷水經注西南諸水考三卷三統術詳說三卷弧
三角平視法一卷琴律譜一卷申范一卷摹印述一卷東
塾集六卷

子宗誼字孝通性孝友勤學尤好讀朱子書著朱子
語類日鈔一卷年二十一卒

侯康字君謨亦番禺人道光十五年舉人少孤事母
孝家貧欲買書母稱貸得錢買十七史讀之卷帙皆數遍
通史學及長精研注疏湛深經術時人比之孔廣森汪中
與同里陳澧交最久澧嚴事之在師友之間嘗謂漢志載

春秋古經十二篇者左經也經十一卷者公穀經也今以三傳參校之大要古經為優穀梁出最先其誤尚寡公羊出最晚其誤滋甚乃取其義意可尋者疏通證明之著春秋古經說二卷又治穀梁以證三禮以公羊雜出衆師時多偏駁排詆獨多著穀梁禮證未完帙僅成二卷又以左氏傳注近儒多尊賈服而排杜然杜固有勝賈服者欲著一書以持其平亦未成其餘群經小學皆有論說多前人所未發又欲倣裴松之注三國志例盡注隋以前諸史嘗曰注古史與近史異注近史者群書大備注古史者遺籍罕存當日為唾棄之餘今日皆見聞之助宜過而存之因為後漢書補注續一卷三國志補注一卷後漢稱續者以有惠棟補注三國志杭世駿注未完善故不稱續也又以隋以前古書多亡著書者多湮沒不彰補撰後漢三國晉宋齊梁陳魏北齊周十書藝文志而自注之後漢三國成

經、史、子三部各四卷，餘未成。又考漢、魏、六朝禮儀，貫串三禮，著書數十篇。澧嘗歎以為精深浩博。初擅詩名，又愛南北朝諸史所載文章，為文輒效其體，為粵督阮元所賞。體羸弱，而讀書恆至夜深，以此致疾，十七年卒，年四十。弟度。

侯度，字子琴，與康同榜舉人，以大挑知縣分發廣西，署河池州知州。州居萬山中，無城，廣西賊起，度伐木為栅，因山勢聯絡，堅固可守。又使民十家為牌，民有從賊者，徼趙廣漢鉤箭法，使良民告奸民，十得六七。既而賊攻桂林，巡撫復命度守城，宿堞旁數月，賊退，以病告歸，至家遂卒，時咸豐五年，年五十七。度治熟經傳，尤長禮學，時稱二侯。嘉興錢儀吉嘗稱其研覈傳注，剖析異同，如辨懿伯、惠伯之為父子，三老五更之為一人，證明鄭義，皆有據依。所著書為夷寇所焚，其說經文刻學海堂集中。

桂文燦，字子白，廣東南海人。道光二十九年舉人，同治元年，獻所著經學叢書，諭曰：「桂文燦所呈諸書，考證箋注，均尚詳明。群經補正一編，於近儒惠棟、戴震、段玉裁、王念孫諸經說多所糾正，薈萃衆家，確有依據，具見潛心研究之功。」二年正月，應詔陳言四十條，若津貼京員、製造輪船、海運滇銅諸奏，先後得旨允行。光緒九年，選湖北鄖縣知縣，留江夏治獄，每決一獄，大吏未嘗不稱善。十年，海上事起，長江戒嚴，文燦建議宜增槍隊，練軍法，並在田家鎮多設守禦方略，以防未然。又以耶說誣民，宜正人心爲急務，擬宣講聖諭章程及履任無幕客、無家人，事無大小皆躬親之。未及期年，以積勞卒於任。

粵東自阮元設學海堂，經學日興，人才彬彬輩出。其後承學之士，喜立門户，遵朱者與鄭違，遵鄭者又與朱違。文燦追述阮元遺言，謂周公尚文，範之以禮；尼山論道，教之以孝。苟博文而不能約禮，明辨而不能篤行，非聖人之學也。鄭君、朱子皆大儒，其行同，其學亦同。因著朱子述鄭録二卷。他著有易大義補一卷、書古今文注二卷、禹貢川澤考四卷、毛詩傳假借考一卷、鄭讀考一卷、釋地六卷、詩箋禮注異考一卷、周禮通釋六卷、今釋六卷、春秋列國疆域考一卷、圖一卷、箴膏肓起廢疾發墨守評各一卷、四書集注箋四卷、論語皇疏考證十卷、重輯江氏論語集解二卷、孟子趙注考證一卷、孝經集證四卷、集解一卷、群經補證六卷、經學輯要一卷、經學博采録十二卷、群經輿地表一卷、説文部首句讀一卷、子思子集解一卷、弟子職解詁一卷、周髀算經考一卷、廣東圖説九十二卷、四海記一卷、海國表一卷、海防要覽二卷、群故紀聞二卷、疑獄紀聞一卷、牧令芻言二卷、潛心堂文集十二卷。

校記：

〔二〕清史列傳之桂文燦，本獨自爲傳，載儒林傳下二。此處姑依清史稿，鈔附陳澧傳。

清史稿卷四百八十二

儒林三

鄭珍〔一〕 鄒漢勛 王崧

鄭珍，字子尹，遵義人。道光〔二〕五年拔貢生，十七年舉人，以大挑二等選荔波縣訓導。咸豐五年，叛苗犯荔波，知縣蔣嘉穀病，珍率兵拒戰，卒完其城。苗退，告歸〔三〕。同治二年，大學士祁寯藻薦於朝，特旨以知縣分發江蘇補用，卒不出。三年卒，年五十九。

珍初受知於歙縣程恩澤〔四〕，乃益進求諸聲音文字之原，與古宮室冠服之制。方是時，海內之士崇尚考據，珍師承其說，實事求是，不立異，不苟同。復從莫與儔遊〔五〕，益得與聞國朝六七鉅儒宗旨〔六〕。於經最深三禮。謂小學有三，曰形，曰聲，曰義。形則三代文體之正，具在說文，若歷代鐘鼎款識及汗簡古文、四聲韻所收奇字，既不盡可識，亦多偽造，不合六書，不可以爲常也。聲則崑山顧氏音學五書，推證古音，信而有徵，昭若發蒙，誠百世不祧之祖，義則凡字書、韻書、訓詁之書，浩如煙海，而欲通經，莫詳於段玉裁說文注、邵晉涵郝懿行爾雅疏及王念孫廣雅疏證，貫串博衍，超越前古，是皆小學全體大用。(七)其讀禮經，恆苦乾嘉以還積漸生弊，號宗高密，又多出新義，未見有勝，說愈繁而事愈蕪。故言三禮，墨守司農，不敢苟有出入，至於諸經，率依古注爲多。又以餘力旁通子、史，頗能提要鉤玄。儀禮十七篇皆有發明，半未脫稿，所成儀禮私箋，僅有士昏、公食大(八)夫、喪服、士喪四篇，凡八卷，而喪服一篇，反覆尋繹，用力尤深。又以周禮考工記輪輿鄭注精微，自賈疏以來，不得正解，說者日益支蔓，成輪輿私箋三卷。

尤長說文之學，所著說文逸字二卷、附錄一卷，說文新附考六卷，皆見稱於時。他著有鳧氏圖說、深衣考、汗簡箋正、說隸等書。又有巢經巢經說、詩鈔、文鈔、明鹿忠節公無欲齋詩注。

鄭漢勛，字叔績，新化人。父文蘇，歲貢生，以古學教授鄉里，闢學舍曰古經堂，與諸生肄士禮。其中其考據典物，力尊漢學，而談心性則宗朱子。漢勛通左氏義[九]，佐伯兄漢紀撰左氏地圖說，又佐仲兄漢瀛撰群經百物譜。年十八九，撰六國春秋，於天文推步、方輿沿革、六書九數，靡不研究。同縣鄧顯鶴深異之[十]，與修寶慶府志。又至黔中[十一]，修貴陽、大定、興義、安順諸郡志。咸豐元年，舉於鄉。訪魏源於高郵[十二]，同撰堯典釋天一卷。會粵賊陷江寧[十三]，漢勛以援、堵、守三策上書曾國藩，謂不援江西，堵廣西、湖南，亦不能守。國藩用其言，命偕江忠淑率楚勇千人援南昌，圍解，敘勞以知縣用。既從江忠源於廬州[十四]，守大西門。賊為隧道三攻之，城坍數丈，賊將登陴，漢勛擊卻之，堅守三十七日，地雷復發，城陷。漢勛坐城樓上，命酒自酌，持劍大呼殺賊。賊至，與格鬬，手刃數人，力竭死之，年四十九，贈道銜。

所著讀書偶識三十六卷，自言破前人之訓故，必求唐以前之訓故，方敢用。違箋傳之事證，必求漢以前之事證，方敢從。以漢人去古未遠，諸經注皆有師承，故推闡漢學，不遺餘力。尤深音韻之學，初著廣韻表十卷，晚為五韻論，說尤精粹。時以江、戴目之。生平於易、詩、禮、春秋、論語、說文、水經，皆有撰述，凡二十餘種，合二百餘卷。同治二年，土匪焚其居，燬焉。今存者，讀書偶識僅八卷，五韻論二卷，顓頊曆考二卷，斆藝齋文三卷、詩一卷，紅崖石刻釋文一卷，南高平物產記二卷。

王崧，字樂山，浪穹人。嘉慶四年進士，授山西武鄉縣知縣。崧學問淹通，儀徵阮元總督雲、貴，延崧主修通志。著有說緯六卷。

校記

〔一〕清史稿之鄭珍傳並所附鄒漢勛、王崧二人傳，皆源出清國史鄭珍及所附王崧，載儒林傳下卷卷三十七。鄒漢勛原附魏源傳，載儒林傳下卷卷三十五。

〔二〕傳主何時列大挑二等？何時選荔波訓導？史稿皆失記。據錢大成鄭子尹年譜，譜主以舉人大挑得二等授教職，乃道光二十四年春禮闈不第後事。此後，凡三歷教職，至咸豐四年十一月，始選得荔波縣訓導。

〔三〕傳主何時在荔波離任告歸？史稿失記。據前引年譜，乃在咸豐五年九月。

〔四〕傳主與歙縣程恩澤何時相識？又因何受知？史稿皆失記。據清宣宗實錄卷四十九，程恩澤於道光三年二月癸卯，以右春坊右中允提督貴州學政。又據凌惕安鄭子尹先生年譜，譜主時為遵義縣學廩膳生員。道光三年十一月，恩澤視學遵義，因之而識譜主。道光五年，鄭珍遂得拔貢成均。

〔五〕傳主何時何緣而得從莫與儔游？史稿失記。據上引凌氏輯年譜，道光三年，儔任遵義府學教授，到官自是凡在官十九年，始卒。子友芝年十三歲，隨來任所。

〔六〕蓋得與聞「國朝六七鉅儒宗旨」。「國朝」二字，清國史之鄭珍傳本無，係清史稿撰文者所增。此二字之增，不惟稱謂乖違史法，有悖常識，而且適足見其歷史觀之腐朽。落伍倒退，殊不可取。

〔七〕史稿此段引傳主之爲學主張，源自鄭珍子知同子尹府君行述，乃專論說文解字之六書說，與三禮並無直接關繫。史稿撰文者未能精心審讀，隨意剪裁知同文，以致鑿枘不合。據考，此段引文後之「其讀禮經云云」亦係知同行述語，倘以之接於經最深三禮，則文從字順，可免張冠李戴之譏。

〔八〕史稿點校本誤以「公食」爲篇名，將「大夫」二字讀從喪服，故依儀禮逕改。

〔九〕通左氏義，前依清國史，尚有「年十五」三字，史稿擅刪失當。

〔十〕鄒漢勛何以爲同縣耆儒鄧顯鶴器重？道光二十年，漢勛致鄧湘皋學博書言之甚明，係因校刊王夫之船山遺書。清國史之鄒漢勛傳本略有所記，稱「初應聘校刊王夫之遺書，凡五十一部，三百餘卷，均錄其序跋，附以案語，以是知名」。清史稿輕率刪削國史舊文，將校刊船山遺書事抹去，致使歷史真相不明，殊不可解。

〔十一〕鄒漢勛何時至貴州修志？史稿失記。據李景僑鄒叔績先生年譜，時在道光二十九、三十兩年。

〔十二〕鄒漢勛何時訪魏源於高郵？清國史本記之甚明，

作公車報罷，訪同郡魏源於高郵。時當咸豐二年。史稿删削失當，致使時間不明。

〔十三〕太平軍何時陷江寧？史稿失記。據清文宗實錄，時為咸豐三年二月。

〔十四〕鄒漢勛何時隨江忠源至廬州？史稿失記。據前引年譜，時當咸豐三年十一月。十二月十七日城破，漢勛戰殁。

清史列傳卷六十九

儒林傳下二

鄭珍 王崧 鄒漢勛〔二〕

鄭珍，字子尹，貴州遵義人。道光十七年舉人，以大挑二等，選荔波訓導。咸豐五年，叛苗犯荔波，知縣蔣家穀病，珍率兵拒戰，卒完其城。苗退，告歸。同治二年，大學士祁寯藻薦於朝，特旨以知縣分發江蘇補用，卒不出。三年卒，年五十九。

珍初受知於歙縣程恩澤，語之曰：「為學不先識字，何以讀三代、秦、漢之書？」乃益進求諸聲音文字之原，與古宮室、冠服之制。方是時，海內之士崇尚考據，珍師承其說，實事求是，不立異，不苟同，洞知諸儒者之得失。復從莫與儔遊，益得與聞鉅儒宗旨。於經最深三禮，墨守司農，不敢苟有出入。儀禮十七篇皆有發明，半未脫稿。所成儀禮私箋，僅有士昏、公食大夫、喪服、士喪四篇，凡八卷，而喪服一篇反覆尋繹，用力尤深。又以周禮考工記輪輿鄭注精微，自賈疏以來不得正解，說者日益支蔓，成輪輿私箋三卷。尤長於說文之學，所著說文逸字二卷、附錄一卷，說文新附考六卷，皆見稱於時。他著有鳧氏圖說、深衣考、汗簡箋正、說隸等書。又有巢經室詩鈔、文鈔，明鹿忠節公無欲齋詩注。而所撰遵義府志，古今文獻，蒐羅精密，好古之士比之華陽國志。珍嘗謂遵義，漢牂柯也，自郡人尹珍道真從許慎、應奉受經書圖緯，教授南域，後無有以經術發聞者，於是以道真自命，而取以為名。故學成而裒然為西南巨儒焉。子知同，能傳其學。

王崧，字樂山，雲南浪穹人。嘉慶四年進士，山西武鄉縣知縣。滇士最為樸陋，崧獨遍覽群書，學問淹通。儀徵阮元總督雲貴，延崧主通志，稱其地理、封建諸篇，能得魏收杜佑之遺法，著有說緯六卷。

鄒漢勛，字叔績，湖南新化人。咸豐元年舉人。父文蘇，字望之，歲貢生，以古學教授鄉里，闢學舍曰古經堂，制度悉依周禮，與諸生肄士禮其中。其考據典物，力尊漢學，而談心性則宗朱子。道光十一年卒，年六十三。子六人，皆以才稱，漢勛爲最。年十五，通左氏義，佐伯兄漢紀撰左氏地圖說、博物隨鈔。又佐仲兄漢潢撰群經百物譜諸書。年十八九，撰六國春秋。鄉居苦書少，詣郡學借觀，鬻畝購書，未嘗計貧。以漢去古未遠，諸經注皆有師承，故推闡漢學，不遺餘力。所著讀書偶識三十六卷，自言破前人之訓故，必求唐前之訓故，方敢用；違箋傳之事證，必求漢前之事證，方敢從。尤深音韻之學，初著廣韻表十卷，自叙謂五韻之別萬有二千，經之以五，紀之以三，判之以八，程之以廿，冪之以五，而萬有二千具矣。何謂冪之以五？五者五音也，氏、印、上、去、入是也。四聲本五，誤切為四，與夫言六音、七音、八音、十聲者，皆非也。何謂程之以廿？廿者，廿聲也。喉、舌、唇、齒，是謂四聲。有深喉、淺喉、舌頭、舌腹、齒本、齒頭、開唇、合唇聲，二之故八，是應八音。深喉、舌腹譬之八音，猶革木皆一聲，餘六物猶金石絲竹匏土，皆三聲。一其二，三其六，故有廿聲。何謂判之以八？八者，八呼也。呼有內外，有大小，有輕重，錯之則八。釋家謂之八梵，等韻家謂之八等，漢、晉之儒謂之橫口、開口、籠口、蹴口，而皆有輕重。總之曰外言、內言。何謂經之以五，紀之以三？均類之謂也。韻有宮、商、角、徵、羽，是謂五韻；韻有三統，五而三之，則十又五類。一曰戈，黃鍾為宮之類；二曰孤，林鍾為徵之類；三曰媧，大蔟為商之類，是為宮韻；四曰囧，大蔟為宮之類；五曰公，南呂為徵之類；六曰高，姑洗為商之類，是為商韻；七曰官，姑洗為宮之類；八曰昆，應鍾為徵之類；九曰涓，蕤賓為商之類，是為角韻；十曰乖，林鍾為宮之類，十一曰傀，大簇為徵之類；十二曰誸，南宮為商之類，是為徵韻；十三曰高，南呂為宮之類；十四曰甘，姑洗為徵之類；十五曰弇，應鍾為羽之類，是為羽韻。此之謂經之以五，統之以三」。晚為五韻論，說尤精粹，時以江戴目之。於史學長地理，嘗謂「知古者期以用於今。今古之不相通，官名、氏族、法制、典章、州郡、地名，皆是。而地名尤叢雜難據」。故考覈獨詳。

性溺苦於學，衣履垢敝，不精修飾。初應聘校刊王夫之之遺書，凡五十一部，三百餘卷，均錄其序跋，附以案語，以是知名。後應聘修寶慶及貴陽、大定、興義、安順諸郡志。所撰新寧形勢說及貴陽循吏傳，皆洞中日後情事。公車報罷，訪同郡魏源於高郵，互出所著相參訂。漢勛研究曆算，與源共撰堯典釋天一卷，又為繪天象諸圖。會賊陷江寧，乃間道歸長沙。時弟漢章已隨江忠源守南昌，漢勛上曾國藩以援、堵、守三策並用之說，謂不援江西、堵廣西，湖南亦不能守。國藩用其言，命江忠淑偕漢勛率楚勇千人援南昌。圍解，叙勞以知縣用。未幾，忠源擢安徽巡撫，約漢勛從。既至廬州，助守大西門。賊三為隧道攻之，城圮數丈，登陴矣。漢勛力擊卻之。忠源上其功，有詔褒獎，以同知直隸州用，賞戴花翎。凡堅守三十七日，水西門地雷復發，城遂陷。漢勛憤甚，痛飲，拔所佩刀直前，殺賊十數人，力盡死之，年四十九。事聞，贈道銜，祀廬州及湖南昭忠祠。

生平於易、詩、禮、春秋、論語、說文、水經等書，皆有撰述，凡二十餘種，合二百餘卷。同治二年，土匪焚其居，俱燬於火。後人搜輯賸稿，惟存讀書偶識八卷、五韻論二卷、顓頊曆考二卷、數藝齋文三卷、詩一卷、紅崖刻石釋文一卷、南高平物產記二卷。

校記：

〔二〕清史列傳之鄒漢勛傳，原不附鄭珍，乃附魏源。姑依史稿例，附錄於此。

〔三〕「室」字誤，據清國史，當作「棠」。

清史稿卷四百八十二

儒林三

劉寶楠 子恭冕

劉寶楠，字楚楨，寶應人。父履恂，字迪九，乾隆五十一年舉人，國子監典簿，著有秋槎札記。寶楠生五歲而孤，母氏喬教育以成。始，寶楠從父台拱，漢學精深，寶楠請業於台拱，以學行聞鄉里。為諸生時，與儀徵劉文淇齊名，人稱揚州二劉。道光二十年成進士，授直隸文安縣知縣。文安地稱窪下，隄堰不修，遇伏秋水盛漲，輒為民害。寶楠周履隄防，詢知疾苦，爰檢舊册，依例督旗屯及民同修，而旗屯怙恃勢相觀望。寶楠執法不阿，功遂濟。再補元氏，會歲旱，縣西北境蝗蔓延二十餘里，寶楠禱東郊蜡祠，蝗爭投阬井，或抱禾死，歲則大熟。咸豐元年，調三河。值東省兵過境，故事，兵車皆出里下。寶楠謂兵多差重，非民所堪，雇車應差給以民價民得不擾寶楠在官十六年衣冠樸素如諸生時勤於聽訟官文安日審結積案千四百餘事雞初鳴坐堂皇兩造具備當時研鞫事無鉅細均如其意結案悖者照例治罪凡涉親故族屬訟者諭以睦婣概令解釋訟獄既簡吏多去籍歸耕遠近翕然著循良稱咸豐五年卒年六十五

寶楠於經初治毛氏詩鄭氏禮後與劉文淇及江都梅植之涇包慎言丹徒柳興恩句容陳立約各治一經寶楠發策得論語病皇邢疏蕪陋乃蒐輯漢儒舊說益以宋人長義及近世諸家仿焦循孟子正義例先為長編次乃薈萃而折衷之著論語正義二十四卷因官事繁未卒業命子恭冕續成之他著有釋穀四卷於豆麥麻三種多補正程氏九穀考之說漢石例六卷於碑志體例考證詳博寶應圖經六卷勝朝殉揚錄三卷文安隄工錄六卷

恭冕字叔俛，光緒五年舉人。守家學，通經訓。入安徽學政朱蘭幕〔三〕，爲校李貽德春秋賈服注輯述，移補百數十事。後主講湖北經心書院，敦品飭行，崇尚樸學。幼習毛詩，晚年治公羊春秋，發明新周之義，闢何劭公之謬說〔四〕。同時通儒皆韙之。卒年六十〔五〕。著有論語正義補、何休論語注訓述、廣經室文鈔。

校記

〔二〕清史稿之劉寶楠傳，並所附其子恭冕傳，皆源自清國史載儒林傳下卷卷三十七。

〔三〕劉寶楠與諸學友約各治一經，不惟係傳主一生爲學之大節目，而且乃可據以窺知一時學術消息。史稿不記其時間，僅述「後」字，當屬失誤。據劉恭冕論語正義後敘，時在道光八年。又據劉文興纂寶應劉楚楨先生年譜，譜主時年三十八歲，訂約諸友，尚有甘泉薛傳均。

〔三〕劉恭冕何時入安徽學政朱蘭幕？史稿失記。劉嶽雲撰族兄叔俛事略，僅記作其父捐館後，據錢維福清秘述聞續卷十一，朱蘭任安徽學政，時當同治三年至六年間。

〔四〕一致百慮，殊途同歸，乃數千年中國學術演進之正道。修史而憑一己之見，遂論定學術是非，斥某家為謬說，實有失輕率。

〔五〕劉恭冕卒於何年？史稿失記。據前引事略，時在光緒九年六月。

清史列傳卷六十九

儒林傳下二

劉寶楠 子恭冕

劉寶楠，字楚楨，江蘇寶應人。父履恂，字迪九，乾隆五十一年舉人，國子監典簿，著有秋槎雜記。寶楠生五歲而孤，母氏喬教育之。始從從父台拱請業，以學行聞鄉里。爲諸生時，與儀徵劉文淇齊名，人稱「揚州二劉」。道光二十年進士，授直隸文安縣知縣。文安地窪下，隄堰不修，遇伏秋水盛漲，輒爲民害。寶楠周履隄防，詢知疾苦，爰檢舊册，依例督旗屯及民同修，而旗屯恃估勢相觀望，寶楠執法不阿，功遂濟。嘗夜冒雨至大城，助修圍獻等隄，堵塞澮馬莊隄工決口。在縣三載，皆獲有秋。再補元氏，會歲旱，縣西北境蝗裹延二十餘里，寶楠禱東郊蜡祠，令鄉保設廠購捕，蝗爭投阬井，或抱禾死，歲則大熟。咸豐元年，調三河，值東

省兵過境故事兵車皆出里下寶楠謂兵多差重非民所
堪雇車應差給以民價民得不擾在官十六年衣冠樸素
如諸生時勤於聽訟官文安日審結積案千四百餘事每
雞初鳴燭入啜食少許興坐堂皇隨鞫隨結毋許吏胥攙
言凡涉親故族囑訟者諭以睦婣概令解釋訟獄既簡吏
多去籍歸耕曹舍晝閑或貸與人為書畫肆遠近翕然著
循良稱咸豐五年卒年六十五

寶楠於經初治毛氏詩鄭氏禮後與劉文淇及江都
梅植之涇包慎言丹徒柳興恩句容陳立約各治一經寶
楠發策得論語病皇邢疏蕪陋乃蒐輯漢儒舊說益以宋
人長義及近世諸家仿焦循孟子正義例先為長編次乃
薈萃而折衷之著論語正義二十四卷其最有功經訓者
如謂有子言禮之用章是發明中庸之說夫子五十知天
命是天生德於予之義告子游子夏問孝是言士之孝秉

桴浮海，是指今高麗地；興於詩，立於禮，成於樂，民可使由之，不可使知之，是夫子教門弟子之法；文王既沒，文不在茲乎，是指所得之簡策；言樊遲從游於舞雩之下，問崇德、修慝、辨惑，是魯行雩祭，樊遲舉雩祭之詞以問；朋友切切偲偲，兄弟怡怡，是言朋友責善，兄弟不可責善；謂伯魚為周南、召南，是謂伯魚受室後，亦以閨門之戒；四海困窮，是指洪水之災，堯舉舜敷治之。凡此，皆先聖賢之旨，沉霾二千餘載，一旦始發其蘊。至八佾、鄉黨二篇，所說禮制，皆至詳確。因官事繁，未卒業，命子恭冕續成之。他著有釋穀四卷，於豆、麥、麻三種，多補正程氏九穀考之說；漢石例六卷，於碑志體例，考證詳博。寶應圖經六卷，勝朝殉揚錄三卷，文安隄工錄六卷。所為文淵雅翔實。有韞山樓詩文集。

恭冕，字叔俛。光緒五年舉人。守家學，通經訓。入安徽學使朱蘭幕，為校李貽德春秋賈服注輯述，移補百數十事。後主講湖北經心書院，敦品飭行，崇尚樸學。幼習毛詩，晚年治公羊春秋，發明「新周」之義，闢何劭公之謬說，同時通儒皆韙之。卒年六十。著有論語正義補、何休論語註訓述、廣經室文鈔。

清史稿卷四百八十二

儒林三

龍啓瑞

苗夔　龐大堃

龍啓瑞（一），字翰臣，臨桂人。道光二十一年一甲一名進士，授翰林院修撰。二十四年，充廣東鄉試副考官。二十七年，大考翰詹二等七名，以侍講升用。七月，簡湖北學政，著經籍舉要一書，以示學者。又以學政之職有三要：一曰防弊，二曰勵實學，三曰正人心風俗。三十年，丁父憂，回籍。咸豐元年六月，廣西巡撫鄒鳴鶴奏辦廣西團練，以啓瑞總其事。二年七月，省城圍解，以守城出力，以侍講學士升用。六年四月，授通政司副使。十一月，簡江西學政。七年三月，遷江西布政使。八年九月，卒於官。

啓瑞切劘經義，尤講求音韻之學，貫穿於顧、江、段、王、孔、張、劉、江（二）諸家之書，而著古韻通說二十卷（三），以為論古韻者，自顧氏以前失之疏，自段氏以後過於密，江氏酌中，亦未爲盡善。陽湖張氏分二十一部，言凡言古韻者，分之不嫌密，合之不嫌廣。惟分之密，其合之也脈絡分明，不至因一字而疑各韻可通，亦不至因各韻而疑一字之不可通。啓瑞服膺是言，故其集古韻也，意主於嚴，而其爲通說也，則較之顧氏而尚覺其寬，不拘成說，不執私見，參之古書，以求其是而已。其論本音、論通韻、論轉音，皆確有據依，而以論通說總之，故以名其全書焉。他著有爾雅經注集證三卷、經德堂集十二卷。

苗夔，字仙麓，肅寧人。幼即嗜六書形聲之學，讀許氏說文，若有夙悟。已，又得顧炎武音學五書，慕之彌篤，曰：吾守此終身矣。舉道光十一年優貢生，高郵王念孫父子禮先於夔，由是譽望日隆。夔以爲許叔重遺書，多有爲後人妄刪或附益者，乃訂正說文八百餘字，爲說文聲訂二卷。

顧氏音學所立古音表十部，宏綱已具，然猶病其太密，而戈、麻既雜西音，不應別立一部。於是併耕、清、青、蒸、登於東、冬；併戈、麻於支、齊，定以七部，檃括群經之韻，字以聲從，韻以部分，為說文聲讀表七卷。詩自毛傳、鄭箋而後，主義理者多，主聲均者少，雖有陸元朗詩經音義，亦不能專主古音，然古音時有未盡改者。夔治毛詩，尤精於諧聲之學，嘗以齊、魯、韓三家證毛，而又以許洨長之聲讀參錯其間，采太平戚氏之漢學諧聲、詩經正讀、無錫安氏之均徵，為毛詩均訂十卷。咸豐丁巳五月卒，年七十有五。

龐大堃字子方，常熟人。嘉慶二十四年舉人。究心音韻之學，嘗謂顧、江、戴、段、孔、王諸家分部互有出入者，以入聲配隸無準耳。入聲有正紐、反紐，今韻多從正紐，古韻多從反紐，陽奇陰偶，兩兩相配，一從陸氏法言所定為正紐，一從顧、江、戴、王所定為反紐。其轉音之法有五：一正轉，同部者是也；一遷轉，同音者是也；一旁轉，相比及相生者是也；一雙聲，同母者是也。又謂欲明古音，必先究唐韻，乃可定其分合。為唐韻輯略五卷、備考一卷、形聲輯略一卷、備考一卷、古音輯略二卷、備考一卷、等韻輯略三卷。他著有易例輯略五卷。

校記

〔一〕清史稿之龍啟瑞傳，並所附苗夔、龐大堃二家，皆源出清國史載儒林傳下卷卷三十八。

〔二〕清國史劉字後本無江字，而繆荃孫先生撰啟瑞傳稿則有江字。繹其文意，前一江當指江永，後一江則謂江有誥。

〔三〕古韻通說二十卷，清國史及繆先生撰稿皆作二十部，清史稿藝文志則作四卷。部、卷二字所指有別，部謂古韻部類，卷則言書籍卷帙。然同言卷帙，儒林傳作「二十卷」，藝文志則作「四卷」，清史稿纂修之時，各自爲陣，互不照應，自然要彼此參差。

〔四〕苗夔卒於咸豐七年五月，清國史記之明確不誤。清史稿故作雅態，改「七年」爲「丁巳」，實乃多此一舉。

〔五〕「法」言本人名，史稿點校本誤作書名，故逕改，如人名號。

清史列傳卷六十九

儒林傳下二

龍啓瑞　苗夔　龐大堃

龍啓瑞，字翰臣，廣西臨桂人。父光甸，字見田，嘉慶二十四年舉人，歷官黔陽、武陵知縣，乍浦、台州同知，所至斷滯獄，修文教，摘姦發伏，以廉幹稱。著有宰黔防乍錄及詩文集。道光二十九年卒，年五十八。啓瑞，道光二十一年一甲一名進士，授翰林院修撰。二十三年，充順天鄉試同考官。二十四年，充廣東鄉試副考官。二十七年，大考翰詹二等七名，以侍講升用。七月，提督湖北學政。湖北人士知禮尚文，啓瑞專以根柢之學振之，著經籍舉要一書，以示學者。又以學政之職有三要：一曰防弊，二曰厲實學，三曰正人心風俗，故所作文檄，告誡周詳，既復舉舊日所聞及近所施行者，爲視學須知一卷。三十年，丁父憂，回籍。咸豐元年六月，廣西巡撫鄒鳴鶴奏辦團練，以啓瑞總其事。二年七月，省城圍解，以守城敘功，得旨以侍講學士升用，並賞戴花翎。五年，回京。六年四月，擢通政司副使。十一月，提督江西學政。七年三月，授江西布政使。時髮逆踞東南，江西僅省會暨一府未沒於賊，庫藏久虛。啓瑞焦勞籌度，饟糈賴以不絕。會歲旱蝗，齋心祈禱，力求驅捕之法，蝗患頓除。嘗勸民積穀備荒，復以暇修普濟、育嬰諸善政，惠心澤民，都邑感慕。八年九月，卒於官。同治十一年，奉旨入祀江西名宦祠。

啓瑞少與其鄉呂璜、朱琦、王錫振為古文，步趨桐城。已，從上元梅曾亮遊，文日益進。後交漢陽劉傳瑩，切劘經義，尤講求音韻之學，貫穿於顧、江、苗、段、王、孔、張、劉諸家之書，而著古韻通說二十部。其論古韻寬嚴得失曰：「論古韻者，自顧氏以前失之疏，自段氏以後過於密。江氏酌中亦未為盡善。顧氏規模粗備，其考據精確，有不可磨滅者。段氏分之脂支三部，發前人所未發，餘所分者，求之古經，率多可據。雖分配入聲未極精審，不免千慮之失，然而分合周備，條理井然，可謂文而不煩，博而知要者矣。後之陽湖張氏、高郵王氏、曲阜孔氏、歙江氏諸子之學，博足以綜其蕃變，精足以定其指歸，皆由段氏精而求之，以極於無可復加之地。至張氏之分為二十一部，與高郵王氏略同，其依據說文，折衷經韻，使人觀形可以得聲之誤，復審音可以定形之譌，而於通轉流變之間，尤能言之盡意。同時武進劉氏復有詩聲衍之作，觀其序論及標目部分，蓋亦竊取張氏之意而為之者也。其論入聲同部異韻及異部同用，較諸家尤為明備，覺段氏之精於說文，猶未見及。張氏有言：凡言古韻者，分之不嫌密，合之不嫌廣，惟分之也密，故其合之也脈絡分明，不至因一字而疑各韻可通，亦不至因各韻而疑一字之不可通。故今之集古韻也，意主於嚴，而其為通說也，則較之顧氏而尚覺其寬。其分也，有所以可分之由；其合也，有所以得合之故，皆為剖而明之。不敢拘前人成說，不敢執一己私見，亦曰參之古書，以求其是，質之人心，而得其安而已。論本音曰：「許書實兼音、形、義三者為訓，諧聲一門，幾居全書之八。然比而論之，無不與經訓符合，未有母聲在此，而子聲在彼者。間有出入，即可據為古音通轉之證。中有讀若、讀同之例，雖偶用方言俗字，未必盡出古音，然要取諸同部，其轉入他部者，亦必有說。每文下所載古文或體亦然。今於經韻後載說文諧聲諸字，以見音隨字寫之原，而於偏旁讀若小異者，皆為梳髮而證明之。其有古今音變，難為強說者，仍從蓋闕。」論通韻曰：「二十部大旨貴於密而不貴於疏，然證之於古，或齟齬而不合，則不得不為之說，以通其變。然其所通者，必有其所以可通之故，而非若唐人之通韻，僅取便於時俗而已。論轉音曰：轉音即雙音之異名，天地間自有不可磨滅者。古經中用韻及字書偏旁有不合者，苟求之於是，無不可通。必謂古一字祇有一音，非確論也。此條所以濟本音通韻之窮，而讀古書及說文者愈釋然而無疑矣。論通說曰：學者從事於二十部之古韻，則於其紛紜轇轕者，有若涇、渭之難淆，燕、越之各判矣。然於此而與之道古，或不免拘執而難通，又將諱其所不合以爲安，則又與於誣古欺人之甚。故爲之說有十以通之，大都本通韻之文爲之根柢，通韻祇通其數字，通說則舉其一字，蓋全書皆嚴其所以分之界，而於此終著其所以合之由，是古韻之學之大成也，故以名其全書焉。

啓端又以爾雅一書學者多苦其難讀，因采邵、郝、盧、阮諸說，於發疑正讀之交，講明至是，間復參以己見，著爾雅經注集證三卷他著有小學高注補正是君是臣錄班書識小錄通鑑識小錄諸子精言莊子字詁及經德堂詩文集十二卷。

苗夔字仙麓直隸肅寧人幼即嗜六書形聲之學讀許氏說文若有夙悟已又得顧炎武音學五書慕之彌篤曰吾守此終身矣舉道光十一年優貢生高郵王念孫父子聞夔之說禮先於夔與暢論音學源流由是譽望日隆。夔以為許叔重遺書多有為後人妄刪或附益者乃訂正說文凡六朝五代以來聲傳訛者八百餘字為說文聲訂二卷顧氏音學所立古音表十卷〔二〕宏綱已具然猶病其太密而戈麻既雜西音不應別立一部於是併耕清青蒸登於東多〔三〕併戈麻於支齊定以七部檃括群經之韻字以聲從韻以部分為說文聲讀表七卷宋濂篆韻集鈔謂說文建首五百四十字即蒼頡讀六朝五代人無能得其句讀者，皆以俗韻失之也。夔以毛詩韻部定其音紐，為建首字讀一卷。詩自毛傳鄭箋而後，主義理者多，主聲韻者少。雖有陸元朗詩經音義，亦不能專主古音，然古音時有未盡改者。夔治毛詩，尤精於諧聲之學，嘗以齊、魯、韓三家證毛，而又以說文之聲讀參錯其間。采太平戴氏之漢學諧聲、詩經正讀、無錫安氏之均徵，為毛詩韻訂十卷，書出，識者歎其精審。他著有說文聲讀考、集韻經存韻補正、經韻鈎沉四種。咸豐七年五月卒，年七十五。生平苦思專一，雖處困約，有以自怡。將殁，戒其子葬衆書叢中。子玉璞，乃擇書之尤嗜者納棺中殉焉。

龐大堃，字子方，江蘇常熟人。嘉慶二十四年舉人。究心音韻之學，嘗謂顧、江、戴、段、孔、王諸家分部互有出入者，以入聲配隸無準耳。入聲有正紐、反紐，今韻多從正紐，古韻多從反紐，故用王氏說，別出緝、盍，十八部。第一部歌、戈麻分支齊佳第二部魚虞模分麻其入鐸陌昔分藥覺麥錫皆侯音第三部蒸登分耕第四部之咍分皆灰尤其入職德分屋麥第五部東冬鍾江第六部尤侯幽分虞蕭宵肴豪其入屋沃燭覺分錫第七部陽唐耕第八部蕭宵肴豪其入藥分鐸屋沃覺麥錫第九部耕清青分庚第十部支佳分齊其入麥錫分昔皆鼻音第十一部真諄臻文殷魂痕先分刪山仙第十二部脂微齊皆灰分咍祭其入質術櫛物迄沒黠屑分薛第十三部元寒桓刪山仙分先第十四部祭泰夬廢分霽怪其入月曷末鎋薛分黠屑皆舌齒音第十五部侵覃添咸凡分鹽第十六部緝合怗洽之分葉第十七部談鹽銜嚴第十八部盍葉狎業分怗皆唇音祭無平上聲緝盍無平上去聲陽類陰類各九部陽奇陰偶兩兩相配一從陸氏法言所定為正紐一從顧江戴王氏所定為反紐其轉音之法有五一正轉同部者是

也，一遞轉同音者是也；一旁轉相比及相生者是也；一雙聲同母者是也。

大埜又謂欲明古音，必先究唐韻，乃可定其分合。因取徐鉉所引孫愐音切，參以徐鍇之篆韻譜，按部排纂，爲唐韻輯略五卷，備考一卷。又以說文正字按部排纂，以聲相統，而別出其流變之字，爲形聲輯略一卷，備考一卷。又以說文諧聲經典用韻合之唐韻，按部排纂，以紐相承，而表出其分收之字，別收之字，爲古音輯略二卷，備考一卷。其論等韻，則謂字母三十六爲天地自然之音，不可增減，不可移易，取切韻指掌圖、四聲等子、切韻指南參互考訂，合門法爲八分，十六攝爲六十一圖，以唐韻、廣韻、集韻、五音集韻及玉篇、玉海之字，按紐排纂，附注切音，爲總圖，以提其綱，爲略例，以舉其凡，爲備考，以覈其實，又推之玉篇、廣韻、皇極經世之論音，以暢其說。又推之天竺、西番藏經十二家之譯字，以盡其變，爲等韻輯略三卷。他著有易例輯略五卷。子鍾璐，官至刑部尚書。

校記：

〔一〕「卷」字誤，依音學五書之古音表，當作「部」。

〔三〕「多」字誤，據傳主說文聲讀表敘，當作「冬」。

清史稿卷四百八十二

儒林三

陳立

陳立〔一〕字卓人，句容人。道光二十一年進士〔二〕，二十四年補應殿試，選翰林院庶吉士，散館，改〔三〕刑部主事，升郎中，授雲南曲靖府知府。請訓時，文宗有為人清慎之褒。時以道梗，不克之任〔四〕。

少客揚州〔五〕，師江都梅植之，受詩古文辭，師江都凌曙、儀徵劉文淇，受公羊春秋、許氏說文、鄭氏禮，而於公羊致力尤深〔六〕。文淇嘗謂漢儒之學，經唐人作疏，其義益晦，徐彥之疏公羊，空言無當。近人如曲阜孔氏、武進劉氏，謹守何氏之說，詳義例而略典禮訓詁。立乃博稽載籍，凡唐以前公羊古義及國朝〔七〕諸儒說公羊者，左右采獲，擇精語詳，草創三十年，長編甫具。南歸後，乃整齊排比，融會貫通，成公羊義疏七十六卷。

初治公羊也，因及漢儒說經師法，謂莫備於白虎通，先為疏證，以條舉舊聞、暢隱扶微為主，而不事辨駁，成白虎通疏證十二卷。幼受爾雅，因取唐人五經正義中所引犍為舍人、樊光、劉歆、李巡、孫炎五家悉甄録之，謂郭注中精言妙諦，大率胎此，附以郭音義及顧、沈、施、謝諸家切釋，成爾雅舊注二卷。又以古韻之學散蝕已久，而聲音之原起於文字，說文諧聲即韻母也，因推廣歸安姚氏說文聲系之例，剌取許書中諧聲之文，部分而綴敘之，以象形、指事、會意為母，以諧聲為子，其子之所諧又即各綴於子下。其分部則兼取顧、江、戴、孔、王、段、劉、許諸家，精研而審核之，訂為二十部，成說文諧聲孳生述三卷。其文淵雅典碩，大抵孝訂服制、典禮及聲音訓詁為多，成句溪雜著六卷。卒年六十一。〔九〕

校記：

〔一〕清史稿之陳立傳，源出清國史，載儒林傳下卷卷三十八。

〔二〕道光二十一年進士，不確。據清國史陳立傳，乃道光二十四年進士。又據江慶柏清代進士題名錄，陳立雖為道光二十一年貢士，但未參加殿試。二十四年，始補殿試，為二甲第三十八名進士。

〔三〕「改」字不確。清制，庶吉士非實官。散館，始獲授官，或任職翰林院，或以部屬用，或即用知縣。故史稿不依清國史舊文，以「改」字換「授」字，不妥。

〔四〕傳主既因亂道阻，不克赴任，此後經歷若何？依清國史，本有「流轉東歸」云云文字。清史稿悉數不存，致使傳主生平中斷失記。

〔五〕少容揚州整理本原接「不克之任」，未作分段處理。

依上下文意，改作另起一段。

〔六〕陳立之致力春秋公羊學，固緣師從凌曙，而據先前之劉寶楠傳，亦係道光八年，南京鄉試與諸師友相約各治一經。史稿於此，倘若存之數語，不惟可見傳主生平學行之重要節目，而且亦可前後照應，存學術演進之一段消息。

〔七〕清史開館，已入民國，尚以「國朝」稱亡「清」，史觀落伍倒退，殊不可取。

〔八〕暢隱扶微，「扶」字形近而誤。據傳主白虎通疏證自序，當作「暢隱抉微」。

〔九〕陳立卒於何年？史稿失記。據劉恭冕撰清誥授中憲大夫曲靖府知府陳君墓誌銘，時當同治八年十月二十二日。

清史列傳卷六十九

儒林傳下二

陳立

陳立，字卓人，江蘇句容人。道光二十四年進士，改翰林院庶吉士，散館，授刑部主事，洊升郎中，記名御使，授雲南曲靖府知府。召對時，顯皇帝有為人清慎之褒。時以道梗不克之任，流轉東歸。所至賓禮，先後受事，皆刑名至重，立處以詳慎。於喪服變除、宗法淆異，多能折衷，協於禮律。

少讀書過目成誦，隨父客揚州，師江都梅植之，受詩古文辭；師江都淩曙、儀徵劉文淇，受公羊春秋、許氏說文、鄭氏禮，而於公羊致力尤深。文淇嘗謂漢儒之學，經唐人作疏，其義益晦，徐彥之疏公羊，空言無當。近人如曲阜孔廣森、武進劉逢祿，謹守何休之說，詳義例而略典禮、訓詁。立乃博稽載籍，凡唐以前公羊古義及國朝諸儒說公羊者，右右采獲，擇精語詳，草創三十年，長編甫具，南歸後，乃整齊排比，融會貫通，成公羊義疏七十六卷。

初治公羊，因及漢儒說經師法，謂莫備於白虎通，先為疏證，以條舉舊聞，暢隱扶微為主，而不事辨駁，成白虎通疏證十二卷。幼受爾雅，因取唐人五經正義中所引犍為舍人、樊光、劉歆、孫炎、李巡五家，悉甄錄之，謂郭注中精言妙諦，大率胎此，附以郭音義及顧、沈、施、謝諸家切釋，成爾雅舊注二卷。又以古韻之學蔽蝕已久，而聲音之原起於文字，說文諧聲即韻母也，因推廣歸安姚文田說文聲系之例，刺取許書中諧聲之文，部分而綴敘之，以象形、指事、會意為母，以諧聲為子，其子之所諧，又即各綴於子下。其分部則兼取顧、江、戴、孔、王、段、劉諸家，精研而審覈之，訂為二十部，成說文諧聲孳生述三卷。為文淵雅典碩，不尚空言，大抵考訂服制、典禮及聲音訓詁為多，有句溪雜著六卷。生平甘淡泊，恥干謁，與人交，懇款惻怛。客揚州久，師門誼最篤。卒年六十一。

校記：

〔一〕「汪」字誤。據傳主說文諧聲孳生述略，例當作「江」，謂江永。

清史稿卷四百八十二

儒林三

陳奐 金鶚

陳奐[一]字碩甫，長洲人。諸生。咸豐元年舉孝廉方正。奐始從吳江沅治古學，[二]金壇段玉裁寓吳，與沅祖聲善，嘗曰：「我作六書音韻表，惟江氏祖孫知之，餘子有知者，奐盡一晝夜探其梗概，沅嘗假玉裁經韻樓集，奐竊視之，加朱墨。」後玉裁見之，稱其學識出孔、賈上，由是奐受學玉裁。[三]高郵王念孫暨子引之、棲霞郝懿行、績溪胡培翬、涇胡承珙、臨海金鶚，咸與締交。[四]

奐嘗言：「大毛公詁訓傳，言簡意賅，」[五]遂殫精竭慮，專攻毛傳。以毛傳一切禮數名物，自漢以來無人稱引，鬱晦不彰，乃博徵古書，發明其義。大抵用西漢以前舊說，而與東漢人說詩者不苟同；又以毛氏之學源出荀子，而善承毛氏者，惟鄭仲師、許叔重兩家，故於周禮注、說文解字，多所取說。著詩毛氏傳疏三十卷，又以疏中稱引博廣，難明，更舉條例，立表示圖，為毛詩說一卷；準以古音，依四始為毛詩音四卷；倣爾雅例，編毛傳為義類十九篇一卷；以鄭多本三家詩，與毛異，為鄭氏箋考徵一卷。又有詩語助義三十卷，公羊逸禮考徵一卷，師友淵源記一卷，禘郊或問、宋本集韻校勘記各若干卷。

其論尚書大傳與毛傳同條共貫；論春秋之學，從公羊以知例，治穀梁以明禮。穀梁文句極簡，必得治禮數十年，而後可明其要義。論釋名與毛傳、說文多不合，然可以討漢、宋說經家之源流。其論丁度集韻云：「集韻總字，具見類篇。先以類篇校集韻，再參之釋文、說文、玉篇、廣韻、博雅，則校讐之功過半矣。」又云：「陸氏釋文宋本，當於集韻求之。今尚書釋文，經開寶中陳諤等刪改之本，集韻則未經刪改者也。於子書中尤好管子，嘗令其弟子元和丁士涵為管子案四卷。

家居授徒，從遊者數十人。同郡管慶祺、丁士涵、馬釗、費鍔〔七〕、德清戴望其尤著也。同治二年卒，年七十有八。

金鶚，字誠齋，臨海人。優貢生。博聞強識，邃精三禮之學。受知於山陽汪廷珍，與析難辨論，成禮說二卷。嘉慶二十四年卒於京邸。所著求古錄一書，取宮室、衣服、郊祀、井田之類，貫串漢、唐諸儒之說，條考而詳辨之。鶚又嘗輯論語鄉黨注，釐正舊說，頗得意解。卒後稿全佚，陳奐求得之，釐為求古錄禮說十五卷、鄉黨正義一卷。

校記

〔一〕清史稿之陳奐傳、並所附金鶚傳，皆源出清國史戴儒林傳下卷卷三十九。

〔二〕奂始從吴江沅治古學，據清國史，「吴」下尚脱一「縣」字。吴與吴縣所指不盡相同，「縣」字不可省。據傳主師友淵源記，其師江沅乃江蘇吴縣人，奂追隨問學始於嘉慶十五年，時年二十有五。

〔三〕傳主何時受學段玉裁，史稿失記。據前引師友淵源記：若膺諱玉裁，一字懋堂，金壇人，乾隆二十五年庚辰舉人，官四川巫山縣，年四十二即告養引歸，僑居蘇州金閶門外白蓮橋枝園，鍵户不問世事者數十年。嘉慶十七年壬申冬十二月，會説文解字注授梓，子蘭師之閭，而以校讎委任，奂遂受業師門。

〔四〕傳主何時與王念孫、引之父子及諸儒林中人締交，史稿失記。據前引師友淵源記，時當嘉慶二十三年入都及其後之一二年間。

〔五〕史稿引陳奂語，出毛詩傳疏叙録，係語意轉述而非原文。言簡意賅四字，與文本作「文簡而義贍」。史稿若照錄原文，不惟尊重歷史，而且亦可存傳主遣詞之個性。

〔六〕「漢、宋說經家之源流」，可依清國史之陳奐傳，本作「漢宋說經家之沿流」。國史所記源出傳主弟子戴望撰孝廉方正陳先生行狀，戴文云其論小學，謂釋名與毛傳說文多不合，然可以討漢季說經家之沿流者。清國史改「季作宋」，並刪句末「者」字，尚無大謬。而清史稿不惟改「沿」作「源」，而且將「季」改作「宋」，竟將不相涉的宋人牽扯其中，實為差之毫厘，謬以千里。

〔七〕「貴鍔」，據傳主師友淵源記，當作「貴寶鍔」。清國史不誤。史稿所脫「寶」字當補。

清史列傳卷六十九

儒林傳下二

陳奐 金鶚

陳奐，字碩甫，江蘇長洲人。諸生。咸豐元年舉孝廉方正。奐始從吳縣江沅治古學，金壇段玉裁寓吳，與沅祖聲善，嘗曰：「我作六書音韻表，惟江氏祖孫知之，餘鮮有知者。」奐盡一晝夜探其梗概。沅嘗假玉裁經韻樓集，奐竊視之，加朱墨。後玉裁見之，稱其學識出孔賈上。由是奐遂受學玉裁，刻說文解字注，校訂之力，奐居多。遊京師，高郵王念孫暨子引之、棲霞郝懿行、績溪胡培翬、涇胡承珙、臨海金鶚，咸與奐締交。引之著經義述聞，每一卷成，必出相質。承珙撰毛詩後箋，自魯頌泮水以下，奐為補編。郝氏爾雅義疏、胡氏儀禮正義、金氏求古錄，皆為校刊以行。

奐嘗言：大毛公詁訓傳言簡意該，漢儒不遵行，錮蔽久矣。遂殫精竭慮，專攻毛傳，以毛傳一切禮數名物，自漢以來無人稱引，韜晦不彰，乃博徵古書，發明其義。大抵用西漢以前舊說，而與東漢人說詩者不苟同；又以毛氏之學源出荀子，而善承毛氏者惟鄭仲師、許叔重兩家，故於周禮注、說文解字多所取說，著詩毛氏傳疏三十卷。敘曰：鄭康成初學韓詩，後見毛詩義精好，爲作箋，亦復間雜魯詩，並參己意，故作箋之旨，實不盡同毛義。近代說詩，兼習毛、鄭，不分時代，不尚專修，不審鄭氏作箋之旨，而又苦毛義之簡深，猝不得其涯際，遍辭編解，迄無鉅觀。竊以毛詩多記古文，倍詳前典，或引伸，或假借，或互訓，或通釋，或文生上下而無害，或辭用順逆而不違，要明乎世次得失之迹，而吟詠情性，有以合乎詩人之本志。故讀詩不讀序，無本之教也；讀詩與序而不讀傳，失守之學也。漢書藝文志毛詩二十九卷，毛詩故訓傳三十卷，古經傳本各自爲書，自傳與箋合併，而久失原書之舊。今置箋而疏傳者，宗毛詩義也。」是書剖析同異，訂證闕訛，有功毛氏不淺。如葛覃傳「父母在」以下九字，為箋語竄入，引泉水箋為證，與我行其野篇「宣王之末」以下十九字，為傳誤入箋者，皆確不可易。毛於言告、言歸下既云婦人謂嫁曰歸，於此則第訓寧為安。蓋歸寧即序之歸安父母，謂已嫁而可以安其父母之心，即所謂無父母遺罹也。潛夫論斷訟篇云：不枉行以遺憂，故美歸寧之志，一許不改。蓋所以長真潔而寧父母也。」此正足以發明序傳之義。又如以煩撋解生民之蹂黍，里旅證公劉之廬旅，皆確有依據。而以爾雅之「不遹不蹟不徹」為一句，以釋日月、沔水、十月之交三詩，尤為精絕。又以疏中稱引博廣難明，更舉條例，立表示圖，為毛詩說一卷。準以古音，依四始為毛詩音四卷。倣爾雅例，編毛傳為義類十九篇一卷。以鄭多本三家詩，與毛異，為鄭氏箋考

徵一卷又有詩語助義三十卷公羊儀禮考徵一卷師友
淵源記一卷禘郊或問宋本集韻校勘記
其論尚書大傳與毛傳同條共貫論春秋之學從公
羊以知例治穀梁以明禮穀梁文句極簡必得治禮數十
年而後可明其要義論釋名與毛傳說文多不合然可以
討漢宋說經家之沿流論丁度集韻云集韻總字具見
類篇先以類篇校集韻再參之釋文說文玉篇廣韻博雅
則校讐之功過半矣又云陸氏釋文宋本當於集韻求之
今尚書釋文經開寶中陳諤等刪改之本集韻則未經刪
改者也皆為後學開塗徑於子書中尤好管子嘗命其弟
子元和丁士涵為管子案四卷家居授徒從遊者數十人
同郡管慶祺馬釗費寶鍔浙西戴望蔣仁榮其尤著也同
治二年卒年七十有八
金鶚字誠齋浙江臨海人優貢生博聞強識邃精三

禮之學，受知於山陽汪廷珍。至京師，居廷珍第中。與廷珍析難辨論，成禮說二卷。陳奐往見之，與語，恨相見晚。嘉慶二十四年，卒於京邸。所著求古錄一書，取宮室、衣服、郊祀、井田之類，貫串漢、唐諸儒之說，條考而詳辨之，發明三禮，不拘墨守。奐書稱其鎔鑄故訓，真為一代大作手。胡承珙毛詩後箋中亦往往引用其說。鶚又嘗輯論語鄉黨注，釐正舊說，頗得意解。卒後，稿全佚，奐求得之，釐為求古錄禮說十五卷、鄉黨正義一卷。後吳縣潘祖蔭復得其遺著，彙刊之為禮說補遺二卷。

校記

〔一〕「儀」字誤，據傳主師友淵源記，當作「逸」。

清史稿卷四百八十二

儒林三

黄式三 子以周 從子以恭

黄式三[一]字薇香，定海人。歲貢生。事親孝。嘗赴鄉試，母裘暴疾卒於家，馳歸慟絕。父老且病，卧牀笫數年，衣食醴洗必躬親之。比歿，持喪以禮，誓不再應鄉試[二]。於學不立門戶，博綜群經，治易、治春秋，而尤長三禮。論禘郊宗廟，謹守鄭學。論封域、井田、兵賦、學校、明堂、宗法諸制，有大疑義，必釐正之。有復禮說、崇禮說、約禮說。嘗著論語後案二十卷，自為之序。他著有書啟幪四卷、詩叢說一卷、詩序說通二卷、詩傳箋考二卷、春秋釋二卷、周季編略九卷、儆居集經說四卷、史說四卷。同治元年卒，年七十四。子以周，從子以恭，俱能傳其學。

以周，本名元同，後改今名，以元同為字。同治九年優貢，旋舉於鄉。大挑以教職用，補分水縣訓導[三]。以學臣奏，加中書銜[四]，以教授升用。旋[五]選處州府教授，年已七十，遂不就。以周篤守家學，以為三代下之經學，漢鄭君、宋朱子為最。而漢學、宋學之流弊，乖離聖經，尚不合於鄭、朱，何論孔、孟？有清講學之風，倡自顧亭林[六]。顧氏嘗云：經學即理學[七]。乃體顧氏之訓，上追孔、孟之遺言，於《易》、《詩》、《春秋》皆有著述，而《三禮》尤為宗主。所著《禮書通故》百卷，列五十目，古先王禮制備焉。又以孟子學孔子，由博反約，而未嘗親炙孔聖。其間有子思子，綜七十子之前聞，承孔聖以啓孟子。乃著《子思子輯解》七卷，而舉子思所述夫子之教，必始於《詩》、《書》，而終於《禮》、《樂》，及所明仁義為利之說，謂其傳授之大恉[八]是深信博文約禮之經學，為行義之正軌，而求孟子學孔聖之師承，以子思為樞軸。暮年多疾，因曰：「加我數年，《子思子輯解》成，斯無憾。」既書成而疾痿，更號哉生。江蘇學政黃體芳建南菁講舍於江陰，延之主講。以周教以博文約禮，實事求是，道高而不立門戶。宗源瀚建辨志精舍於寧波，請以周定其名義規制，而專課經學，著錄弟子千餘人。卒年七十有二。〔九〕

以恭字質庭，光緒元年舉人，著有尚書啓幪疏二十八卷、讀詩管見十二卷。

校記

〔一〕清史稿之黄式三傳、並所附傳主子以周、從子以恭二傳，皆源出清國史，載儒林傳下卷卷四十。

〔二〕傳主誓不再應鄉試，依清國史所記。本在母卒之後，史源爲譚廷獻撰黄先生傳。史稿擅改國史舊文，不知根據何在。

〔三〕傳主何時大挑以教職用，清史稿失記。據繆荃孫撰中書銜處州府學教授黃先生墓誌銘，乃在光緒六年。又據章太炎撰黃先生傳，傳主光緒六年大挑之後，歷署遂昌、海鹽、於潛訓導，始獲補分水縣訓導。

〔四〕傳主何時以學官奏加中書銜？清史稿失記。據清國史，時在光緒十四年。

〔五〕傳主何時升用教授？清史稿失記，當依清國史記作光緒十六年。

〔六〕「有清講學之風，倡自顧亭林。」此語不見清國史，乃清史稿撰文者之一家言，出之無本，似是而非。據考顧亭林一生從未登壇講學，於晚明講學之風，最是憎惡。呂言：「能文不為文人，能講不為講師。」史稿若將「講」字改作「經」，抑或能得要領。

〔七〕「經學即是理學」語，出全祖望亭林先生神道表，係祖望對亭林「理學，經學也」主張的歸納，原作「經學即理學」。

史稿於「即」字後添一「是」字，實爲多餘。

〔八〕謂「其傳授之大恉」，語本清國史。「其」字下，尚脫一「爲」字，故語意不全。當補。

〔九〕黃以周卒於何年？清史稿失記。據前引章太炎黃先生傳，傳主卒於光緒二十五年十月。

清史列傳卷六十九

儒林傳下二

黃式三 子以周 從子以恭

黃式三字薇香，浙江定海人。歲貢生。事親孝。父興梧性端嚴，先意承志，恆得歡心。嘗赴鄉試，母裘暴疾卒於家，馳歸痛絕，誓不再應鄉試。父老且卧病數年，衣食醻洗，必躬親之。比歿，持喪以禮。於學不立門戶，博綜群經。治易，言卦辭一意相承，六十四卦爻辭同者亦一意相承。又釋繫辭傳衰世之意，謂伏羲氏衰而神農作，易之興也其於中古乎？中古謂神農也。以此申鄭君神農重卦之義，著易釋四卷。治春秋，作釋敘、釋執、釋人、釋名、釋殺、釋盜、釋入、釋以，以訂杜預釋例之訛。謂：魯春秋一國之史，不赴告不書，孔子修之，不得增史之所不書。傳引列國史文之異者，以備參考，疑以傳疑，其事不可牽合爲一，必牽合反害於經也。著春秋釋二卷。尤長三禮，論禘郊宗廟，謹守鄭學，論封域、井田、兵賦、學校、明堂、宗法諸制，有大疑義，必釐正之。其復禮說、崇禮說、約禮說，識者以為不朽之作。

生平於經說，不拘漢、宋，擇是而從。但恐私智穿鑿，得罪聖經，中夜自思，怵然不寐。嘗著論語後案二十卷，謂鄭康成就魯論篇章，考之齊古，為之注，當時貴之。魏末，何平叔之徒，酷嗜莊、老，而作集解以行世。晉、宋、齊、梁，媚佛成俗，聖教不明。其始以儒亂釋，其終遂以釋亂儒。皇疏黜鄭注而宗何，有由來矣。邢氏祇刪皇氏而就簡耳。自朱子注既出，六百餘年之儒說，群奉正宗，後之人補輯鄭君之遺逸，考校何氏之異同，各明嫥家。本朝有繼漢軼魏，實能駕朱子上者，則朱子之所得大且多也。雖然，漢、魏諸說之醇有存於何氏之解、皇、邢之疏及陸氏釋文諸書，而不可盡廢者。諸經注疏與子史中雜引經文及諸說解，有可拾遺而補闕者，元明數百年遵朱子注，有能發明之而糾正之者。近日大儒實事求是，各盡所長，有考異文者，精訓詁者，辨聲類者，稽制度名物者，擕聖賢事蹟者，有考驗身心辨析王霸學務見其大者，有不惑於老釋，復明析於儒之近老釋學務得其正者。凡此古今儒說之薈萃，苟有裨於經義，雖異於鄭君、朱子，皆宜擇是而存，因廣收衆說，附以己意，而為是書。吳縣吳鍾駿、上元朱緒曾皆以為漢宋持平之著，可垂國胄。他著有尚書啓蒙四卷、詩叢說一卷、詩序說通二卷、詩傳箋考二卷、周季編略九卷、儆居集經說四卷、史說四卷。嘗作求是室記曰：「天假我一日，即讀一日之書，以求其是。」作畏軒記曰：「讀經而不治心，猶將百萬之兵而自亂之。」蓋自道云。

讀史喜文獻通考，而時論定馬氏之闕失。嘗應聘佐軍幕，當路以外寇問，作備外寇議，問者色沮。式三曰：「不從此言數年後必有大寇，事果驗。同治元年卒，年七十四。從子以恭，子以周，俱能傳其學。江東稱經師者，必曰黃氏。

以周，字元同，同治九年舉人，由大挑教職，歷署遂昌、海鹽、於潛訓導，補分水訓導。光緒十四年，以學政瞿鴻禨保薦，賜內閣中書銜。十六年，復以學政潘衍桐保薦，奉旨升用教授，旋補處州府教授。二十五年卒，年七十二。性孝友，四歲喪母，長而追思不已，事繼母如所生。少傳父式三學，與從兄以恭作經課，互相質督。學吳存義試寧波，以明堂考命題。以周據隋宇文愷傳謂考工記夏后氏世室、堂修二七，二二為衍文，存義深賞之。嘗居浙城，聞兵警，以周獨研索經義，積十晝夜，而知孟子夏五十、殷七十、周百畝之異。異在步尺，非在井疆，自謂足破二千年之疑難。其堅銳如此。

初治易，著十翼後錄；治群經，著讀書小記，而三禮尤為宗主，以為三代下經學，鄭君、朱子為最。而漢學家破碎大道，宋學家棄經臆說，不合鄭、朱，何論孔孟？因守顧炎武「經學即理學」之訓，以追討孔門之博文約禮。其考帝王典禮，務在求通，以告後聖，可行如後世。不明報祀立廟之典，說之曰：劉歆云：天子七廟，七者其正法數，可常數者也。宗不在此數中，宗變也。苟有德則宗之，不可預為設數。故周公為無逸之戒，舉殷三宗以勸成王。劉氏此說甚明。蓋殷三宗，周成、宣，後世宗其德，別立廟以報祭之。凡報必有廟，特不在宮寢左興正廟並爾。展禽言虞報幕，夏報杼，商報上甲微，周報高圉、太王。竊謂三宗、祖甲亦商之所報也；姜嫄、亞圉、成王、宣王亦周之所報也。魯頌閟宮毛傳以為先妣姜嫄之廟在周。左傳敢忘高圉、亞圉，賈逵、服虔以為周人不毀其廟而報祭之。王子朝之亂，單子盟百官於平宮，杜預以為平王廟。時尚在，則成王、宣王亦必有宮矣。又如又如舊說誤指饋食為時享禮，說之曰：周官大宗伯分肆獻祼、饋食、時享為三等，禮經特牲、少牢皆以饋食名篇，非時享矣。士虞禮云：孝子某哀薦祫事，適爾皇祖某甫，以隮祔爾孫某甫。皇祖者，太祖也，稱新死者為爾孫，適爾皇祖者，謂之太祖廟而合祭之也，故曰哀薦祫事。其祔祭之禮，亦明云如饋食，則饋食合祭也明矣。特牲禮筮日筮尸之命辭云：適其皇祖。文同士虞禮。少牢禮云：用薦歲事於皇祖。歲事者，祫事也，以薦歲事於皇祖，告即特牲禮告以適爾皇祖之義，則特牲、少牢饋食為薦祫事也明矣。自注疏不以饋食為祭名，篇禮家遂以此為大夫士之時祭禮，而天子時享據此為例，則天子饋食禮遂失，而時享一日歷七廟，反有日力不足之疑矣。時享之禮殺於饋食，鄭注以饋食當時享，失之。時享日享一廟，而七廟之牲，可同日視之。祭後有繹，為饋食，時享無繹。又如詳考明堂封禪之制則曰封禪古禮也自漢人修其志後世莫敢舉明堂古制也自漢人修其事後世莫敢行皆議禮者之失也詳考學校選舉之制則以古學校必升士而斥漢以後學校不升士之弊以古鄉舉里選在學校賢能皆有學之人而斥漢以後選舉不由學校之弊凡此類皆務古禮可行

初讀秦蕙田五禮通考病其吉禮好難鄭軍禮太阿鄭因著禮說略後乃仿戴君石渠奏議許君五經異義為禮書通故一百卷凡敘目四十九閱十九年而後成書自敘稱高密箋詩而屢易毛傳注禮而屢異先鄭識已精通乎六藝學不專守於一家是書之作竊取茲意論者謂其博學詳說去非求是足以窺見先王制作之堂奧比秦蕙田書博雖不及精或過之又以經有訓詁所以明經而造乎道也乃仿儀徵阮元性命古訓廣為二十四目著經訓比義三卷論者謂陳北溪字義墨守師說戴震孟子字義

疏證專難宋儒是書詳引諸經各注異於陳戴之自立一幟有益後學生平以明經傳道爲己任辯虛無辯絶欲而以執一端立宗旨爲賊道鎮海胡洪安悦象山之言與以周縱言義禮以周回經外之學非所知也江蘇學政黄體芳聘主南菁講舍凡十五年又兼課寧波辯志精舍諸生經成就甚衆晚以子思承孔聖以啓孟子著子思子輯解七卷舉子思所述夫子之教必始詩書而終禮樂及所明仁義爲利之説謂其爲傳授之大旨書成年六十九矣他著有軍禮司馬法考徵二卷儆季雜著二十二卷黄帝内經九卷集注九卷

以恭字賀庭光緒之年舉人著有尚書啓蒙疏二十八卷讀詩管見十二卷八年卒年五十四

校記

〔一〕依清國史，「入」字前尚脫「一歸」字。

〔二〕依清國史，「禮」字誤，當作「理」。

〔三〕「黃帝內經九卷」，「九卷」二字疑衍。據清儒學案，作黃帝內經集注九卷。

〔四〕以恭傳本緊接式三傳，姑依清史稿編次，移置以周傳後。

清史稿卷四百八十二

儒林三

俞樾 張文虎

俞樾〔一〕，字蔭甫，德清人。道光三十年進士，改庶吉士，咸豐二年，散館，授編修。五年，簡放河南學政，奏請以鄭公孫僑從祀文廟，聖兄孟皮配享崇德祠，並邀俞允〔二〕。七年，以御史曹登庸劾試題割裂，罷職。樾歸後，僑居蘇州，主講蘇州紫陽、上海求志各書院〔三〕，而主杭州詁經精舍三十餘年，最久。課士一依阮元成法，遊其門者，若戴望、黃以周、朱一新、施補華、王詒壽、馮一梅、吳慶坻、吳承志、袁昶等，咸有聲於時。東南遭赭寇之亂，典籍蕩然。樾總辦浙江書局，建議江、浙、揚、鄂四書局，分刻二十四史，又於浙局精刻子書二十二種〔四〕，海內稱為善本。

生平專意著述，先後著書卷帙繁富，而群經平議、諸子平議、古書疑義舉例三書，尤能確守家法，有功經籍。其治經以高郵王念孫、引之父子為宗，謂治經之道，大要在正句讀、審字義、通古文假借。三者之中，通假借尤要。王氏父子所著經義述聞，用漢儒「讀為」、「讀曰」之例者居半，發明故訓，是正文字，至為精審。因著群經平議，以附述聞之後。其諸子平議，則仿王氏讀書雜志而作，校誤文，明古義，所得視群經為多。又取九經、諸子，舉例八十有八，每一條各舉數事以見例，使讀者習知其例，有所據依，為讀古書之一助。

樾於諸經皆有纂述，而易學為深。所著易貫，專發明聖人觀象繫辭之義，玩易五篇則自出新意，不拘泥先儒之說。復作艮宧易說、卦氣值日考、續考、邵易補原、易窮通變化論、互體方位說，皆足證一家之學。晚年所著茶香室經說，義多精確。古文不拘宗派，淵然有經籍之光。所作詩温和典雅，近白居易。工篆隸。同時如大學士曾國藩、李鴻章，尚書彭玉麟、徐樹銘、潘祖蔭咸傾心納交。日本文士有來執業門下者。樾湛深經學，律己尤嚴，篤天性，尚廉直，布衣蔬食，海内翕然稱曲園先生。光緒二十八年[七]，以鄉舉重逢，詔復原官，重赴鹿鳴筵宴。三十二年卒，年八十有六。著有群經平議三十五卷、諸子平議三十五卷，及第一樓叢書、曲園雜纂、賓萌集、春在堂雜文、詩編、詞録、隨筆、右台仙館筆記、茶香室叢鈔、經説，其餘雜著稱春在堂全書[八]。

同時以耆年篤學主講席者，則有南匯張文虎。文虎[九]，字嘯山，諸生。嘗讀元和惠氏、歙江氏[十]、休寧戴氏、嘉定錢氏諸家書，慨然歎為學自有本，則取漢、唐、宋注疏經説，由形聲以通其字，由訓詁以會其義，由度數名物以辨其制作，由語言事蹟以窺古聖賢精義，旁及子史，莫不考其源流同異。精天算，尤長校勘。同治五年，兩江書局開，文虎為校史記三注成札記五卷，最稱精善。卒年七十有一〔十二〕。著有舒藝室遺書。

校記

〔一〕清史稿之俞樾傳，源自清國史，載儒林傳後編。

〔二〕傳主督學河南，所奏二事在何年？清史稿失記。據其曲園自述詩，乃咸豐六年事。

〔三〕據清國史，求志書院後尚有「德清清溪、歸安龍湖二書院」，當補。

〔四〕「子書二十二種」乃叢書專用名，故逕加書名號。

〔五〕「艮宦易說」，宦字誤。據傳主曲園雜纂，當作「宧」。清國史不誤，係史稿誤鈔。

〔六〕「互體方位說」非一書。據傳主俞樓雜纂，當為二書，一名周易互體徵，一為八卦方位說。清國史不誤，係史稿誤鈔。

〔七〕光緒二十八年，鄉舉重逢，誤。據傳主補自述詩，當作二十九年。傳主於此有詩注曰：余甲辰恩科舉人，例應於明年癸卯正科重賦鹿鳴。

〔八〕據清國史，隨筆下，尚脱尺牘二字，當作隨筆、尺牘。

〔九〕清史稿之張文虎傳，源出繆荃孫州判銜候選訓導張先生墓誌銘。

〔十〕歙江氏，歙字誤。依上下文意，江氏係指江永，永非歙人，乃婺源籍。前引墓誌銘本誤，史稿沿而未改。

〔十一〕卒年七十有一，誤。據前引墓誌銘，張文虎卒於光緒十一年，終年七十有八。又清史列傳未著錄俞樾傳，張文虎傳則見文苑傳四，因非史稿所本，故從略。

清史稿卷四百八十二

儒林三

王闓運

王闓運，字壬秋，湘潭人。咸豐三年舉人。幼好學，質魯，日誦不能及百言，發憤自責，勉强而行之。昕所習者，不成誦不食；夕所誦者，不得解不寢。於是年十有五，明訓詁；二十而通章句；二十四而言禮，考三代之制度，詳品物之所用；二十八而達春秋，微言張公羊，申何學，遂通諸經。潛心著述，尤肆力於文，溯莊、列，探賈、董，其駢儷則揖顏、庾，詩歌則抗阮、左，記事之體，一取裁於龍門。闓運刻苦勵學，寒暑無間。經史百家，靡不誦習；箋注抄校，日有定課；遇有心得，隨筆記述。闡明奥義，中多前賢未發之覆。嘗曰：治經於易，必先知易字有數義，不當虛衍卦名；於書，必先斷句讀；於詩，必先知男女贈答之辭，不足以頌學官，傳後世；一洗三陋，乃可言禮，禮明然後治春秋。又曰：說經以識字為貴，而非識說文解字之字為貴。又曰：文不取裁於古則亡法，文而畢摹乎古則亡意。又嘗慨然自歎曰：我非文人，乃學人也。

學成出遊〔五〕，初館山東巡撫崇恩，入都就尚書肅順聘〔六〕，肅順奉之若師，保軍事多諮而後行。左宗棠之獄，闓運實解之。已而參曾國藩幕，胡林翼、彭玉麐等皆加敬禮。闓運自負奇才，所如多不合，乃退息，無復用世之志，唯出所學以教後進。四川總督丁寶楨聘主尊經書院〔七〕，待以賓師之禮，成材甚衆。歸為長沙思賢講舍、衡州船山書院〔八〕、江西巡撫夏旹延為高等學堂總教〔九〕。光緒三十四年，湖南巡撫岑春蓂上其學行，特授檢討。鄉試重逢，加侍讀〔十〕。闓運晚睹世變，與人無忤，以唯阿自容。入民國，嘗一領史館〔十一〕，遂歸。丙辰〔十二〕年卒，年八十有五。

所著書以經學為多，其已刊者有周易說十一卷〔十三〕、尚書義三十卷〔十四〕、尚書大傳七卷〔十五〕、詩經補箋二十卷、禮記箋四十六卷〔十六〕、春秋公羊傳箋十一卷〔十七〕、穀梁傳箋十卷〔十八〕、周官箋六卷〔十九〕、論語注二卷〔二十〕、爾雅集解十六卷〔二十一〕。又墨子、莊子、鶡冠子義解十一卷〔二十二〕、湘軍志十六卷〔二十三〕。湘綺樓詩文集及日記等。子女並能通經傳其家學，次子代豐，早世，著有公羊例表。

校記：

〔一〕清史稿之王闓運傳，因為傳主卒於民國，故而自然不會入清國史，又由於闓運與清史館的特殊因緣，傳主去世，行述、行狀一類文字，亦當及時送入館中。筆者不學，未知確切史源，敬請方家賜教。惟往日讀史，得受教益者，一為傳主子代功編湘綺府君年譜，一為錢基博先生撰王闓運傳。

〔二〕「咸豐三年舉人」，誤。據王家相撰清秘述聞續，咸豐三年，並非鄉試之年。由於太平軍興，咸豐二年、五年，湖南鄉試皆停科。七年，方補行二科鄉試。又據王代功編湘綺府君年譜咸豐七年丁巳二十六歲條，湖南補行壬子、乙卯兩科鄉試，譜主領鄉薦，中式第五名舉人。

〔三〕「二十八而達春秋微言」，誤。據上引年譜，傳主始治公羊春秋，時當同治八年己巳，年三十有八。

〔四〕「治經」二字後，據錢基博王闓運傳，尚脫「之法」二字，當補。又據上引年譜，「學官」之「官」字當作「宦」。

〔五〕傳主何時學成出遊，清史稿失記。據上引年譜，時當咸豐九年春，入京應禮部試，四月榜發報罷，先入權臣肅順幕，十月方至濟南，入山東巡撫署。

〔六〕王闓運應肅順聘事，據前引年譜記：「時龍文暘臣居戶部尚書肅順公宅，授其子讀，李大篔仙供職戶部主事為肅所重，肅公才識開朗，文宗信任之，聲勢烜赫，震於一時，思欲延攬英雄，以收物望，一見府君，激賞之。八旗習俗，喜約異姓為兄弟，又欲為府君入貲為郎，府君固未許也。嚴先生正基聞之，懼府君得禍，手書誨以立身之道，且舉柳柳州急於求進，卒因王叔文得罪，困頓以死言之，深切。府君得書感動，假事至濟南。

〔七〕傳主何時應聘入川主講尊經書院？清史稿未記。據前引年譜，應聘入川始於光緒四年冬，迄於十二年春，離蜀返鄉。

〔八〕傳主執教長沙、衡州二書院，清史稿未記時間。據前引年譜，代主長沙思賢講舍，始於光緒十三年五月；主講衡州東洲講席，則始於光緒十七年二月。

〔九〕傳主何時至江西主持高等學堂教席事，有否實現？清史稿皆未記。據上引年譜，江西巡撫夏時聘傳主任江西大學堂總教習，事在光緒二十九年秋。十一月，闓運抵贛面辭，十二月返湘。又據年譜引上諭「總教」二字後，史稿尚脫「習」字。

〔十〕傳主鄉試重逢，加侍讀為何時事？清史稿失記。據前引年譜「宣統三年正月元日，湖南巡撫楊公文鼎送來電諭，以府君鄉舉周甲，加翰林院侍講銜」。又據宣統政紀，宣統二年十二月二十九日，「以鄉舉重逢，賞翰林院檢討王闓運侍講銜」。又史稿「侍讀」誤，當作「侍講」。

〔十一〕傳主入民國，嘗一領史館，為何年事？清史稿失記。據前引年譜，民國三年三月，傳主應袁世凱邀入京，籌商開館修清史事。闓運未允，十一月陳情辭職歸。

〔十二〕清史開館，已入民國，凡涉民國史事，理當依民國記年。王闓運卒於民國五年，清史稿直書「五年」即可，避之不用，而改以干支記年，殊不足取。

〔十三〕「卷」字，前引年譜作「篇」。

〔十四〕尚書義之「義」字，年譜作「箋」，湘綺樓全書亦作「箋」，當改作「箋」。

〔十五〕尚書大傳後，當依年譜、全書，補「補注」二字。

〔十六〕「卷」字，年譜作「篇」，全書亦作「卷」。

〔十七〕「卷」字，年譜作「篇」，全書亦作「卷」。

〔十八〕穀梁傳箋十卷，年譜作穀梁申義一卷。全書未著錄。

〔十九〕「卷」字，全書同，年譜作「篇」。

〔二十〕論語注二卷，全書「注」作「訓」，年譜作論語集解訓二十篇。

〔二十一〕爾雅集解，全書作「十九卷」，年譜作爾雅集解注十九篇。

〔二十二〕全書作莊子注二卷、墨子注七卷、鶡冠子一卷。年譜作莊子內篇注七篇，雜篇注二篇，墨子注七十一篇，鶡冠子注一卷。

〔三十三〕「卷」字，全書同，年譜作「篇」。

清史稿卷四百八十二

儒林三

王先謙

王先謙[一]，字益吾，長沙人。同治四年進士，選庶吉士，授編修。[二]光緒元年，大考二等，擢中允，[三]充日講起居注官。[四]歷上疏言言路防弊，請籌東三省防務，並劾雲南巡撫徐之銘。六年，晉國子監祭酒。八年，丁憂歸。服闋，仍故官。疏請三海停工，出為江蘇學政。[五]十四年，以太監李蓮英招搖，疏請懲戒，略言：「宦寺之患，自古為昭。本朝法制森嚴，從無太監攬權害事。[六]皇太后垂簾聽政，一稟前謨，毫不寬假，此天下臣民所共知共見者。乃有總管太監李蓮英，秉性奸回，肆無忌憚，其平日穢聲劣迹，不敢形諸奏牘，惟思太監等給使宮禁，得以日近天顏，或因奔走微長，偶邀宸顧，度亦事理所有，何獨該太監詭張恩遇，大肆招搖，致太監篦小李之名，傾動中外，驚駭物聽。此即其不安本分之明證。易曰：履霜堅冰漸也。皇太后、皇上於制治保邦之道，靡不勤求夙夜，遇事防維。今宵小橫行，已有端兆，若不嚴加懲辦，無以振綱紀而肅群情。」疏上，不報。

先謙歷典雲南、江西、浙江鄉試【七】，搜羅人才，不遺餘力。既蒞江蘇，先奏設書局，仿阮元皇清經解例，刊刻續經解一千四百三十卷。南菁書院創於黃體芳，先謙廣籌經費，每邑拔取才士入院，而督教之，誘掖獎勸，成就人才甚多。開缺還家【八】，歷主思賢講舍、嶽麓、城南兩書院，其培植人才，與前無異。三十三年【九】，總督陳夔龍、巡撫岑春蓂奏以所著書進呈，賞內閣學士銜。宣統二年，長沙饑民閧圍撫署，衛兵開槍擊斃數人，民情愈憤，匪徒乘之放火燒署。省城紳士電請易巡撫，以先謙名列首，先謙不知也。總督瑞澂奏參，部議降五級。同鄉京官胡祖蔭等，以冤抑呈遞都察院，亦不報。國變[十]後，改名遯，還居鄉閒。越六年卒。[十一]著有尚書孔傳參正三十六卷，三家詩集義疏[十二]二十八卷，漢書補注一百卷，荀子集解二十卷，日本源流考二十二卷，外國通鑑三十卷，[十三]虛受堂詩文集三十六卷[十四]等。

校記

[一] 清史稿之王先謙傳，當源出吳慶坻撰王葵園先生墓誌銘。據民國十年先謙弟子陳毅撰先師長沙祭酒王先生墓表，先謙傳出繆荃孫手撰，繆先生故世，史館中人復有改動。

[二] 王先謙何時授編修？據王先謙自訂年譜，為同治七年四月。

[三] 清制中允有左右之別。據前引年譜，光緒元年，先謙擢補乃右中允，三年正月始轉補左中允。

〔四〕清制，日講起居注官乃兼職。據前引年譜，譜主光緒五年五月初一日，升補翰林院侍講。初十日，奉旨充補日講起居注官。史稿失記侍講一職。

〔五〕王先謙何時出為江蘇學政？清史稿失記。據前引年譜，時為光緒十一年八月初一日。

〔六〕史稿此處引先謙疏語，出前引年譜光緒十四年戊子，四十七歲條。「害事」二字間，尚脫「政之」二字，當作「害政之事」。

〔七〕據前引年譜，譜主同治九年，簡雲南鄉試副考官；十三年，充會試同考官；光緒元年，簡放江西恩科鄉試正考官；光緒二年，簡放浙江鄉試副考官；光緒六年，充會試同考官。

〔八〕「開缺還家」，云確。據前引年譜，光緒十四年八月，譜主於江蘇學政任滿，請假兩月，回籍修墓。十五年二月，假滿，以病呈請湖南巡撫代奏開缺。三月二十日，奉硃批准其開缺。

〔九〕三十三年，誤。據清德宗實錄及前引年譜，王先謙獲賞內閣學士銜，乃在光緒三十四年六月初三日。

〔十〕「國變」，行文失當。宜如之前王闓運傳，作「入民國」，或逕作「清亡」。

〔十一〕「越六年卒」，含混不明。據前引墓誌銘、墓表，王先謙卒於民國六年十一月二十六日，終年七十有六。

〔十二〕三家詩集義疏，誤。據前引年譜、墓誌銘，當作「詩三家義集疏」，或「三家詩義集疏」。

〔十三〕三十卷，誤。據前引年譜、墓誌銘，外國通鑑爲三十三卷。

〔十四〕「虛受堂詩文集三十六卷」，不確。據前引墓誌銘，當作虛受堂文集十五卷、詩集十七卷。

清史稿卷四百八十二

儒林三

孫詒讓

孫詒讓[一]，字仲容，瑞安人。父衣言，自有傳。詒讓，同治六年舉人，官刑部主事[二]。初[三]，讀漢學師承記及皇清經解，漸窺通儒治經、史、小學家法。謂「古子群經有三代文字之通假，有秦、漢篆隸之變遷，有魏、晉正[四]草之混淆，有六朝、唐人俗書之流失，有宋、元、明校讐[五]之羼改。匡違捃[六]佚，必有誼[七]據」。先成札迻十二卷[八]。又著周禮正義八十六卷[九]，以爲「有清經術昌明，於諸經均有新疏，周禮以周公致太平之書，而秦、漢以來諸儒不能融會貫通。蓋通經皆實事實字，天地山川之大，城郭宮室衣服制度之精，酒漿醯醢之細，鄭注簡奧，賈疏疏略，讀者難於深究，而通之於治，尤多謬盭。劉歆、蘇綽之於新周，王安石之於宋，膠柱鍥舟，一瀆不振，遂爲此經詁病詒讓乃以爾雅說文正其訓詁以禮經大小戴記證其制度研覃廿載稿草屢易遂博采漢唐以來迄乾嘉諸經儒舊說參互繹證以發鄭注之淵奧裨賈疏之遺闕其於古制疏通證明較之舊疏實為淹貫〔十〕而注有違牾輒為匡糾凡所發正數十百事匪敢壞疏不破注家法於康成不曲從杜鄭之意實亦無諍而以國家之富強從政教入則無論新舊學均可折衷於是書識者韙之

光緒癸卯〔十一〕以經濟特科徵不應宣統元年〔十二〕禮制〔十三〕館徵亦不就未幾卒年六十二〔十四〕所著又有墨子閒詁十五卷目錄附錄二卷後語二卷精深閎博一時推為絕詣古籀拾遺三卷逸周書斠補四卷九旗古義述一卷

校記

〔一〕孫詒讓乃晚清大儒樸學殿軍名重一代光緒三

十四年五月二十二日病逝。據章梫孫詒讓傳記：翰林院侍讀吳士鑑，奏請宣付國史館，列入儒林傳。從之。清德宗實錄，卷五九五，光緒三十四年八月壬戌條亦記以潛心經術，深明教育，予浙江瑞安已故刑部主事孫詒讓，列入國史儒林傳。又據臺灣朱滙森等編清史稿校註，儒林傳卷三註一百五十二，臺灣地區藏有清國史館孫詒讓傳。可見，清史稿之孫詒讓傳，當源自清國史儒林傳。惟复旦大學藏本並未見孫詒讓傳，緣由不明，敬請大雅賜教。

〔三〕孫詒讓何時官刑部主事，清史稿失記。據前引章梫撰傳記，此官係捐貲而得，簽分未久，引疾歸。朱芳圃撰孫詒讓年譜，此職分見於兩年，一為光緒元年，一為光緒十一年。前者語出無據，當屬誤植，後者有譜主文自稱貲郎，當可信據。又張謇孫徵君墓表，記為光緒二十一年，疑誤。

〔三〕此處之「初」謂何時？史稿不明，傳主《札逐》敘云：「年十六七，讀江子屏《漢學師承記》及阮文達公所集刊《經解》，始知國朝通儒治經史小學家法。」前引朱芳圃《編年譜》因之繫於同治二年，可信。

〔四〕史稿此處引文源出傳主《札逐》敘，唯文字有臆改。「正」字，當依傳主文作「真」。

〔五〕「讐」字依《札逐》敘當作「槧」。

〔六〕「捃」字依《札逐》敘當作「茜」。

〔七〕「誼」字依《札逐》敘當作「義」。

〔八〕「先成《札逐》十二卷」，「先」謂何時？史稿不明，據前引《年譜》，《札逐》成於光緒十九年十一月。

〔九〕「又著《周禮正義》八十六卷」，「又著」謂何時？史稿不明，據前引《年譜》，《周禮正義》始撰於同治十一年，傳主時年二十五，至光緒二十五年成書，詒讓已五十有二。

〔十〕史稿此處之大段引文，係裁綴周禮正義卷首敘及凡例，復參己意改寫而成。實爲演貫四字，傳主原文本作「爲略詳矣」。「爲略詳矣」四字之道出，足見詒讓爲人爲學之嚴謹。「謹遜」與「實爲演貫」，相去不可以道里計。史稿如此行文，不惟違悖著者原意，而且亦脫離了吾國學人爲人爲學之基本法度。文末「無論新舊學均可折衷於是書」，與傳主敘末所言「或以不佞此書爲之擁篲先導，則私心所企望而旦莫遇之者」與，更是不可同日而語。因此，引文之下引號祇宜置於「遂爲此經詁病」下。

〔十一〕光緒癸卯，即光緒二十九年。史書述史當準確暢達，有便讀者。史稿改明確繫年爲干支，實爲多餘。

〔十二〕宣統元年，誤。據清德宗實錄，清廷開禮學館時當光緒三十三年六月。又據前引年譜，譜主被徵而不就，乃是年冬事，而宣統元年詒讓已去世一年矣。

[十三]「禮制館」「制」字誤。據清德宗實録，當作「禮學館」。

[十四]「未幾卒，年六十二」，誤。若依史稿此處行文，傳主當卒於宣統元年以後，得年六十二。據諸家年譜、傳文，孫詒讓卒於光緒三十四年五月二十二日，終年六十有一。

清史稿卷四百八十二

儒林三

鄭杲　宋書升　法偉堂

鄭杲〔一〕，字東甫，遷安〔二〕人。父鳴岡，為即墨令，卒於官，貧不能歸，因家焉。杲事母孝。光緒五年，舉山東鄉試第一，明年成進士，授刑部主事。肆力於學，以讀經為正課，旁及朝章國故，矻矻終日，視仕進泊如也。嘗謂治經在信古，傳經者淵海，傳其航也。漢代諸儒，主乎此者不能通乎彼，唐、宋而降，能觀其通矣，乃舉古說而悉排之，惟斷以己意，若是者，皆非善治經者也。杲以母憂歸〔三〕，主講濼源書院。服闋，還員外，時朝政維新，兩宮已積疑釁。杲獨惓惓言天子當竭誠以盡孝道，具疏草，莫敢為言者。二十六年夏，熒惑入南斗，復上書請修省，不報。未幾卒。〔四〕

杲之學深於春秋，其言曰：左氏明魯史舊章，二傳則孔、孟〔五〕推廣新意，口授傳指。公羊明魯道者也，穀梁明王道者也，左氏則備載當時行用之道，當時行用之道霸道也。所以必明魯道者，為人子孫，道在法其祖也。穀梁則損益四代之趣，咸在焉，惟聖人躐〔六〕起在帝位者，乃能用之也。」其為說兼綜三傳，而尤致嚴於事天、事君、事親之辨，謂：「春秋首致謹於元年正月。正月者，正即位也。正月謹始也，必能為父之子，然後能為天之子矣。春秋之有三正，由其有天、君、父之三命也。春者天也，王者君也，正月者父也，將以備責三正，而單舉正月何也？事天事君皆以事親為始也。」凡杲所論著如此。

與杲同時者，有宋書升〔七〕，字晉之，濰縣人。光緒十八年進士，改庶吉士。里居十年，殫心經術，易、書、詩均有撰述，尤精推步之學。法偉堂〔八〕，字小山，膠州人。光緒十五年進士，官青州府教授〔九〕。精研音韻之學，考訂陸德明經典釋文，多前人所未發。

校記

〔一〕清史稿之鄭杲傳，未見清國史著錄。繆荃孫先生纂錄續碑傳集卷七十五有馬其昶先生撰鄭東父傳，或係清史稿之重要史源。又據朱滙森先生等編清史稿校註，王樹枏先生亦為清史館撰鄭杲傳稿。

〔二〕傳主籍貫，馬氏鄭東父傳，亦記為直隸遷安。徐世昌清儒學案，則記為山東即墨。

〔三〕以「母憂歸」，何時歸？歸至何處？清史稿皆失記。據前引鄭東父傳，當於光緒二十年甲午戰後，居喪山東，並主講濟南濼源書院。

〔四〕「未幾卒」，史稿未明確何年，亦不記終年幾何。據前引清儒學案，鄭杲卒於光緒二十六年，終年四十有九。

〔五〕「孟字」不確，係史稿臆改。據前引鄭東父傳及清儒學案摘錄案主筆記，皆作「孔子」。

〔六〕「蹶字」誤，據鄭東父傳及清儒學案，皆當作「崛」。

〔七〕清史稿之宋書升傳，史源俟考。清儒學案謂案主門人郭嵩才等撰有行狀，或即史稿撰傳之所據。又書升卒於民國四年，終年七十有三。

〔八〕清史稿之法偉堂傳，史源俟考。汪兆鏞先生輯碑傳集三編卷三十五著錄法徵君墓誌銘，由孫葆田先生撰，或即史稿之史源。又據孫先生記，法偉堂卒於光緒三十三年十月二十三日，終年六十有五。

〔九〕「官青州府教授」，未知所據。依孫先生撰法徵君墓誌銘，法偉堂並未任青州府教授，而係主講海岱書院，因之居青州十有餘年，後選授武定府教授，以疾辭未赴。

後記

書稿初就，謬蒙程老毅中先生不棄，賜示鼓勵，揮翰題簽，謹致深切謝忱。旋經商務印書館諸位主事呈報上級主管部門，邀請眾多專家評審，幸得忝附國家哲學社會科學文庫。值此出版在即，謹向國家哲學社會科學工作辦公室並受邀諸位專家，致以崇高敬禮和由衷感激。商務印書館丁波、鮑海燕、王江鵬諸位俊彥，於拙稿之奉政廣大讀者和方家大雅，尤多受累，無任感激。

陳祖武 謹識

二〇二〇年九月十三日

於病中

圖書在版編目(CIP)數據

清史稿儒林傳校讀記：全二册 / 陳祖武著. — 北京：商務印書館，2021
（國家哲學社會科學成果文庫）
ISBN 978-7-100-19268-2

Ⅰ. ①清… Ⅱ. ①陳… Ⅲ. ①學術思想－思想史－研究－中國－清代 Ⅳ. ①B249.05

中國版本圖書館CIP數據核字（2020）第255849號

清史稿儒林傳校讀記
（全二册）
陳祖武 著

商 務 印 書 館 出 版
（北京王府井大街36號 郵政編碼 100710）
商 務 印 書 館 發 行
北京通州皇家印刷廠印刷
ISBN 978-7-100-19268-2

2021年3月第1版　開本 710×1000 1/16
2021年3月北京第1次印刷　印張 72 插頁 5

定價：1280.00元